FORMULAIRE

GÉNÉRAL.

De l'Imprimerie de CHARLES, rue de Thionville, n° 36,
vis-à-vis celle Christine.

FORMULAIRE GÉNÉRAL,

OU

MODÈLES D'ACTES

RÉDIGÉS SUR CHAQUE ARTICLE

DU CODE DE PROCÉDURE CIVILE,

COMPARÉ AU TARIF,

SUIVIS

DE QUELQUES ACTES

COMPOSÉS SUR LE CODE NAPOLÉON.

PAR J.-B.-H. C***** ET P. P******.

TOME SECOND.

A PARIS,

Chez LÉOPOLD COLLIN, Libraire, rue Git-le-Cœur, n° 4.

M DCCC VIII.

PROCÉDURE CIVILE,
SUIVIE A PARIS.

DEUXIÈME PARTIE.

PROCÉDURES DIVERSES.

LIVRE PREMIER.

TITRE PREMIER.

DES OFFRES DE PAIEMENT, ET DE LA CONSIGNATION.

Procès-verbal d'offres réelles.

(Art. 813 , Code Proc. — Art. 59 , Tarif. — Coût, 3 fr.)

L'an mil huit cent sept, le 1er décembre, à la requête du sieur Sabatier, demeurant à Paris, rue, etc. lequel fait élection de domicile etc., j'ai, (*immatricule de l'huissier.*) soussigné, offert réellement et à deniers découverts au sieur Blançon, entrepreneur de bâtimens, demeurant à Paris, rue de Reuilly, n° 7, en son domicile, en parlant à

La somme totale de 612 fr. 55 cent. en cent vingt-deux pièces de cinq francs chacune , deux pièces de deux francs chaque et monnaie de cuivre pour appoint, le tout d'argent monnoyé et ayant cours dans l'Empire ;

savoir : six cents francs pour ouvrages et travaux faits par ledit Blançon pour le sieur Sabatier, dans la maison où celui-ci demeure, pendant le cours de l'année dernière, et pour lesquels il demande une somme de 800 fr. par son exploit d'assignation de Fayard, huissier, en date du 27 septembre 1807 ; 2° Deux francs pour les intérêts de ladite somme de 600 fr. calculés à raison de cinq pour cent, avec la retenue depuis le premier septembre dernier, date de la citation au bureau de paix, jusqu'à ce jourd'hui; 3° et 10 fr. 55 c. pour les frais et dépens qui ont pu être faits jusqu'à présent, à la requête dudit iseur Blançon, et sauf à cet égard à parfaireou diminuer d'après la taxe qui sera faite desdits frais et dépens.

Les présentes offres sont faites, à la charge par ledit sieur Blançon, de les reçevoir et de m'en donner bonne et valable quittance et décharge, pour solde de tous les travaux faits par lui, pour l'offrant en sa maison, jusqu'à ce jour, et encore à la charge de me remettre les citation au bureau de paix, procès-verbal de non - conciliation et assignation qui ont été faits.

Et enfin à la charge de me remettre main-levée pure et simple, entière et définitive, et par acte authentique d'une opposition formée sur ledit sieur Blançon ès mains de l'offrant, à la requête du sieur Latourbelle, par exploit de Martin, huissier, en date du   dont est avec ces présentes donné copie pour justification.

Lequel sus-nommé, en parlant comme dessus, a dit et fait réponse que *les offres à lui faites présentement étaient insuffisantes, pourquoi il ne pouvait les accepter, et a signé.*

Contre laquelle réponse j'ai, pour ma partie, fait toutes réserves et protestations au contraire, et j'ai dressé le présent procès-verbal, et laissé copie au sus-nommé en son domicile, et parlant comme dessus, tant de l'opposition sus-énoncée que du présent, dont le coût est de

Pour faire, et accepter des offres, il faut un pouvoir spécial. Art. 552 C. P.

Le débiteur a le choix ou de faire des offres réelles et de déposer immédiatement après, sauf ensuite à les faire déclarer bonnes et valables ainsi que la consignation, ou de faire déclarer les offres valables et se faire en conséquence autoriser à les déposer; dans ce dernier cas, il est déchargé des intérêts du jour de la réalisation; dans le premier, il l'est du jour du dépôt.

Sommation d'être présent au dépôt.

(Art. 1259, Code Napoléon, et 814, Code Proc. — Art. 29, Tarif. — Coût. 2 fr.)

L'an mil huit cent sept, à la requête du sieur Sabatier, etc., etc., j'ai, (*immatricule de l'huissier*) soussigné, fait sommation au sieur Blançon, demeurant, etc.

De comparaître, le lundi 16 décembre 1807, heure de midi, au bureau des consignations à la Caisse d'amortissement, sise à Paris, rue de l'Oratoire Saint-Honoré, pour être présent si bon lui semble, au dépôt qui y sera fait, par ledit sieur Sabatier, de la somme totale de 612 fr. 55 cent., montant des offres réelles par

1 *

lui faites audit sieur Blançon, par procès-verbal de
huissier, en date du 1er décembre 1807, enregistré; lequel dépôt aura lieu à la charge de l'opposition qui a été dénoncée par le même procès-verbal
d'offres, et qui est formée sur ledit sieur Blançon ès
mains du requérant, déclarant ce dernier qu'il ajoutera
à ses offres, lors de la consignation, le montant des
intérêts qui auront couru depuis le jour desdites offres
jusqu'à celui de la consignation; à ce que du tout le sus-
nommé n'ignore, lui déclarant en outre que procès-verbal sera dressé de son refus de recevoir lesdites offres, ou de
sa non-comparution, et enfin du dépôt; à ce que pareillement il n'en ignore, et je lui ai, en son domicile, et
parlant comme dessus, laissé copie du présent exploit,
dont le coût est de

Le débiteur, toutes les fois que la consignation n'est point
acceptée, et lors même qu'un jugement a déclaré les offres
et la consignation bonnes et valables, peut retirer les sommes
déposées, pourvu, dans ce dernier cas, qu'il n'y ait ni
caution ni co-débiteur intéressés à la libération.

*Signification du procès-verbal de dépôt au créancier,
quand il n'a pas comparu.*

(Art. 1259, Code Napoléon — Art. 29, par anal. Tarif. — C. 2 fr.)

L'an mil huit cent sept, le   à la requête du
sieur Sabatier, demeurant à, etc. j'ai (*immatricule de
l'huissier*) soussigné, signifié et avec ces présentes
donné copie au sieur Blançon, entrepreneur de bâtimens, demeurant à, etc., etc.;

1° D'un procès-verbal de B., huissier, à Paris, dressé le 16 décembre présent mois, heure de midi , dûment enregistré , signé et visé, constatant que la somme de six cent douze francs cinquante-cinq centimes offerte par le sieur Sabatier audit sieur Blançon , par autre procès-verbal dudit B. huissier , en date du   dûment enregistré , plus la somme de   ajoutée pour les intérêts échus jusqu'au jour du dépôt, ont été déposées à la caisse d'amortissement au bureau des consignations , à la charge de l'opposition énoncée au procès-verbal d'offres ;

2° Et de la quittance délivrée par messieurs les administrateurs de la Caisse d'amortissement, constatant le dépôt de ladite somme de   à ce que du tout le sieur Blançon n'ignore, le sommant de retirer , si bon lui semble, la somme déposée, en satisfaisant toutes fois aux charges de droit ; et je lui ai, en son domicile et parlant comme dessus, laissé copie du procès-verbal de dépôt et de la quittance sus-énoncée , ensemble du présent exploit, dont le coût est de

Acte d'acceptation d'offres réelles.

(Argum. de l'art. 1261 , Code Napoléon. — Art. 4 de la loi du 28 nivose an 13. — Art 29 , Tarif par anal. — Coût, 2 fr.)

L'an mil huit cent sept, le   à la requête du sieur Blançon, demeurant à   j'ai, (*immatricule de l'huissier*) soussigné, signifié et déclaré au sieur Sabatier, demeurant à   en son domicile en parlant à

Que ledit sieur Blançon entend accepter comme par

ces présentes il accepte les offres réelles à lui faites par le sus-nommé, par procès-verbal de   huissier, en date du   de la somme de six cent douze francs cinquante-cinq centimes, composée de six cents francs pour ouvrages et travaux faits par le requérant pour le sieur Sabatier, dans la maison où il demeure, pendant le cours de l'année dernière; 2° de deux francs pour les intérêts de ladite somme courus jusqu'au jour desdites offres; 3° et de dix francs cinquante-cinq centimes pour les frais et dépens qui ont été faits; sans préjudice et sous la réserve que fait expressément le sieur Blançon des intérêts de ladite somme de six cents francs jusqu'au jour du paiement effectif, et de la somme plus forte que celle offerte, à laquelle pourraient être taxés les frais et dépens qui ont été faits; déclarant ledit sieur Blançon qu'il est prêt de donner au sieur Sabatier bonne et valable quittance des sommes sus-énoncées pour solde des ouvrages par lui faits en la maison du sus-nommé, comme aussi de lui remettre les originaux des citation au bureau de paix, procès-verbal de non-conciliation et assignation qui ont été faits par le requérant pour obtenir la condamnation de sa créance, et encore aux offres que fait le sieur Blançon de rapporter audit sieur Sabatier la main-levée pure, simple, entière, définitive et par acte authentique de l'opposition formée par lui à la requête du sieur Latourbelle, sur ledit sieur Blançon ès mains du sus-nommé par exploit de en date du

À ce que de ladite acceptation le sus-nommé n'ignore, le sommant, en conséquence, de comparaître samedi

prochain, 2 février 1808, heure de midi, en l'étude
de Me V. notaire impérial à Paris, y sise, place de
l'Hôtel-de-Ville, pour y réaliser la somme de
par lui offerte, et au moyen de la main-levée qui
lui sera à l'instant donnée par le sieur Latourbelle de
l'opposition sus-énoncée, au moyen encore de la remise
des pièces des procédures encommencées et de la quittance qui ne contiendra d'autres réserves que celle ci-
devant énoncée; payer effectivement au requérant
ladite somme offerte pour les causes énoncées aux offres
réelles.

Lui déclarant que faute par lui de comparaître lesdits
jour, lieu et heure susdits, il sera dressé procès-
verbal de non comparution, et que le sieur Blançon
poursuivra contre lui de la manière et ainsi qu'il avisera, le paiement des ouvrages par lui faits en sa maison; à ce que pareillement il n'en ignore, et je lui ai,
en son domicile, et parlant comme dessus, laissé copie
du présent exploit, dont le coût est de

(*Lorsque les offres ont été consignées, on met après
l'acceptation*) :

Le sommant, en conséquence de comparaître samedi
prochain, etc., en l'étude de Me V. notaire, etc. pour lui
être par le sieur Blançon, donné bonne et valable quittance des sommes offertes et qu'il a consignées au bureau
des consignations, établi à Paris à la caisse d'amortissement, suivant le procès-verbal de dépôt, en date du
et la quittance de messieurs les administrateurs
de ladite Caisse, en date du   et lui être pareillement
donné décharge pour solde des ouvrages faits par le re-

quérant en sa maison, et remis les originaux de citation au bureau de paix, du procès-verbal de non-conciliation, de l'assignation, et la main-levée en brevet de l'opposition ci-dessus énoncée ; à la charge par le sieur Sabatier de remettre au requérant les originaux desdits procès-verbal de dépôt et de la quittance susdite de MM. les administrateurs ; de la Caisse d'amortissement de consentir purement et simplement que les sommes consignées par lui à ladite caisse soient versées et remises entre les mains du sieur Blançon ; à ce que du tout ledit sieur Sabatier n'ignore, lui déclarant que faute par lui de comparaitre, (*le reste comme ci-dessus.*)

Aux termes de l'art. 4, de la loi du 28 nivose an 13, sur les consignations, pour obtenir le remboursement de sommes consignées, il faut notifier à l'administration de la Caisse d'amortissement, le jugement qui l'ordonne, le remboursement ou l'acte contenant le consentement qui y est donné par celui qui a consigné.

Et dix jours après cette signification la remise de la somme peut s'effectuer.

Sommation au créancier d'enlever ou de retirer la chose,
quand c'est un corps certain.

(Art. 1264, Code Napoléon. — Art. 29, Tarif. — Coût, 2 fr.)

L'an mil huit cent sept, le   à la requête du sieur Sabatier, demeurant à Paris, rue, etc., j'ai, (*immatricule de l'huissier*) soussigné fait sommation au sieur Blançon, marchand de chevaux, demeurant à Paris, rue   en son domicile, en parlant à

De, dans trois jours pour tout délai, retirer des écuries du requérant les deux chevaux sous poil bai, âgés, l'un de quatre ans, et l'autre de six ans, dressés pour le cabriolet; lesquels, le sieur Sabatier a vendu au sieur Blançon, qui s'est engagé expressément de venir les retirer desdites écuries du requérant, avant le 15 décembre de la présente année; à ce qu'il n'en ignore, lui déclarant que faute par lui de satisfaire à la présente sommation dans le délai ci-dessus fixé, le sieur Sabatier se pourvoira pour faire ordonner la mise en fourrière desdits chevaux dans tel lieu qui sera indiqué; aux frais, risques, périls et fortune du sieur Blançon, contre lequel le requérant se réserve de répéter tous frais, dommages et intérêts; à ce que pareillement il n'en ignore, et je lui ai, en son domicile et parlant comme dessus, laissé copie du présent exploit, dont le coût est de

Faute de retirer les chevaux on se pourvoit en référé pour obtenir qu'ils soient mis en fourrière.

Conclusions de la requête pour demander la validité d'offres réelles déposées.

(Art. 815, Code Proc. — Art. 75, Tarif. — Coût, 2 fr. par rôle.)

Attendu que les offres réelles faites au sieur Blançon par le sieur Sabatier, suivant procès-verbal de B. huissier, en date du   sont suffisantes, et que le dépôt qui en a été fait a eu lieu en se conformant aux dispositions de la loi à ce relatives : voir déclarer bonnes et

valables lesdites offres réelles et la consignation qui en a
été faite à la caisse d'amortissement, par procès-verbal
du   dressé par   huissier   et suivant
quittance de messieurs les administrateurs de ladite
caisse, en date du même jour, de la somme de
savoir : 1° six cents francs pour ouvrages (*répéter les
énonciations qui sont dans le procès-verbal de dépôt*);
en conséquence, voir dire et ordonner que le sieur
Sabatier demeurera bien et valablement quitte et libéré
de ladite somme de   et condamner le sieur Sa-
bier aux dépens, dans lesquels entreront les frais des
offres réelles et de la consignation ; lesquels dépens
pourront être pris sur la somme consignée ; à faire
lequel paiement sur la signification qui leur sera faite
de l'exécutoire, seront tenus les administrateurs de
la Caisse d'amortissement, quoi faisant déchargés.

Ces conclusions se font par requête, si la cause est inci-
dente, ou par exploit, si la cause est principale.

*Conclusions de la requête pour faire déclarer nulles et
insuffisantes, des offres réelles.*

(Art. 815 , Code. Proc. — Art. 75 Tarif. — Coût, 2 fr. par rôle.)

Déclarer nulles et insuffisantes les offres réelles de la
somme de six cent douze francs cinquante-cinq centimes, faites au requérant par le sieur Sabatier, suivant
procès-verbal de B. huissier, en date du 1er décembre
1807 ; et déclarer pareillement nul le dépôt que ledit
sieur Sabatier en a fait à la Caisse d'amortissement, suivant autre procès-verbal en date du   en consé-

quence, sans s'arrêter ni avoir égard auxdites offres
et consignation, condamner le sieur Sabatier à payer
au requérant la somme de huit cents francs, pour
les ouvrages faits dans le courant de l'année dernière,
par le sieur Blançon, dans la maison du sieur Sabatier,
et détaillés au mémoire précédemment fourni; ensemble les intérêts de ladite somme de huit cents francs,
tels que de droit, à compter du jour de la citation au
bureau de paix, et le condamner en outre aux dépens.

*Conclusions pour demander la validité d'offres réelles et
en faire ordonner le dépôt.*

(Art. 816, Code Proc. — Art. 75, Tarif. — Coût, 2 fr. par rôle.)

Dire et ordonner que le sieur Sabatier aura acte
de la réalisation qu'il entend faire à l'audience, de la
somme de   montant des offres réelles par lui faites
au sieur Blançon, par procès-verbal de B. huissier, en
date du 1er décembre, dûment enregistré; savoir :
1º six cents francs pour ouvrages et travaux faits par
ledit Blançon dans le courant de l'année dernière, pour
le sieur Sabatier, dans la maison où celui-ci demeure, et
pour lesquels il demande une somme de huit cents
francs, par son exploit d'assignation de Fayard, huissier, en date du 27 septembre 1807; 2º deux francs pour
les intérêts de ladite somme de six cents francs, calculés
à raison de cinq pour cent, avec la retenue depuis le
1er septembre dernier, date de la citation au bureau de
paix, jusqu'à ce jourd'hui; 3º et dix francs cinquante-
cinq centimes pour les frais et dépens qui ont pu être
faits jusqu'au jour desdites offres, à la requête dudit

sieur Blançon, et sauf à cet égard à parfaire ou diminuer d'après la taxe qui sera faite desdits frais et dépens.

Et attendu que lesdites offres sont plus que suffisantes , qu'elles désintéressent entièrement le sieur
Blançon de tout ce qu'il a droit d'exiger légalement du
sieur Sabatier, en principal, intérêts et frais ; voir déclarer lesdites offres bonnes et valables, et dire et ordonner que ledit sieur Blançon sera tenu de les recevoir en
satisfaisant aux charges y imposées , dans les trois jours
de la signification à partie, du jugement à intervenir,
sinon et ledit délai passé, que le sieur Sabatier sera autorisé par le même jugement à intervenir , et sans qu'il
en soit besoin d'autre, à consigner et déposer ladite
somme à la Caisse d'amortissement, en observant les
formalités prescrites par le Code Napoléon et le Code de
Procédure ; quoi faisant , qu'il sera bien et valablement
quitte et libéré envers le sieur Blançon de ladite somme
offerte ; et voir prononcer la cessation des intérêts de la
somme principale, à partir du jour de la réalisation ,
aux termes de la loi ; et condamner le sieur Blançon en
tous les dépens, le montant desquels le sieur Sabatier
sera autorisé à retenir par ses mains sur la somme offerte , en déduction ou jusqu'à due concurrence , à
l'effet de quoi le sieur Blançon ou la Caisse d'amortissement sera tenu de prendre pour comptant l'exécutoire
desdits dépens, qui sera délivré au profit dudit sieur
Sabatier contre le sieur Blançon.

———

Ces conclusions se prennent par requête ou par exploit ,
selon qu'il y a, ou non , une instance liée.

TITRE II.

DU DROIT DES PROPRIÉTAIRES SUR LES MEUBLES, EFFETS
ET FRUITS DE LEURS LOCATAIRES ET FERMIERS, OU DE
LA SAISIE-GAGERIE ET DE LA SAISIE-ARRÊT SUR DÉ-
BITEURS FORAINS.

Commandement qui précède la saisie-gagerie.

(Art. 819, Code Proc. — Art. 29, Tarif. — Coût, 2 fr.)

L'AN mil huit cent huit, le 5 janvier, à la requête
du sieur Millet, propriétaire d'une maison où il demeure, sise à Paris, rue de la Tixéranderie, n° 76,
pour lequel domicile est élu en la demeure de M^e

sise   j'ai, (*immatricule de l'huissier*) soussigné, fait
commandement de par Sa Majesté l'Empereur des Français, Roi d'Italie et Protecteur de la Confédération
du Rhin, au sieur Masson, locataire sans bail d'un
appartement au premier étage de ladite maison, sise
à Paris, rue de la Tixéranderie, n° 76, où il demeure,
en son domicile et parlant à

De présentement, et sans délai, payer audit sieur
Millet ou à moi, huissier, la somme totale de cent
cinquante francs pour deux termes échus le 1er janvier
1808, des lieux qu'il occupe à raison de 300 francs
par an, sans préjudice de tous autres dus, droits, actions, intérêts, frais, dépens et mises d'exécution.

Lequel, en parlant comme dessus, a refusé de payer,

pourquoi je lui ai déclaré qu'il y serait contraint par toutes voies de droit, et notamment par la saisie-gagerie des meubles et effets étant dans les lieux par lui occupés ; à ce qu'il n'en ignore, et je lui ai, etc.

La saisie-gagerie peut avoir lieu le surlendemain, mais la vente ne peut se faire qu'après que la saisie est déclarée valable. (Voir modèle de l'art. 824.)

Requête à fin de saisir à l'instant et sans commandement préalable, les meubles et effets garnissant les lieux occupés par le locataire.

(Art 819, Code Proc. — Art 76, Tarif. — Coût, 2 fr.)

A Monsieur le Président du Tribunal de 1re instance du département de la Seine, chevalier de la légion d'honneur.

LE sieur Millet, demeurant à Paris, rue de la Tixéranderie, n°. 76, propriétaire de la maison où il demeure,

Expose que le sieur Masson, l'un de ses locataires, sans bail, en ladite maison, rue de la Tixéranderie, n° 76, lui doit deux termes de loyers échus le 1er janvier 1808, et formant une somme de cent cinquante francs ;

Qu'il vient d'apprendre que ledit Masson se disposait à faire enlever quelques-uns de ses meubles et effets pour les soustraire, sans doute, aux poursuites de l'exposant ;

Pourquoi, ce considéré, monsieur le Président, il vous

plaira permettre à l'exposant, pour sûreté, conservation et avoir paiement des loyers qui lui sont dus par le
sieur Masson, de faire saisir - gager à l'instant, tous les
meubles et effets se trouvant dans les lieux loués audit
Masson, dans ladite maison, rue de la Tixéranderie,
n°. 76, et vous ferez justice.

(*Signature de l'avoué.*)

Requête à fin de saisir les effets du débiteur forain.

(Art. 822, Code Proc. — Art. 76, Tarif.— Coût, 2 fr.)

    A Monsieur le Président du Tribunal de première
    instance du département de la Seine, chevalier
    de la légion d'honneur.

LE sieur Millet, demeurant à Paris, rue de la Tixéranderie, n° 76,

Expose que le sieur Masson, demeurant ordinairement à Lyon, et maintenant logé à Paris, rue de la Loi,
hôtel Ménars, n° 6, est débiteur envers lui d'une somme
de six cents francs, montant d'un billet souscrit le
stipulé payable au 1er janvier 1808; dûment enregistré
et ci-joint ;

· Que ledit sieur Masson étant aujourd'hui sur le
point de retourner à Lyon, il devient urgent de saisir
dans le plus court délai les effets qui lui appartiennent,
et qui sont dans son logement ci-dessus indiqué ;

Pourquoi, il vous plaira, monsieur le Président,
permettre au requérant, pour sureté, conservation et
avoir paiement de sa créance, de faire saisir à l'instant
les effets appartenans au sieur Masson, et étant dans

la chambre qu'il occupe audit hôtel Ménard, à Paris,
rue de la Loi, n° 6, et vous ferez justice.

(Signature de l'avoué.)

Le juge de paix peut aussi permettre la saisie sur débiteur
forain.

*Assignation en validité de saisie gagerie, ou sur débiteur
forain*

(Art. 824, Code Proc. — Art. 29, Tarif. — Coût, 2 fr.)

L'AN   etc., à la requéte du sieur Millet,
propriétaire d'une maison où il demeure, sise à Paris,
rue de la Tixéranderie, n° 76, lequel constitue pour
son avoué Me D., demeurant à   etc., j'ai (*immatricule de l'huissier.*) soussigné, donné assignation au
sieur Masson, locataire sans bail. d'un appartement
composé de trois pièces au premier étage, sur le devant,
en une maison où il demeure, sise à Paris, rue de la
Tixéranderie, n° 76, en son domicile et parlant à

De comparaître à la huitaine, etc. ;

Pour, et attendu que le sieur Millet a loué au sieur
Masson moyennant le prix annuel de trois cents francs,
un appartemeut composé de trois pièces sur le devant
au premier étage de la maison sise à Paris, rue de la
Tixéranderie, n° 76 ;

Attendu que le sieur Masson est débiteur envers lui
d'une somme de cent cinquante francs, pour deux
termes de loyers échus le 1er janvier 1808 ;

Attendu qu'en vertu de l'ordonnance de monsieur le

Président du Tribunal de première instance du département de la Seine, en date du   étant au bas de la requête à lui présentée le même jour, le sieur Millet a fait saisir-gager, par procès-verbal de B. huissier, en date du   dûment enregistré, les meubles et effets trouvés en l'appartement occupé par ledit Masson, en la maison du requérant, et ce pour sûreté, conservation et avoir paiement de ladite somme de cent cinquante francs, sans prejudice de tous autres dus, droits, actions, intérets, frais, dépens, et mises d'exécution.

Condamner le sieur Masson à payer audit sieur Millet la somme de cent cinquante francs pour lesdits loyers, avec les intérets tels que de droit; et pour faciliter le paiement de ladite somme et de ses accessoires, voir déclarer bonne et valable la saisie-gagerie faite sur ledit sieur Masson, à la requête dudit sieur Millet, par le procès-verbal dudit jour   et voir pareillement, dire et ordonner qu'à la requéte, poursuite et diligence du demandeur, il sera procédé à la vente au plus offrant et dernier encherisseur, desdits meubles et effets saisis, et ce, dans les lieux ou ils se trouvent, pour éviter les frais de transport, affiches indicatives de ladite vente, préalablement mis. s et apposées dans tous les lieux et endroits designés par la loi, et à l'effet de tout ce que dessus, voir aussi dire et ordonner que le gardien etabli, sera tenu de représenter lesdits meubles et effets; à quoi faire il sera contraint, même par corps; pour les deniers à provenir de la vente etre remis audit sieur Millet de preference à tous autres créanciers, attendu la nature

de son privilège, en déduction ou jusqu'à due concurrence de sa créance en principal, intérêts, frais, dépens,
mises d'exécution et accessoires, et pour en outre répondre et procéder comme de raison à fin de dépens; et
j'ai, au sus-nommé, en son domicile, et parlant comme
dessus, laissé copie du présent exploit dont le coût est
de

Cette demande étant l'exercice d'une action personnelle se
porte au Tribunal du domicile de la partie saisie.

TITRE III.

DE LA SAISIE-REVENDICATION.

Requête à fin d'avoir permission de saisir revendiquer.

(Art. 826, Code de Proc. — Art. 77. du Tarif. — Coût, 3 fr.)

A Monsieur le Président du Tribunal de 1re instance
du département de la Seine, chevalier de la légion
d'honneur.

Le sieur Millet, propriétaire de la maison où il demeure, sise rue de la Tixéranderie, n° 70,

Expose que le sieur Masson, l'un de ses locataires
sans bail, à raison de trois cents francs par an, en ladite
maison rue de la Tixéranderie, n° 70, est débiteur
envers lui d'une somme de cent cinquante francs, pour
deux termes de loyer, échus le 1er janvier 1808;

Que ledit sieur Masson ayant déménagé à l'insu du sieur Millet, a transporté, le 15 janvier 1808, en une chambre au quatrième étage sur le devant, dépendante d'une maison appartenant au sieur Ménard, sise rue de la Loi, n° 7, la totalité des meubles qui auparavant garnissaient les lieux occupés par le sieur Masson, en la maison de l'exposant;

Pourquoi il vous plaira, monsieur le Président, permettre au requérant de faire saisir - revendiquer en ladite chambre au quatrième étage, sur le devant, dépendante de la maison appartenant au sieur Ménard, rue de la Loi, n° 7, les meubles dudit sieur Masson qui y ont été transportés; sauf, en cas de contestation, à vous en être référé, et vous ferez justice.

(Signature de l'avoué.)

Si celui chez lequel sont les effets qu'on veut revendiquer, refuse les portes ou s'oppose à la saisie, à la différence de la saisie-exécution, il en est référé au juge du lieu et en la chambre du conseil; mais d'après le Tarif, l'assignation de l'art. 829, se fait dans le procès-verbal même de saisie - revendication.

Cette requête doit être présentée au plus tard, s'il s'agit du mobilier d'une ferme, dans le délai de quarante jours, et s'il s'agit du mobilier d'une maison, dans la quinzaine, du jour du déplacement.

L'on n'a point désigné sommairement les objets déplacés, dans l'espèce, parce qu'il s'agit d'une universalité de meubles, et que l'art. 827 n'est applicable que lorsqu'il s'agit d'un effet ou de quelques effets particuliers.

TITRE IV.

DE LA SURENCHÈRE SUR ALIÉNATION VOLONTAIRE.

***

Sommation au tiers détempteur, de payer.

(Art. 2169 et 2183, Code Napol. — Art. 29, Tarif par anal. — Coût,
2 fr.)

L'an mil huit cent sept, le 20 décembre, à la requête du sieur Godefroy, demeurant à Paris, rue de l'Observance, nº 7, créancier hypothécaire inscrit sur une maison sise à Paris, rue des Pilliers d'Etain, nº 30, au bureau des hypothèques de Paris, à la date du vol.   nº.   pour lequel sieur Godefroy, domicile est élu, etc.,

Soussigné, signifié, dénoncé et avec ces présentes donné copie au sieur François-Philippe Lefevre, employé, détempteur d'une maison sise à Paris, rue des Pilliers d'Etain, nº 30, et dont il s'est rendu adjudicataire par jugement de l'audience des criées du Tribunal de première instance du département de la Seine, en date du   rendu sur la licitation poursuivie entre les sieurs   co-propriétaires de ladite maison ; ledit sieur Lefevre demeurant sus-dite rue des Pilliers d'Etain, nº 30, en son domicile en parlant à

D'un exploit de moi, huissier soussigné, en date du 2 décembre 1807, dûment enregistré, fait à la requête dudit sieur Godefroy, portant commandement, 1º au

sieur Busson, demeurant à Paris, rue   2° et au
sieur Radiard, demeurant à   de payer au requérant la somme de douze cents francs, montant d'une
obligation, par eux souscrite à son profit, par acte passé
devant Me Boileau et son confrère, notaires à Paris, le
12 fructidor an 7, dûment enregistré, stipulée payable le
          sans préjudice de tous autres dus, droits, actions,
intérêts, frais, dépens et mises d'exécution ; à ce que du
contenu audit exploit le sus-nommé n'ignore, et faute
par les sieurs Busson et Radiard, débiteurs originaires,
d'avoir satisfait audit commandement, j'ai, huissier
susdit et soussigné, à pareilles requête, demeure et
élection de domicile que dessus, fait sommation audit
sieur Lefevre, en son domicile et parlant comme dessus,
de payer audit sieur Godefroy, ladite somme de douze
cents francs, montant de l'obligation sus-énoncée, sans
préjudice aussi d'autres dus, droits, actions, intérêts,
frais, dépens et mises d'exécution ; si mieux n'aime cependant ledit sieur Lefevre, abandonner volontairement
et délaisser ladite maison pour être vendue à la requête,
poursuite et diligence dudit sieur Godefroy, dans les
formes voulues par la loi, et sur le curateur qui sera
créé au délaissement ; à ce que du tout le sus-nommé
n'ignore, lui déclarant que faute par lui de satisfaire à
la présente sommation, dans les trente jours d'icelle,
le sieur Godefroy, à l'expiration de ce délai, poursuivra
sur ledit sieur Lefevre la vente de ladite maison dont
s'agit, qui lui a été spécialement hypothéquée ; à ce que
pareillement il n'en ignore, et je lui ai, en son domicile
et parlant comme dessus, laissé copie certifiée sincère et

véritable, et signée de moi soussigné, du commandement susdit et du présent exploit, dont le coût est de

A l'expiration du délai de trente jours, à compter de celui de la première sommation donnée par l'un des créanciers inscrits, l'acquéreur doit, ou payer les sommes demandées, ou délaisser, ou purger.

Requête pour faire commettre un huissier, à fin de faire la notification prescrite par l'article 2183 du Code Napoléon.

(Art. 832, Code Proc. — Art. 76, Tarif. — Coût, 2 fr.)

A Monsieur le Président du Tribunal de première Instance du département de la Seine, chevalier de la légion d'honneur.

Le sieur François-Philippe Lefevre, employé, demeurant à Paris, rue des Pilliers d'Etain, n° 30,

Expose que, suivant un jugement de l'audience des criées de votre Tribunal, en date du 10 juin 1800, enregistré et transcrit au bureau des hypothèques de Paris, le 11 juillet suivant, il s'est rendu adjudicataire d'une maison sise à Paris, rue des Pilliers d'Etain, n° 30, rendue sur la licitation poursuivie entre les sieurs Busson et Radiard, et qu'il est dans l'intention de purger les charges et hypothèques dont est grevée sa propriété ;

Pourquoi il vous plaira, monsieur le Président, commettre un huissier à l'effet de faire la notification prescrite par l'article 2183 du Code Napoléon, et vous ferez justice. (*Signature de l'avoué.*)

Cette requête s'adresse au président du Tribunal de l'arrondissement où les significations doivent être faites.

Notification aux créanciers inscrits, de l'extrait de l'ôcte d'aliénation et de la transcription, avec le tableau des inscriptions.

(Art. 832, Cod. Proc. — Art. 2183, Code Napoléon. — Art. 143, Tarif. — Composition de l'extrait, 15 fr., et pour chaque extrait des inscriptions, 1 fr.)

D'un jugement de l'audience des criées du Tribunal de première instance du département de la Seine, en date du 10 juin 1807, dûment signé et enregistré, rendu sur la licitation poursuivie par le sieur Busson, demeurant à Paris, rue aux Fers, n° 16; contre le sieur Radiard, demeurant à   Il appert que le sieur François-Philippe Lefevre, employé, demeurant à Paris, rue   s'est rendu adjudicataire d'une maison sise à Paris, rue des Pilliers d'Etain, n° 30, aux charges, clauses et conditions, qui sont, entre autres, 1° (*détailler sommairement les conditions de l a vente.*)

D'un certificat délivré par monsieur F., conservateur des hypothèques au bureau établi à Paris, il appert que le jugement sus-énoncé a été par lui transcrit audit bureau, le   vol.   n°

Tableau des inscriptions survenues à ladite trans-cription.

| DATES DES | | NOMS | MONTANT |
Hypothèques	Inscriptions.	des créanciers inscrits.	des créances inscrites. .
6 juillet 180 .	6 juillet 1807, d'office.	Jacques-Mathurin Busson, et Michel Radiard.	6,000 fr.
12 fructid. an 7.	15 fruct. an 7.	Godefroy.	1,200
7 vend. an 8. légale.	10 vend. an 9.	Marie Pasqnaut, épouse du sieur Michel Radiard ; requête du sieur Pasquaut, son pere.	1,500

Pour extraits, certifiés sincères et véritables par moi avoué soussigné.

(Signature de l'avoué.)

L'an mil huit cent sept, le   etc., à la requête du sieur François-Philippe Lefevre, employé, demeurant à Paris, rue des Pilliers d'Etain, n° 30, lequel fait élection de domicile, etc., j'ai, (*immatricule de l'huissier*) commis pour faire la présente notification par ordonnance de monsieur le Président du Tribunal de première instance du département de la Seine, en date du   juillet 1807, dûment enregistrée, étant au bas de la requête à lui présentée le même jour, et desquelles requête et ordonnance est avec ces présentes donné copie, soussigné, notifié, et avec ces présentes aussi donné copie, au sieur Godefroy, demeurant à   au domicile élu par son inscription en la demeure du sieur   sise rue   audit domicile et parlant à   (*On comprend ainsi tous les inscrits, à l'exception des vendeurs.*)

Des extraits et du tableau des autres parts, dressés aux termes de la loi; à ce que les sus-nommés n'en ignorent, leur déclarant que ledit sieur Lefevre est prêt d'acquitter sur-le-champ les dettes et charges hypothécaires grevant la propriété par lui acquise, sans aucune distinction des dettes exigibles ou non exigibles, jusqu'à concurrence seulement du prix de son adjudication, déclarant que M^e avoué au Tribunal de première instance du département de la Seine, occupera pour lui sur les surenchère et ordre qui pourront avoir lieu par suite de la présente notification et j'ai, à chacun des sus-nommés, laissé sur une feuille de papier à cinquante-cinq centimes, copie certifiée sincère et véritable, et signée de Me D., avoué, des extraits et du tableau ci-dessus, ensemble des requête et ordonnance sus-énoncées et du présent exploit dont le coût est de

---

De l'art. 143 du Tarif, il parait résulter la nécessité de faire un original des extraits et tableau ci-dessus.

En faisant cette notification il faut avoir soin de se conformer à l'art. 2192 du Code Napoléon pour le cas qu'il suppose.

Dénonciation de l'état des inscriptions, aux vendeurs.

(Art. 29, Tarif par analogie, — Coût. 2 fr.)

L'an mil huit cent sept, le   juillet, à la requête du sieur Lefevre, employé, demeurant à Paris, rue des Pilliers d'Etain, nº 30, pour lequel domicile est élu en la demeure de, etc., j'ai, (*immatricule de l'huissier*) soussigné, signifié, dénoncé et avec ces présentes donné copie, 1° au sieur Busson, demeurant à Paris, rue aux Fers, n° 16, en son domicile en parlant à

2° Et au sieur Radiard, demeurant à Paris, rue de l'Echelle, n° 8, en son domicile en parlant à

D'un état délivré par monsieur le conservateur des hypothèques de Paris, le 13 juillet 1807, contenant toutes les inscriptions hypothécaires, survenues à la transcription d'un jugement de l'audience des criées du département de la Seine, en date du 10 juin 1807, dûment enregistré, contenant adjudication d'une maison sise à Paris, rue des Pilliers d'Etain, n° 30, au profit dudit sieur Lefevre, sur la licitation poursuivie, entre lesdits sieurs Busson et Radiard ; à ce que du contenu audit état les sus-nommés n'ignorent, et aient, aux termes de l'art. 8 dudit jugement d'adjudication, à rapporter dans le délai de deux mois, audit sieur Lefevre, certificats de radiation en bonne forme, des inscriptions existantes en l'état d'icelles présentement dénoncé ; protestant, ledit sieur Lefevre de rendre les sus-nommés garants et responsables de toutes actions, demandes et répétitions qui pourraient être intentées contre lui par les créanciers inscrits ; à ce que pareillement les sus-nommés n'en ignorent et je leur ai, à chacun séparément, domiciles et parlant comme dessus, laissé sur une feuille de papier timbré à cinquante centimes, copie certifiée sincère et véritable, et signée de Me D., avoué, dudit état d'inscriptions et du présent exploit, dont le coût est de

Signification du dépôt de l'acte de vente , pour parve-
nir à purger les hypothèques légales.

(Art. 2194, Code Napoléon — Art. 29, Tarif par analogie.—
Coût , 2 fr.)

L'AN mil huit cent sept, le 10 juillet, à la requête
du sieur Lefevre, demeurant à   faisant élection
de domicile chez M⁰ D., j'ai (*immatricule de l'huis-*
sier), soussigné , signifié et certifié , 1° à la dame
Marié-Anne Pasquaut, épouse du sieur Michel Radiard , et encore à ce dernier pour la validité de la procédure , demeurant tous deux à Paris , rue   en
leur domicile et parlant à

2° Et à monsieur le Procureur-Impérial près le Tribunal de première instance du département de la Seine,
en son parquet, à Paris , au Palais de Justice, en parlant à

Que, pour parvenir à purger les hypothèques légales
dont sa propriété peut être grevée, il a déposé au greffe
du Tribunal de première instance du département de la
Seine, la copie collationnée d'un jugement de l'audience, des criées dudit Tribunal, rendu le   sur
la licitation poursuivie entre les sieurs Radiard et Busson, dûment enregistré et transcrit, et portant adjudication au profit du sieur Lefevre, d'une maison sise
à Paris , rue   moyennant   outre les
charges ; ledit dépôt effectué par acte du   dûment
enregistré, dont est avec ces présentes donné copie; à ce
que du tout ladite dame Radiard et monsieur le Procureur-Impérial n'ignorent , leur déclarant que ceux du

chef desquels il pourrait être formé des inscriptions, pour raison d'hypothèques légales, existantes indépendamment de l'inscription, n'é·ant pas *tous* connus du requérant, il fera publier la présente signification dans la forme prescrite par l'art. 683 du Code de Procédure civile; et j'ai aux sus-nommés, en parlant comme dessus, laissé à chacun séparément copie certifiée sincère et véritable, et signée de Mᶜ D. avoué, dudit acte de dépôt sus-énoncé, et du présent exploit, dont le coût est de

---

L'extrait de l'acte translatif de propriété s'affiche dans l'auditoire, par le greffier.

D'après l'avis du Conseil-d'Etat du 1ᵉʳ juin 1807, qui exige que cette signification soit publiée lorsque la femme ou les subrogés tuteurs ne sont pas connus, il est bon de faire *toujours* cette publication, par l'impossibilité où l'on se trouve de connaitre parfaitement les tutelles dont est, ou a pu être chargé le vendeur. (Voir modèle suivant pour cette publication.)

Publication de la signification faite au Procureur-
Impérial, pour purger les hypothèques légales

(Argument de l'art. 2194, Code Napoléon, d'après l'avis du Conseil-
d'Etat du premier juin 1807. — Coût, 2 fr. pour la rédaction.)

D'un exploit de B., huissier, à Paris, en date du 10 juillet 1807, dûment enregistré, fait à la requête du sieur Lefevre, demeurant à   il appert, que ledit sieur Lefevre a signifié et certifié, 1º à dame Marie Pasquaut, épouse du sieur Michel Radiard, et encore à ce dernier, pour la validité de la procédure, demeurant à Paris rue   ; 2º et à Monsieur le Procureur-Impérial près le Tribunal de première instance du département de la Seine, que voulant purger la propriété par lui acquise, des hypothèques légales dont elle pouvait se trouver grevée, il avait déposé au greffe dudit Tribunal une copie collationnée d'un jugement de l'audience des criées du même Tribunal, en date du   dûment enregistré et transcrit, rendu sur la licitation poursuivie entre les sieurs   et portant adjudication au profit du sieur Lefevre, d'une maison et dépendances sises à Paris, rue des Pilliers d'Etain, n° 30, moyennant la somme de   outre les charges, et qu'il a déclaré à ladite dame Radiard, et à monsieur le Procureur-Impérial, que ceux du chef desquels il pourrait être formé des inscriptions pour raison d'hypothèques légales n'étant pas tous connus de lui, il ferait publier, aux termes de la loi, la signification à eux faite.

Cet extrait s'insère dans le journal du département; s'il n'existe point de journaux, le Procureur-Impérial le certifie, et dans les deux mois de cette publication, ou de la délivrance du certificat du Procureur-Impérial, il doit être pris inscription, sinon la propriété est purgée de ces hypothèques. (Avis du Conseil-d'Etat du 1er janvier 1807, et art. 2195 Code Napoléon.)

Pouvoir du créancier à l'effet de surenchérir un immeuble vendu, et qui lui est hypothéqué.

(Argument de l'art. 2184, Code Napoléon.)

JE soussigné, Jean-François Godefroy   demeurant à   créancier hypothécaire des sieurs

Busson et Radiard , inscrit au bureau des hypothèques de Paris , le   vol.   n°   sur la maison ci-après désignée, appartenant à mes débiteurs , donne pouvoir à M^e   avoué au Tribunal de première instance du département de la Seine , de, pour moi et en mon nom, requérir la mise aux enchères et adjudication publique d'une maison et dépendances à Paris, rue des Pilliers d'Etain, n° 3o, adjugée au sieur Lefevre, demeurant à   moyennant la somme de outre les charges , par jugement de l'audience des criées du Tribunal de première instance du département de la Seine, rendu sur la licitation poursuivie entre lesdits sieur Busson et Radiard, le   enregistré, et à moi notifié par extrait avec le tableau des inscriptions, par exploit de B. , huissier à Paris, en date du   et en conséquence de, pour moi, sur enchérir et se soumettre à porter ou faire porter à un dixième en sus le prix de ladite adjudication, ce qui forme la somme totale de outre les clauses, charges et conditions insérées audit jugement d'adjudication, et autres de droit, comme aussi d'offrir pour caution de ladite surenchère la personne du sieur   demeurant à   . et à l'effet de la réception de ladite caution, faire tous dires, réquisitions et observations, et généralement faire tous actes qu'il jugera nécessaires pour parvenir à ladite surenchère, me soumettant et promettant d'avoir pour agréable tout ce que fera pour cet objet ledit Me P. et de le rembourser de tous frais et honoraires légitimement dus.

A Paris , ce   1807.

(La partie met : bon pour pouvoir , et signe.)

*Requête pour faire commettre un huissier à l'effet de
signifier la surenchère.*

(Art. 832, Code Proc. — Art. 76, Tarif. — Coût , 2 fr)

Le sieur Godefroy, demeurant à   etc. ;

Expose qu'il est créancier hypothécaire des sieurs
Busson et Radiard , inscrit sur une maison sise à
Paris, rue des Pilliers d'Etain, n° 30. ;

Que ladite maison a été adjugée au sieur Lefevre, demeurant à   par jugement de l'audience des criées
de votre Tribunal, en date du   dûment enregistré et transcrit, rendu sur la licitation qui en a été
poursuivie par le sieur Busson, contre le sieur Radiard ;
que le sieur Lefevre ayant fait aux créanciers inscrits la
notification prescrite par l'art. 2183 du Code Napoléon,
l'exposant est dans l'intention de surenchérir ladite
maison ;

Pourquoi, ce considéré, il vous plaira, monsieur le
Président, commettre un huissier, à l'effet de faire aux
sieurs Lefevre, acquéreur, Busson et Radiard, vendeurs, la réquisition de surenchère dont s'agit, et vous
ferez justice.

(*Signature de l'avoué*)

____

Voir la note ci-dessus sur le 1ᵉʳ modèle de l'art. 832.

Réquisition de surenchère sur aliénation volontaire.

(Art. 832, Code Proc. — Art. 63 du Tarif. — Coût. 5 fr.)

L'an mil huit cent sept, le 15 janvier, à la requête
du sieur Godefroy, demeurant à   créancier hypo-

thécaire, inscrit au bureau des hypothèques de Paris, à la date du   vol.   n°   sur la maison ci-après désignée, appartenant aux sieurs Busson et Radiard, ses débiteurs, pour lequel sieur Godefroy domicile est élu en la demeure de M^e   avoué au Tribunal de première instance du département de la Seine, sise à Paris, rue   j'ai, (*immatricule de l'huissier*) commis par ordonnance de monsieur le Président du Tribunal de première instance du département de la Seine, en date du   dûment enregistrée étant au bas de la requête à lui présentée le même jour, et desquelles requête et ordonnance est avec ces présentes donné copie, soussigné, signifié et déclaré (*à l'acquéreur et au vendeur*);

Que ledit sieur Godefroy requiert la mise aux enchères et adjudication publique d'une maison sise à Paris, rue des Pilliers d'Etain, n° 30, dont ledit sieur Lefevre s'est rendu adjudicataire par jugement de l'audience des criées du Tribunal de première instance du département de la Seine, en date du   rendu sur la licitation poursuivie entre le sieur Busson, demeurant à   et le sieur Radiard, demeurant à   ledit jugement d'adjudication enregistré, transcrit au bureau des hypothèques de Paris, et notifié au requérant par extrait, avec le tableau des inscriptions survenues à la transcription, par exploit de   huissier, en date du   en conséquence, que ledit Godefroy se soumet de porter ou de faire porter le prix principal de ladite maison et dépendances à un dixième en sus de la somme de   montant de l'adjudication dont s'agit,

ce qui fera pour première enchère la somme totale de
outre et par-dessus les charges, clauses et conditions du jugement d'adjudication; et de celles qui
seront imposées par le jugement de la nouvelle adjudication; déclarant au sus-nommé que le requérant fera
apposer placards indicatifs de la revente dont s'agit, qui
sera faite dans les formes prescrites par la loi; à ce que
le sus-nommé n'en ignore, lui déclarant en outre que
ledit sieur Godefroy offre et présente pour caution de
sa surenchère, jusqu'à concurrence du prix et des charges, la personne du sieur Laurent, demeurant à Paris,
ue de la Loi, n° 12, et que les titres qui constatent sa
solvabilité ont été déposés au greffe du Tribunal de 1re
instance du département de la Seine, par acte du   enregistré, et dont, pour justification, est avec ces présentes
donné copie, et à pareilles requête, demeure et élection
de domicile que dessus, j'ai, huissier susdit et soussigné,
donné assignation audit sieur Lefevre, en son domicile et
parlant comme dit est, à comparaître d'aujourd'hui à trois
jours, à l'audience du Tribunal de première instance du
département de la Seine, séant à Paris, au Palais de
Justice, première section, pour, attendu que le sieur
Laurent ci-dessus nommé, qualifié et domicilié, offert
pour caution de la présente surenchère, est notoirement
solvable, *voir dire* et ordonner que ledit sieur Laurent
sera reçu pour caution de la surenchère dont s'agit, et
qu'il fera, en conséquence sa soumission au greffe dudit
Tribunal, en la manière accoutumée; et pour en outre
répondre et procéder comme de raison, à fin de dépens
dont ledit sieur Godefroy sera remboursé comme de frais

extraordinaires de poursuite ; et ai signifié que Me P.,
avoué , occuperait pour ledit sieur Godefroy , tant sur
ladite poursuite de vente par surenchère que sur la présente assignation ; et j'ai , au sus-nommé, domicile et
parlant comme dessus , laissé copie, signée comme le
présent original du sieur Godefroy , 1° des requéte et
ordonnance susdites ; 2° de l'acte de dépôt sus-énoncé
et du présent exploit, dont le coût est de

(Signature de l'avoué.)

Cette réquisition de surenchère se signifie par exploits
séparés , à l'acquéreur et au vendeur (argument tiré
du n° 4 de l'art. 2185 du Code Napoléon.)

La surenchère doit être signifiée dans les quarante jours
de la notification de l'acquéreur ; elle doit être faite au vendeur et à l'acquéreur, et la copie et l'original doivent être
signés du créancier surenchérisseur lui-même, ou de son
fondé de pouvoir spécial qui, dans ce dernier cas, doit
donner copie de ses pouvoirs. (Voir la note du modèle de
l'art. 832 C. P. et 2183 Code Napoléon.)

*Placard annonçant la première publication pour parve-
nir à la revente par surenchère.*

(Art. 836, Code Proc. — Art. 104, 105 et 106, Tarif. — Coût,
voir modèle de l'art. 682.

DE par sa Majesté l'Empereur des Français , Roi
d'Italie et Protecteur de la Confédération du Rhin.

On fait savoir à tous qu'il appartiendra, que le jeudi
heure de midi, en l'audience des ventes sur saisies immobilières du Tribunal de première instance du département de la Seine, séant à Paris, au Palais de Justice,
local de la première section dudit Tribunal , et à l'issue
de l'audience ordinaire,

Il sera procédé *à la première publication* de l'enchère pour parvenir à la vente et adjudication publique, par suite de surenchère, d'une maison sise à Paris, rue des Pilliers d'Etain, n° 3o, quatrième arrondissement du canton de Paris.

Ladite maison adjugée moyennant   de prix principal au sieur   demeurant à
par jugement de l'audience des criées du départeme&
de la Seine, en date du   rendu sur la licitation poursuivie entre le sieur Busson, demeurant à
et le sieur Radiard, demeurant à   ledit jugement enregistré et transcrit au bureau des hypothèques de Paris, le   sous le n°   du vol.   dé–noncé par extrait avec le tableau des inscriptions, par exploit de   huissier, en date du   sur laquelle adjudication le sieur Godefroy ayant constitué pour avoué Mᵉ P., avoué au Tribunal civil de première instance du département de la Seine, demeurant à Paris, rue   neuvième arrondissement de Paris, a porté une surenchère de la somme de   ce qui, joint au prix de l'adjudication, forme une somme totale de
         pour première enchère, outre et par-dessus les charges qui sont contenues au jugement d'adjudication dudit jour   lequel servira de minute d'enchère, et autres charges de droit.

A partir de la confection de ce placard, il faut suivre dans la poursuite de surenchère, toutes les formalités de la saisie-immobilière, en observant 1°que les acquéreur et surenché-risseur tiennent lieu de partie saisie et de poursuivant,

3 *

2° qu'il n'y a pas besoin d'afficher un extrait de ce placard dans l'auditoire, 3° que la première publication a lieu la quinzaine après l'apposition d'affiches.

Procès-verbal d'apposition d'affiches.

(Art. 837, Code Proc.—Art. 5o, Tarif par anal.— C., 4 fr.)

L'AN mil huit cent sept, le   à la requête du sieur Lefevre, demeurant à   adjudicataire suivant jugement rendu en l'audience des criées du département de la Seine, le   d'une maison sise à Paris, rue des Pillers d'Etain, n° 3o , vendue sur la licitation poursuivie entre les sieurs Busson et Radiard , en cette qualité poursuivant la revente de ladite maison sur la surenchère faite par le sieur Godefroy , créancier hypothécaire inscrit sur ladite maison et pour lequel dit sieur Lefevre domicile est élu, etc.

(*immatricule de l'huissier*) soussigné , certifié avoir apposé cejourd'hui, à chacun des endroits indiqués par la loi, un exemplaire de l'affiche ci-jointe, indiquant au jeudi   heure de midi, en l'audience des ventes sur saisies immobilières du Tribunal de première instance du département de la Seine, séant à Paris, au Palais de Justice, local de la première section dudit Tribunal , issue de l'audience ordinaire, la première publication de l'enchère pour parvenir à la vente par suite de surenchère de ladite maison , sise à Paris, rue des Pilliers d'Etain, n° 3o ; à ce que personne n'en ignore, et ai rédigé le présent procès-verbal, auquel j'ai annexé un exemplaire desdits placards, et que j'ai fait viser , par chacun des maires ou adjoints des arrondissemens dans lesquels l'apposition a été faite. Le coût du présent procès-verbal est de

Voir la note du modèle de l'article 685.

Notification du procès-verbal d'apposition d'affiches.

(Art. 837, Code Proc. — Art. 29, Tarif *par analogie.* — Coût, 2 fr.)

L'AN mil huit cent sept, le   décembre, à la requête du sieur Lefevre, demeurant à   adjudicataire suivant jugement rendu en l'audience des criées du département de la Seine, le   d'une maison, jardin et dépendances sis à Paris, rue des Pilliers d'Etain, n° 3o, vendue sur la licitation poursuivie entre les sieurs Busson et Radiard, et en cette qualité, poursuivant la revente par suite de la surenchère faite par le sieur Godefroy, créancier hypothécaire inscrit sur ladite maison, pour lequel dit sieur Lefevre, domicile est élu   etc., etc., j'ai (*immatricule de l'huissier*) soussigné, signifié, notifié et avec ces présentes donné copie au sieur Godefroy, demeurant à   en son domicile en parlant à

1° D'une affiche ou placard indiquant au jeudi   heure de midi, à l'audience des ventes sur saisies immobilières du Tribunal de première instance du département de la Seine, séant à Paris, au Palais de Justice, local de la première section dudit tribunal, à l'issue de l'audience ordinaire, la première publication de l'enchère, pour parvenir à la revente par suite de surenchère de ladite maison à Paris, rue des Pilliers d'Etain, n° 3o;

2° Et d'un procès-verbal dressé par moi, huissier soussigné, le   dûment enregistré, à la requête du sieur Lefevre, et visé aux termes de la Loi, constatant qu'un exemplaire de l'affiche sus-énoncée a été apposé dans chacun des endroits désignés par la loi, à ce que du contenu auxdites affiche et procès-verbal, le sus-nommé n'ignore, et je lui ai, en son domicile et parlant comme dessus, laissé copie, certifiée sincère et véritable et signé de Me D., avoué, de l'affiche et procès-verbal sus-énoncés ensemble du présent exploit, dont le coût est de.

Voir la note du modèle de l'article 687 C. P.

TITRE V.

DES VOIES A PRENDRE POUR AVOIR EXPÉDITION OU COPIE D'UN ACTE, OU POUR LE FAIRE RÉFORMER.

Requête pour assigner à bref délai, le dépositaire qui se refuse à donner expédition ou copie d'un acte parfait.

(Art. 839, Code Proc. — Art. 78, Tarif. — Coût. 7 fr. 50 c.)

A Monsieur le Président du Tribunal de première instance du département de la Seine, Chevalier de la Légion d'honneur.

Le sieur Gaillard, demeurant à Paris, rue des Prouvaires, n° 7,

Expose que, par acte passé devant Me Leroux et son confrère, notaires, à Paris, le 10 décembre 1807, dûment enregistré, il a vendu au sieur Félix, une maison et dépendance, sises à Paris, rue St-Antoine, n° 8, moyennant la somme principale de vingt mille francs ; mais que malgré que cet acte soit parfait et que tous les droits et honoraires légitimement dûs soient payés audit Me Leroux, notaire, celui-ci refuse d'en délivrer une expédition à l'exposant ;

Pourquoi, ce considéré, il vous plaira, monsieur le Président, permettre à l'exposant de se faire délivrer l'expédition de l'acte de vente dont s'agit, et permettre également, dans le cas où ledit Me Leroux, notaire, persisterait dans son refus, sur la sommation qui lui sera faite à cet effet, de le faire assigner à comparaître, à trois jours, à l'audience du Tribunal de première instance du département de la Seine, séant à Paris, au Palais de Justice ;

Pour, et attendu que toute personne a le droit de se faire délivrer une expédition d'un contrat où elle est partie, se voir condamner, même par corps, à délivrer au requérant, dans les trois jours de la signification, du jugement à intervenir, une expédition dûment en forme de l'acte passé devant ledit Me Leroux et son collègue, notaires, à Paris, le 1er décembre 1807, dûment enregistré, contenant vente, par ledit sieur Gaillard, au sieur Félix, d'une maison sise à Paris, rue St-Antoine, n° 8, se réservant de demander tels dommages-intérêts qu'il appartiendra, et vous ferez justice.   (*Signature de l'avoué.*)

La procédure que nous traçons ici, nous a parue conforme à l'article 29 du Tarif, que nous avons cherché à concilier avec le Code de Procédure.

Sommation et assignation à un notaire, à l'effet d'avoir copie ou expédition d'un acte parfait.

(Art. 839, Code Proc. — Argum. de l'art. 29, Tarif. — Coût. 2 fr.)

L'AN, etc, en vertu de l'ordonnance de monsieur le Président du Tribunal de première instance du département de la Seine, en date du   dûment enregistré, étant au bas de la requête présentée le même jour, desquelles requête et ordonnance est, avec ces présentes, donné copie, et à la requête du sieur Gaillard, demeurant, etc., lequel constitue pour son avoué Me D., demeurant à, etc., soussigné, fait sommation à Me Leroux, notaire impérial à Paris, y demeurant, rue   en son domicile, en parlant à

De délivrer audit sieur Gaillard, l'expédition en bonne forme, d'un acte passé devant le sus-nommé, qui en a gardé minute, et son collègue, notaires, le dûment enregistré, contenant vente par ledit sieur Gaillard, au sieur Félix, d'une maison sise à Paris, rue St-Antoine, n° 8, et duquel acte les droits et honoraires légitimement dus, ont été payés à Me Leroux, lequel en parlant comme dessus, a dit et fait réponse : « que pour causes, moyens et raisons qu'il déduira » en temps et lieu, il ne pouvait délivrer l'expédi- » tion qui lui est demandée ; et a signé. »

Pourquoi, vu ledit refus et à pareilles requête, demeure et élection de domicile que dessus, j'ai, huissier susdit et soussigné, donné assignation audit Me Leroux, en son domicile, en parlant comme dessus, à comparaître d'aujourd'hui à trois jours, à l'audience

de la première section du Tribunal de première instance du département de la Seine, séant à Paris, au
Palais de Justice,

Pour, et attendu que toute personne a le droit de
se faire délivrer une expédition d'un acte où elle est
partie ; attendu que ledit Mᵉ Leroux a été payé de
tous les droits et honoraires qui lui étaient légitimement dus pour l'acte dont s'agit, se voir condamner,
ledit Mᵉ Leroux, même par corps, à délivrer au requérant, dans les trois jours de la signification du
jugement à intervenir, une expédition dûment en forme
de l'acte passé devant ledit Mᵉ Leroux et son collègue, notaires, à Paris, le premier décembre 1807,
dûment enregistré, contenant vente par ledit sieur
Gaillard, au sieur Félix, d'une maison sise à Paris,
rue St-Antoine, n° 8, se réservant de demander tels
dommages-intérêts qu'il appartiendra, et pour en outre
répondre et procéder, comme de raison, afin de dépens ; et j'ai, au sus-nommé, domicile et parlant
comme dessus, laissé copie certifiée sincère et véritable, et signée de Mᶜ D., avoué, desdites requête et
ordonnance, et du présent exploit, dont le coût est
de

Jusqu'à présent ce n'est que contre le notaire que l'on a
agi pour avoir copie ou expédition d'actes parfaits ; mais
suivant l'art. 29 du Tarif, il paraît que les parties peuvent
ou non être appelées, pour voir délivrer ou faire ordonner
avec elles la délivrance de ces copies ou expéditions ; ce qui a
lieu soit qu'en répondant la requête, le président ait jugé à
propos de mettre : *parties présentes ou dûment appelées*,

soit que le notaire, refusant de délivrer l'expédition sans appeler les parties, le jugement qui intervient sur ce refus, ordonne qu'elles seront appelées; alors elles sont assignées en vertu ou de l'ordonnance ou du jugement. (Voir modèle suivant.)

Sommation aux parties intéressées d'être présentes à la délivrance d'une expédition d'un acte parfait.

(Art. 839, Code Proc. — Art. 29, Tarif. — Coût, 2 fr.)

L'AN mil huit cent sept, le   en vertu de l'ordonnance rendue par monsieur le Président du Tribunal de première instance du département de la Seine, le   étant au pied de la requête présentée le même jour, et desquelles requête et ordonnance est, avec ces présentes, donné copie, et à la requête du sieur Gaillard, etc., j'ai, (*immatricule de l'huissier*) soussigné, fait sommation à, etc. (*aux parties intéressées*);

De comparaître et se trouver le   dix heures du matin, en l'étude de Me Leroux, notaire impérial, sise à Paris, rue   pour être présens, si bon leur semble, à la délivrance qui sera faite audit sieur Gaillard par ledit Leroux, notaire, de l'expédition en bonne forme d'un acte passé devant lui et son confrère, notaires, à Paris, le   enregistré, contenant vente par le sieur Gaillard au sieur Félix, d'une maison sise à Paris, rue St.-Antoine, n° 8; à ce qu'ils n'en ignorent, leur déclarant que faute par eux de comparaître, il sera procédé, tant en absence que présence, à la délivrance de l'expédition dudit acte, et j'ai, aux sus-nommés, en leurs domiciles et parlant comme dessus, laissé copie certifiée sincère et véritable, et signée dudit Me D., des requête et ordonnance sus-énoncées et du présent exploit, dont le coût est de

Si les parties ne voulaient pas consentir à la délivrance de l'expédition, on se pourvoirait en référé.

Requête à fin d'obtenir expédition d'un acte resté imparfait.

(Art. 841, Code Proc. — Art. 78, Tarif. — Coût, 7 fr. 50 c.)

A Monsieur le Président du Tribunal de première instance du département de la Seine, Chevalier de la Légion d'honneur.

LE sieur Gaillard, demeurant à Paris, rue des Prouvaires, n° 7,

Expose que, par acte passé devant Me Leroux et son collègue, notaires, à Paris, le 1er janvier 1808, le sieur Félix s'est reconnu débiteur envers lui d'une somme de vingt mille francs, que le sieur Adam avait promis cautionner.

Mais que ce dernier ne s'étant pas trouvé au jour convenu entre les parties, chez Me Leroux, notaire, dépositaire de la minute dudit acte, elle n'avait été signée que de l'exposant et du sieur Félix ;

Que, désirant aujourd'hui poursuivre, contre le sieur Félix, le paiement de l'obligation sus-énoncée, malgré que l'acte qui la contient soit resté imparfait relativement au cautionnement,

Il requiert, monsieur le Président , qu'il vous plaise lui permettre de se faire délivrer, par ledit Me Leroux , notaire , une copie ou expédition de ladite obligation , en faisant mention de votre ordonnance au bas desdites copie ou expédition , à quoi faire ledit Me Leroux sera contraint ; quoi faisant, déchargé , et en cas de contestation ordonner qu'il vous en sera référé , et vous ferez justice.

Sommation et assignation en référé au notaire, pour avoir copie d'un acte imparfait.

(Art. 841 et 843, Code Proc. — Art. 29 , Tarif. — Coût . 2 fr.)

L'an, etc. , en vertu de l'ordonnance de monsieur le Président du Tribunal de première instance du département de la Seine, en date du   dûment enregistrée , étant au bas de la requête à lui présentée le même jour, et desquelles requête et ordonnance est , avec ces présentes , donné copie; et à la requête du sieur Gaillard , etc. , j'ai , (*immatricule de l'huissier*) soussigné , fait sommation à Me Leroux , notaire impérial , à Paris , y demeurant, rue   en son domicile , en parlant à

De délivrer audit sieur Gaillard , copie ou expédition d'un acte passé devant ledit Me Leroux et son confrère , notaires, le   souscrit au profit du sieur Gaillard , par le sieur Félix , contenant obligation de la somme vingt mille francs , étant resté imparfait par le défaut de signature du sieur Adam , qui devait se porter caution du montant de ladite obligation ; aux offres que fait ledit sieur Gaillard, de payer audit Me Leroux tous frais et honoraires légitimement dus pour ladite expédition.

Lequel, en parlant comme dessus, a dit et fait réponse : « Qu'il ne pouvait obtempérer à l'ordonnance » sus-énoncée pour causes et moyens qu'il déduirait » devant monsieur le Président du Tribunal, et a » signé. »

(*Signature du notaire.*)

Pourquoi, et attendu le refus dudit Me Leroux, et que l'ordonnance sus-énoncée permet au requérant de se faire délivrer l'expédition ou copie de l'acte imparfait dont s'agit, j'ai, huissier susdit et soussigné, à pareilles requête, demeure et élection de domicile que dessus, donné assignation audit Me Leroux, en son domicile, etc., parlant comme dessus, à comparaître demain, 12 janvier 1808, onze heures du matin, pardevant monsieur le Président du Tribunal de première instance du département de la Seine, tenant l'audience des référés, à Paris, au Palais de Justice, pour voir dire et ordonner que l'ordonnance rendue sur requête, ledit jour   sera exécutée selon sa forme et teneur ; en conséquence, que sans s'arrêter ni avoir égard au refus dudit Me Leroux, notaire, et aux motifs de ce refus, il sera tenu de délivrer au sieur Gaillard, expédition ou copie contenant obligation, dudit jour

de l'acte, à quoi faire il sera contraint ; quoi faisant, déchargé, et ai déclaré que ledit Me D., avoué, occupera pour ledit Gaillard, et je lui ai, en son domicile et parlant comme dessus, laissé copie certifiée sincère et

véritable et signée de M^e D , avoué, desdites requête
et ordonnance et du présent exploit, dont le coût est de

Si l'ordonnance porte que les parties seront appelées, il
faut se conformer au troisième modèle de l'art. 859.

Requête à fin d'obtenir une seconde grosse.

(Art. 844 et 854, Code Proc. — Art. 78, Tarif. — Coût, 7 fr. 5o c.)

> A Monsieur le Président du Tribunal de première
> instance du département de la Seine, et Chevalier
> de la Légion d'honneur.

LE sieur Gaillard, demeurant à Paris, rue des Prouvaires, n° 7,

Expose que le sieur Félix, demeurant à Paris, rue
St-Nicaise, n° 6, est son débiteur d'une somme de
dix mille francs; faisant, avec dix mille francs déjà
payés, la somme totale de vingt mille francs, montant d'une obligation par lui souscrite, par acte passé
devant Me Leroux, qui en a la minute, et son collègue, notaires, le   dûment enregistré

Mais que la grosse de cette obligation ayant été
adhirée par l'exposant,

Il requiert qu'il vous plaise, monsieur le Président,
lui permettre de se faire délivrer une seconde grosse
de l'obligation dont s'agit, parties intéressées présentes
ou dûment appelées, en faisant néanmoins mention
de votre ordonnance, et que ladite grosse ne sera exécutoire que pour dix mille francs, le surplus de l'obligation étant acquitté, et vous ferez justice.

(*Signature de l'avoué.*)

*Sommation au notaire de délivrer une seconde grosse,
et aux parties intéressées, d'être présentes à la délivrance.*

(Art. 844, Code de Proc. — Art. 29, Tarif. — Coût, 2 fr.)

L'AN, etc., en vertu de l'ordonnance rendue par
monsieur le Président du Tribunal de première instance du département de la Seine, le   dûment
enregistrée, étant au bas de la requête à lui présentée le même jour, desquelles requête et ordonnance
est, avec ces présentes, donné copie; et à la requête
du sieur Gaillard, demeurant à   pour lequel domicile
est élu, etc., soussigné, fait sommation, 1° à M⁰ Leroux, notaire impérial, à Paris, y demeurant, rue
          en son domicile, en parlant à

2° Au sieur Félix, demeurant à, etc.

De, à l'égard de M⁰ Leroux, notaire, se trouver
en son étude, mardi prochain, 15 janvier 1808, heure
de midi, à l'effet de délivrer au requérant une seconde
grosse dûment en forme, d'un acte passé devant lui
et son collègue, notaires, le 2 janvier 1807, dûment
enregistré, portant obligation au profit du réquérant,
par le sieur Félix, de la somme de vingt mille francs,
et de faire mention, dans ladite seconde grosse, qu'elle
ne sera exécutoire que pour dix mille francs, le surplus étant acquitté, et qu'elle a été délivrée en vertu
de l'ordonnance sus-datée.

Et à l'égard du sieur Félix, de se trouver ledit
jour, mardi prochain, 15 janvier 1808, heure de
midi, en l'étude dudit M⁰ Leroux, notaire, sise à

Paris , rue   pour, si bon lui semble , être présent à la délivrance qui sera faite au requérant , de la seconde grosse de l'acte sus-daté , avec les mentions sus-dites.

Déclarant aux sus-nommés que faute par ledit Me Leroux, notaire , de délivrer ladite seconde grosse , il y sera contraint par corps; que faute par le sieur Félix de comparaître, il sera, tant en absence que présence, procédé à la délivrance de la seconde grosse dont s'agit ; à ce que du tout chacun des sus-nommés n'ignore, et je lui ai , domicile et parlant comme dessus , laissé copie certifiée sincère et véritable , et signée de Me D. , desdites requête et ordonnance sus-énoncées et du présent exploit , dont le coût est de

---

En cas de difficultés on se pourvoit en référé; mais s'il n'y avoit que refus de la part du notaire, il faudrait se pourvoir devant le Tribunal pour le faire condamner par corps. (Voir modèle de l'art. 839 C. P.)

Requête de compulsoire.

(Art. 847 , Cod. Proc. — Art. 75 , Tarif. — Coût, 2 fr. par rôle ;
il ne peut y en avoir plus de six.)

A Messieurs les Président et juges de la deuxième section du Tribunal de première instance du département de la Seine.

LE sieur Gaillard, demeurant à   défendeur au principal et incidemment demandeur, ayant pour avoué Me D. ;

Contre le s^r Félix, demeurant à demandeur au principal , et défendeur à l'incident, ayant pour avoué M^e J.

Expose que (*rapporter les faits et les moyens*)

Pourquoi, et dans ces circonstances, il plaira au Tribunal recevoir le requérant incidemment demandeur par la présente requéte, et statuant sur icelle, et avant, faire droit à la demande principale ; l'autoriser à faire compulser, pardevant celui d'entre vous, Messieurs, qu'il vous plaira commettre, ou devant le notaire ci-après nommé, l'acte de transaction fait entre les sieurs Félix et Durand, et passé devant M⁰ Roux, qui en a la minute, et son collègue, notaires à Paris, le   en conséquence, que ledit M⁰ Leroux, notaire, dépositaire de ladite minute, sera autorisé à en délivrer une expedition en bonne forme au requérant, aux offres que fait celui-ci de payer audit notaire tous frais et honoraires qui lui seraient légitimement dus, et vous ferez justice.

Il est dressé procès-verbal de compulsoire par le notaire ou juge-commissaire, commis à cet effet par le jugement ; et les parties *peuvent* y assister et y insérer tels dires qu'elles veulent y faire, sans qu'il y ait besoin de les appeler. (Argument de l'art. 850 C. P.)

D'après l'art. 847, la demande en compulsoire suppose toujours une instance commencée.

Requête pour obtenir la rectification d'un acte de l'état civil.

(Art. 855, Cod. Proc., et 99, Code Napoléon. — Art. 78, Tarif. — Coût, 7 fr. 50 c.)

A Monsieur le Président du Tribunal de première instance, du département de la Seine, Chevalier de la Légion d'honneur.

Le sieur Jérôme Ducœur-Joly, rentier, demeurant à Paris, rue

Expose que son nom propre est *Ducœur-Joly*, ainsi écrit, suivant qu'il résulte de son acte de naissance, inscrit sur les registres de la ci-devant paroisse Saint-Benoît de Paris, à la date du 20 décembre 1807 ;

Qu'ainsi, c'est par erreur, si dans l'acte de naissance de sa fille, encore mineure, inscrit sur les registres de l'état civil de la mairie du troisième arrondissement de Paris, à la date du 30 vendémiaire an 5, registre 4, n° 174, elle a été dénommée *Dulcour-Joly*, et dite fille de Jérôme *Dulcour-Joly* aulieu de *Ducœur-Joly* ;

Pourquoi il vous plaira, monsieur le Président, attendu que lesdites erreurs sont constantes et que l'identité des personnes se prouve par l'acte de mariage de l'exposant avec la demoiselle Deghendt, inscrit aux registres des actes de l'état civil de la ci-devant municipalité de Paris, à la date du 30 vendémiaire an 5, ledit acte ci-joint, avec les deux déjà énoncés.

Ordonner que rectification sera faite de l'acte de naissance de la fille de l'exposant, et en conséquence qu'en marge dudit acte inscrit aux registres de la mairie du troisième arrondissement de Paris, à la date du 3o vendémiaire an 5, registre 4, n° 174, il sera dit que c'est par erreur que sa fille et lui ont été nommés *Dulcour-Joly*, au lieu de *Ducœur-Joly*, leur véritable nom ; et ordonner en outre que le jugement à intervenir sera inscrit sur tous registres de l'etat civil, conformément à la loi, que mention en sera faite en marge dudit acte réformé , et que toutes expéditions ou extraits ne pourront en être délivrés qu'avec les rectifications ordonnées , à peine de tous dépens , dommages et intérêts contre l'officier qui les aurait délivrés et vous ferez justice.

Requête pour obtenir du juge-commissaire le jour auquel le conseil de famille pourra être convoqué devant lui.

(Exécution de l'art. 856, Code Proc. — Art 76, Tarif par anal.
— Coût, 2 fr.)

> A Monsieur D....., Juge au Tribunal de première instance du département de la Seine, commis à l'effet des opérations ci-après énoncées.

LE sieur Jérôme Ducœur-Joly, employé, demeurant à

Expose que par jugement de la première section du Tribunal de première instance du département de la Seine, en date du   dûment enregistré et ci-joint, rendu sur la requête présentée par l'exposant, afin de rectification d'un acte de l'état civil, il a été ordonné que les parties intéressées seraient appelées et que le conseil de famille serait préalablement convoqué pardevant vous, Monsieur, que le Tribunal a commis à cet effet ;

Pourquoi, ce considéré, il vous plaira indiquer les jour, lieu et heure auxquels l'exposant pourra faire citer à comparaître pardevant vous, les parens, et à défaut, les amis dudit sieur Ducœur - Joly, pour former le conseil de famille ordonné par le jugement sus-énoncé, et délibérer, répondre et procéder ainsi qu'il est dit par le même jugement, et vous ferez justice.

Toutes les fois qu'avant de faire droit, le Tribunal ordonne que le conseil de famille sera convoqué, c'est devant un juge du Tribunal, commis par le jugement, que se fait la convocation.

Sommation aux parens et amis, pour composer le conseil de famille.

(Art. 856, Code Proc. — Art. 29, Tarif. par analog. — Coût, 2 fr.)

L'an, etc., en vertu de l'ordonnance de monsieur D. , juge au Tribunal de première instance du département de la Seine, en date du   enregistrée, étant au bas de la requête, présentée le même jour, et desquelles requête et ordonnance est, avec ces présentes, donné copie, et à la requête du sieur Jérôme Ducœur-Joly, etc. , et j'ai, (*immatricule de l'huissier*), soussigné, fait sommation à (*six parens ou amis*) de comparaître vendredi, 28 janvier 1808, neuf heures du matin, en la chambre du conseil du Tribunal de première instance du département de la Seine, première section, séant à Paris, au Palais de Justice, et pardevant mon-

sieur D. , juge audit Tribunal, et commissaire en cette
partie ;

Pour composer tous , le conseil de famille dudit sieur
Jérôme Duccœur - Joly, dont la convocation a été ordonnée par le jugement rendu sur requête, le
en la première section du Tribunal de première instance du département de la Seine , dont est aussi ,
avec ces présentes, donné copie ; et en conséquence,
délibérer , répondre et procéder aux termes dudit jugement , déclarant aux sus - nommés que M⁰ D.
occupera , et que faute par eux de comparaître lesdits jour, · lieu et heure susdits, ils encourront chacun
l'amende prononcée par la loi , et qu'ils seront remplacés soit par d'autres parens ou d'autres amis , à
défaut de parens ; à ce que du tout les sus-nommés
n'ignorent , et je leur ai, domiciles, et parlant comme
dessus , laissé à chacun , séparément, copie certifiée
sincère et véritable , de Mᵉ D. , avoué, desdites requête,
ordonnance et jugement susdits , ensemble du présent
exploit, dont le coût est de

Cette sommation est faite par un huissier-audiencier, commis à cet effet ; non pas que la loi le dise, mais parce
qu'ordinairement les ordonnances qui prescrivent une
sommation commettent l'huissier par qui elle doit être faite.

*Assignation aux parties intéressées , pour voir ordon-
ner la rectification d'un acte de l'état civil.*

(Art. 856, Code Proc. — Art. 99, Cod. Nap. — Art. 29 , Tarif
— Coût, 2 fr.)

L'an , etc., à la requête du sieur Jérôme Ducœur-

Joly, employé, demeurant à   etc., lequel constitue pour son avoué M⁰ D., demeurant à   etc.,
j ., (*immatricule de l'huissier*) soussigné, donné assignation à, etc.;

A comparaître, etc;

Pour, et attendu que Louis Ducœur-Joly et Marie
Deghent, aujourd'hui décédés, se sont mariés au mois
de mai 1782, ainsi qu'il résulte de l'acte de mariage inscrit aux registres de la ci-devant paroisse de
Saint-Paul, à Paris, à la date du 10 dudit mois de
mai;

Attendu qu'il est cons tant qu'il n'est issu de
leur union qu'un enfant du sexe masculin, qui a été
baptisé le   à la ci-devant paroisse de
et à qui on a donné le nom de Jérôme, fils légitime de Louis *Ducour* et de Deghent, sa femme; que
c'est une erreur d'avoir donné au père le nom de *Ducour*
au-lieu de *Ducœur-Joly*, son véritable nom, prouvé
par son acte de naissance, inscrit aux registres de la
paroisse de   à la date du

Attendu que l'identité des personnes est reconnue
par l'avis du conseil de famille dudit sieur Jérôme
Ducœur-Joly, reçu par monsieur D., juge au Tribunal de première instance du département de la Seine,
commissaire en cette partie, le   enregistré, et dont
est, avec ces présentes, donné copie, ainsi que des
actes de l'état civil, ci-devant énoncés;

Attendu le vœu exprimé dans cet avis;

Voir dire et ordonner que la délibération qui le
contient, et sus-énoncée, sera homologuée pour être

exécutée selon sa forme et teneur, et qu'il sera ordonné que l'acte de naissance du requérant, inscrit
aux registres des actes de l'état civil de la ci-devant
paroisse de   à la date du   sera rectifié ; en
conséquence que mention sera faite en marge dudit
acte, que c'est par erreur que le père du requérant
a été nommé *Ducour*, au lieu de *Ducœur-Joly*, son
véritable nom.

Et ordonner en outre que le jugement à intervenir sera transcrit sur les registres de l'état civil, conformément à la loi, et que dans toutes expéditions ou
extraits délivrés dudit acte de naissance, il sera fait
mention de la rectification susdite, à peine de tous
dommages - intérêts contre l'officier qui les aurait
délivrés ; et pour en outre, en cas de contestation,
se voir condamner aux dépens, et j'ai, à chacun des
sus-nommés, en leurs domiciles et parlant comme
dessus, laissé copie certifiée sincère et véritable, et
signée de Me D. ; des actes et de la délibération susénoncés, ensemble du présent exploit, dont le coût
est de

Dans tous les cas, le jugement ne peut être opposé qu'aux
parties, contre lesquelles il est rendu.

*Signification aux officiers de l'état civil, du jugement
qui ordonne une rectification.*

(Conséquence des art. 857, Code Proc. et 101, Code Napoléon.
— Art 29, Tarif par analogie. — Coût, 2 fr.)

L'AN mil huit cent huit, le   janvier, à la requête du sieur Jérôme Ducœur-Joly, rentier, demeurant à Paris, rue   pour lequel domicile est élu, etc.

Soussigné, signifié, et avec ces présentes donné copie,

1° À monsieur le Maire du troisième arrondissement de Paris, faisant fonctions d'officier de l'état civil, en la personne de M^r chef du bureau de l'état civil à ladite Mairie, sise à Paris, rue de   en parlant à

2° Et à Me P., greffier en chef du Tribunal de première instance du département de la Seine; en la personne du sieur B......, dépositaire des secondes minutes, des actes de l'état civil, en son bureau, sis à Paris, enclos du Palais de Justice, en parlant à

D'un jugement rendu au profit du requérant, en la première section du Tribunal de première instance du département de la Seine, le   1808, dûment signé, scellé, collationné et enregistré, à ce que du contenu en icelui messieurs les Maire et greffier n'ignorent, et aient en conséquence à vouloir bien y satisfaire, et je leur ai, parlant comme dessus, laissé à chacun, séparément, copie certifiée sincère et véritable, et signée de moi, soussigné, du jugement sus-daté et du présent exploit, dont le coût est de

Appel d'un jugement rendu sur une demande en rectifi-
cation d'acte de l'état civil, qnand il n'y a pas d'autre
partie que le demandeur en rectification.

(Art. 858, Code Proc. — Art. 150 , Tarif. — Coût, 15 fr.)

A Monsieur le premier Président de la Cour
d'appel séant à Paris.

LE sieur Jérôme Ducœur-Joly, rentier, demeurant
à Paris, rue

Expose que son nom propre est *Ducœur-Joly*, ainsi
qu'il résulte de son acte de naissance, inscrit sur les
registres de la ci-devant paroisse de   à la date
du

Que c'est par erreur, si dans l'acte de naissance de
sa fille encore mineure, inscrit sur les registres de
l'état civil de la Mairie du troisième arrondissement
de Paris, à la date du 30 vendémiaire an 5, registre
4, n° 174, elle a été dénommée *Dulcour-Joly*, et
dite fille de Jérôme *Dulcour-Joly*, au lieu de Ducœur-
Joly ;

Que pour parvenir à faire rectifier cette erreur, l'exposant s'est pourvu dans la forme indiquée par la loi,
devant le Tribunal de première instance du département de la Seine, qui, par son jugement, du   a
ordonné qu'en marge dudit acte de naissance, il sera
dit que c'est par erreur que la fille de l'exposant et
lui, ont été nommés *Dulcour-Joly*, au lieu de *Dulcœur-*
Joly, leur véritable nom ;

Que les premiers juges se sont trompés en ordon-
nant que mention serait faite que *Dulcœur-Joly* était

le véritable nom de l'exposant et de sa fille , puisque c'est au contraire *Ducœur-Joly* , ainsi écrit , qu'ils se nomment.

Pourquoi , Monsieur le premier Président ,

Attendu que les véritables noms de l'exposant et de sa fille , sont *Ducœur-Joly* et non *Dulcour-Joly* ;

Attendu d'ailleurs que l'identité des personnes se prouve par l'acte de mariage de l'exposant avec la demoiselle Deghent , inscrit aux registres de l'état civil de la ci-devant municipalité de Paris, à la date du   ledit acte ci-joint , avec les deux déjà énoncés et l'expédition du jugement, dont s'agit.

Dire et ordonner qu'il a été mal jugé, bien appelé du jugement rendu au Tribunal de première instance du département de la Seine, le   sur la requête présentée par le requérant au Président dudit Tribunal , émandant et faisant droit au principal , dire et ordonner que rectification sera faite de l'acte de naissance de la fille de l'exposant, et qu'en conséquence en marge dudit acte, inscrit à la date du   aux registres de l'état civil de la Mairie du   arrondissement de Paris , il sera dit que c'est par erreur que sa fille et lui ont été nommés Dulcour-Joly , au lieu de *Ducœur-Joly* , ainsi écrit, leur véritable nom ;

Et ordonner en outre que l'arrêt à intervenir sera transcrit sur les registres de l'état civil, conformément à la loi , et qu'en marge de toutes expéditions et extraits dudit acte, vicié d'erreurs, les mentions spécifiées ci-dessus seront faites ; à quoi faire, tout officiers, secrétaires et dépositaires des registres de l'état civil, contraints ; quoi faisant , déchargés et vous ferez justice.

~~~~~~

TITRE VI.

DE QUELQUES DISPOSITIONS RELATIVES A L'ENVOI EN POSSESSION DES BIENS D'UN ABSENT.

Requête pour faire pourvoir à l'administration des biens d'un présumé absent.

(Art. 859, Code Proc. et art. 112, Code Napoléon. — Art. 78, Tar. — Coût, 7 fr. 50 c.)

A Monsieur le Président du Tribunal de première instance du département de la Seine, Chevalier de la Légion d'honneur.

La demoiselle Marie Blanchard, épouse du sieur Pierre Faidy, marchand mercier, demeurant à Paris, rue

Expose que son mari est absent de chez lui depuis le 10 décembre 1807, sans qu'il ait laissé de procureur fondé, que depuis ce temps on ait reçu de ses nouvelles, et qu'on puisse même connaître le lieu de sa résidence ;

Que ces faits sont constatés par l'acte de notoriété reçu devant M⁰ Grelet et son collègue, notaires à Paris, le 12 janvier 1808, dûment enregistré et ci-joint ;

Que ledit sieur Faidy faisait le commerce de mercerie, en détail, et qu'il est urgent de pourvoir à ce que
~~~~~~

ce commerce ne soit pas interrompu et à ce que d'ailleurs les biens soient administrés ;

Pourquoi et dans ces circonstances il vous plaira, Monsieur le Président, attendu que l'exposante est commune en biens avec ledit sieur Faidy, ainsi qu'il résulte de son contrat de mariage, passé devant M^e   et son collègue, notaires à Paris, le   dûment enregistré ;

Attendu qu'en sadite qualité de commune, elle a droit et intérêt de gérer le commerce exercé par son mari et elle, comme aussi d'administrer les biens ;

Autoriser la requérante à continuer de faire et gérer le commerce de mercerie qu'exerçait ledit sieur Faidy, avant son absence ; en conséquence et à cet effet l'autoriser à vendre et débiter les marchandises, signer tous billets ou lettres de change, les acquitter, recevoir le montant de ceux qui seraient souscrits, mettre tous acquits et décharges, ester et paraître en jugement, soit en défendant, soit en demandant, pour raison dudit commerce et des affaires personnelles qui surviendraient à son mari ou à elle, et généralement faire tous les actes d'administration que besoin sera, et vous ferez justice.

D'après les discussions du Conseil-d'Etat, il paraît que c'est par oubli que l'on n'a pas mis que le *Tribunal* qui pourvoit à l'administration des biens, doit être celui du domicile de l'absent et non celui de la situation de ses biens. (Locré, page 554, 1er vol.)

Tous les jugemens, dans la procédure de l'absence, s'obtiennent sur requêtes présentées au président, qui nomme un juge sur le rapport duquel le Tribunal prononce, après avoir entendu le Procureur-impérial.

Requête pour faire représenter un présumé absent , dans les inventaires, comptes, partages et liquidations.

(Art. 113, Code Napoléon. — Art. 77, Tarif. — Coût, 3 fr.)

Les modèles de cet article se trouvent aux titres de la levée des scellés, art. 931 C. P.

Requête à fin d'avoir permission de faire enquête pour constater l'absence.

(Art. 115, Cod. Napol. — Art. 78, Tarif. — Coût, 7 fr. 50 c.)

A Monsieur le Président du Tribunal de première instance du département de la Seine, Chevalier de la Légion d'honneur.

Le sieur Charles Faidy, demeurant, à etc., et le sieur Alexandre Faidy, demeurant à

Exposent que le sieur Pierre Faidy, leur frère, marchand mercier à Paris, y demeurant, rue   et ayant sa résidence à   est absent depuis le   (*il faut au moins quatre ans*), sans avoir laissé de procuration, et même sans avoir aucunement donné de ses nouvelles ;

Que déjà la présomption de son absence a été constatée par un acte de notoriété, reçu par Grelet et son collègue, notaires à Paris, le   dûment enregistré et ci-joint, et que depuis cet acte de notoriété jusqu'aujourd'hui, on n'a reçu aucunes nouvelles dudit sieur Pierre Faidy ;

Pourquoi, et dans ces circonstances, il vous plaira, Monsieur le Président, attendu que les requérans sont les seuls présomptifs héritiers dudit sieur Pierre Faidy ;

Attendu qu'aux termes du Code Napoléon, la longue absence du sieur Faidy, donne à ses présomptifs héritiers le droit de faire déclarer son absence et ensuite de se faire envoyer en possession de ses biens;

Ordonner que l'absence du sieur Faidy sera déclarée, et que pour parvenir à cette déclaration, il sera, avant faire droit, procédé contradictoirement avec monsieur le Procureur-impérial, tant au domicile qu'au lieu de la résidence du sieur Faidy, aux enquêtes nécessaires pour constater ladite absence, et vous ferez justice.

Requête pour obtenir le jugement de déclaration d'absence.

(Art. 119, Cod. Proc. — Art. 78, Tarif par anal. — Coût 7 fr. 50 c.)

> A Monsieur le Président du Tribunal de première instance du départemeut de la Seine, Chevalier de la Légion d'honneur.

Les sieurs Charles Faidy, demeurant à   et Alexandre Faidy, demeurant à, etc.,

Exposent que par jugement du   il a été ordonné, avant faire droit sur la demande en déclaration d'absence du sieur Pierre Faidy, ayant son domicile à   et sa résidence, à   que deux enquêtes seraient faites contradictoirement avec monsieur le Procureur-impérial, dans l'arrondissement du domicile et dans celui de la résidence, devant monsieur

S. , juge-commissaire , que le Tribunal a nommé à cet effet ;

Que ce jugement, qui a été rendu public par Son Excellence le Grand juge Ministre de la Justice., a plus d'une année de date ;

Pourquoi, ce considéré, Monsieur le Président , attendu qu'il résulte desdites deux enquêtes, faites contradictoirement avec monsieur le Procureur-impérial, au domicile et au lieu de la résidence dudit sieur Faidy, les   dûment enregistrées, que ledit sieur Faidy est absent de son domicile, depuis le   sans qu'on ait reçu aucune nouvelle de lui et qu'on puisse présumer le lieu de sa résidence actuelle ;

Attendu que lesdites enquêtes ont d'ailleurs été faites régulièrement et dans les formes voulues par la loi ; qu'ainsi, rien ne peut désormais retarder la déclaration d'absence du sieur Faidy ;

Adjuger aux exposans les conclusions par eux prises en leur précédente requête ; en conséquence, déclarer l'absence dudit sieur Pierre Faidy , aux termes de la loi, et vous ferez justice.

Requête pour demander à être envoyé en possession provisoire des biens de l'absent.

(Art. 120, Code Napol. — Art. 860, Cod. Proc. — Art. 78, Tarif par anal. — Coût, 7 fr. 50 c.)

A Monsieur le Président du Tribunal de première instance du département de la Seine, Chevalier de la Légion d'honneur.

LE sieur Charles Faidy, demeurant à   et le

sieur Alexandre Faidy, demeurant à   tous deux frères germains du sieur Pierre Faidy, ci-après nommé et qualifié, et ses seuls et uniques présomptifs héritiers, ainsi qu'il résulte de l'acte de notoriété, reçu par M^e   et son confrère, notaires, le   dûment enregistré.

Exposent que, par jugement rendu en la première section de votre Tribunal, le   dûment enregistré et ci-joint, avec l'acte de notoriété ci-dessus, l'absence du sieur Pierre Faidy, marchand mercier, demeurant à   et qui n'avait pas laissé de procureur fondé, a été définitivement déclarée, et que les exposans voudraient aujourd'hui se faire envoyer en possession provisoire de ses biens;

Pourquoi, et dans ces circonstances, il vous plaira, Monsieur, attendu la déclaration d'absence régulièrement prononcée par le jugement sus-énoncé, et que rien ne peut retarder l'envoi en possession provisoire desdits biens;

Attendu que les requérans sont les seuls et uniques présomptifs héritiers dudit absent, au jour de son départ; attendu enfin qu'il n'a pas laissé de procuration;

Autoriser les sieurs Charles et Alexandre Faidy, à se mettre en possession provisoire des biens dudit sieur Pierre Faidy, après avoir fait faire, contradictoirement avec monsieur le Procureur-impérial, ou le juge de paix par lui requis, fidèle et exact inventaire des meubles et effets, marchandises, titres, papiers et renseignemens appartenans au sieur Faidy, et ordonner que son testament, si aucun se trouve, sera ouvert à la requête des parties intéressées, pour, s'il y a lieu, être exécuté selon sa forme et teneur; que les légataires, les donataires et tous ceux qui ont des droits subordonnés à la condition de son décès, pourront les exercer, à la charge par eux et les exposans, de donner bonne et solvable caution des biens dont ils auront la jouissance; le tout aux termes de la loi, et vous ferez justice.

Requête pour faire estimer les immeubles dont on est envoyé en possession provisoire.

(Art. 126, Cod. Napol.— Art. 78, Tarif par anal.— Coût 7 fr. 50 c.)

A Monsieur le Président du Tribunal de première instance du département de la Seine, Chevalier de la Légion d'honneur.

LES sieurs Alexandre Faidy, demeurant à   et Charles Faidy, demeurant à

Exposent que, parmi les biens du sieur Pierre Faidy, demeurant à   et dont les exposans, en leur qualité de seuls et uniques présomptifs héritiers dudit Pierre Faidy, ont été autorisés à se mettre en possession provisoire, par jugement rendu en votre Tribunal, le   dûment enregistré et ci-joint, il se trouve une maison, sise à Paris, rue Saint-Antoine, n° 7, à laquelle il y a plusieurs réparations à faire;

Pourquoi, ce considéré, Monsieur le Président, attendu que les exposans ne sont que séquestres des biens du sieur Pierre Faidy, et qu'en cas qu'il vienne à reparaître, ou qu'il donne de ses nouvelles, les exposans devront rendre compte à qui de droit;

Attendu que s'ils ne faisaient pas constater les réparations à faire à ladite maison, ils pourraient être censés l'avoir prise en bon état;

Ordonner qu'il sera procédé par tel architecte expert qu'il vous plaira nommer, à la visite de ladite maison, rue Saint-Antoine n° 7, lequel, après avoir préalablement prêté serment devant vous.ou celui de messieurs les juges que vous commettrez à cet effet, constatera l'état actuel de ladite maison et dépendances, les réparations qui peuvent être à y faire, et la somme à laquelle pourront s'élever lesdites réparations; de tout quoi il dressera procès-verbal, qui sera déposé au greffe dudit Tribunal, pour ensuite être, par les exposans, conclu comme ils aviseront, et vous ferez justice.

Requête pour être envoyé en possession définitive des biens de l'absent.

(Art. 129, Code Nap. — Art. 78 , Tarif par anal.— Coût, 7 fr. 5o c.)

> **A Monsieur le Président du Tribunal de première instance du département de la Seine, Chevalier de la Légion d'honneur.**

Le sieur Alexandre Faidy, demeurant à   et le sieur Charles Faidy, demeurant à   tous deux frères, et seuls et uniques présomptifs héritiers du sieur Pierre Faidy, ci-après nommé et qualifié,

Exposent qu'il y a aujourd'hui plus de trente ans, qu'ils ont été envoyés en possession provisoire des biens du sieur Pierre Faidy, demeurant à

en vertu du jugement rendu en votre Tribunal,
le   dûment enregistré et ci-joint ;

Pourquoi, ce considéré, il vous plaira, Monsieur le
Président, attendu que depuis que ce jugement a été
rendu, le sieur Faidy n'a encore donné aucunes nouvelles, ainsi que le constatent les actes de notoriété
reçus, l'un à Charenton, résidence du sieur Pierre
Faidy, pardevant monsieur le juge de paix dudit lieu,
le   l'autre à Paris, domicile dudit sieur Faidy, par
M⁰ Vingtain, notaire, le   tous deux dûment enregistrés et ci-joints ;

Attendu qu'une aussi longue absence ne doit plus
faire douter du décès dudit Pierre Faidy ; et que dès-lors
rien ne peut empêcher ni retarder l'envoi en possession
définitive de ses biens, au profit de ses présomptifs
héritiers ;

Ordonner que dès à présent les exposans seront envoyés en possession définitive des biens dont s'agit.

En conséquence, que lesdits sieurs Alexandre et
Charles Faidy, seuls et uniques héritiers du sieur Pierre
Faidy, au jour de sa disparition, seront autorisés à
faire, soit à l'amiable, soit en justice, le partage définitif des biens appartenans à leur frère ; que les cau-
tions présentées par les exposans, pour sûreté de leur
possession provisoire, seront et demeureront quittes
et déchargées dudit cautionnement, et que les exposans pourront jouir et disposer desdits biens, comme
de chose à eux appartenante, et vous ferez justice.

S'il y a des légataires ils ne peuvent demander l'envoi
définitif qu'aux héritiers à qui ils ont dû demander l'envoi

en possession provisoire ; mais s'ils n'avaient point été obligés de demander cet envoi ils procéderaient pour l'envoi défi-nitif comme ils ont procédé pour celui provisoire ; ce qui a lieu pour le légataire universel de l'absent, qui ne laisse pas d'héritiers légitimaires.

TITRE VII.

AUTORISATION DE LA FEMME MARIÉE.

Sommation au mari d'autoriser sa femme.

(Art. 861 , Code Proc. — Art. 29, Tarif. — Coût, 2 fr.)

L'AN mil huit cent huit, le   janvier, à la requête de Rosalie Blanchard, épouse du sieur Louis Jacquet, demeurant à Paris, rue   séparée, quant aux biens, d'avec lui, par jugement contradictoire, rendu au Tri-bunal de première instance du département de la Seine, le 29 août dernier, dûment enregistré, affiché, pu-blié et exécuté, pour laquelle dame Jacquet, domi-cile est élu, etc. , soussigné, fait sommation audit sieur Louis Jacquet, demeurant à Paris, rue en son domicile, en parlant à

De donner à la requérante les autorisations néces-saires et telles que de droit, à l'effet de former toute demande en justice contre les sieurs   gardiens ju-diciaires, établis à la saisie exécution, faite sur ledit Jacquet, à la requête de la d⁰. son épouse, des meubles et effets de son mari, par procès - verbal du 27 dé-

cembre dernier ; à fin de représentation de la part desdits sieurs   des objets confiés à leur garde, et qui se
sont trouvés en déficit, lors de la vente faite, par procès-
verbal de L. ,   commissaire-priseur, en date du 28
mars dernier, ou à fin de condamnation solidaire et par
corps de la somme de deux mille francs pour la valeur
d'iceux ;

Lequel, en parlant comme dessus, a dit et fait réponse que, etc. ;

Pourquoi, et vu lequel refus, je lui ai déclaré que la
requérante se pourvoirait pour se faire autoriser en justice aux fins ci-dessus, à ce que du tout le sus-nommé
n'ignore, et je lui ai, domicile et parlant comme dessus,
laissé copie du présent exploit, dont le coût est de

Requête pour faire citer le mari, afin qu'il déduise ses
motifs de refus.

(Art 861, Code Proc. — Art 78, Tarif. — Coût, 7 fr. 5o c.)

A M. le Président du Tribunal de première
instance du département de la Seine, Chevalier de la Légion d'honneur.

La demoiselle Rosalie Blanchard, épouse du sieur
Louis Jacquet, demeurant à Paris, rue   séparée,
quant aux biens, d'avec lui, par jugement contradictoire rendu au Tribunal de Première Instance du département de la Seine, le 29 août dernier, dûment insinué,
affiché et exécuté,

Expose que, par exploit de   en date du
elle a fait sommation à son mari de lui donner les autori-

sations nécessaires, à l'effet de former toute demande en justice contre les sieurs   gardiens judiciaires établis à la saisie-exécution faite sur ledit sieur Jacquet, à la requête de la dame son épouse, des meublés et effets de son mari, par procès-verbal du 27 décembre dernier; à fin de représentation de la part desdits sieurs des objets manquans et qui se sont trouvés en déficit lors de la vente faite par procès-verbal de L. ,   commissaire-priseur, du 28 mars dernier, ou à fin de condamnation solidaire et par corps de la somme de deux mille francs pour la valeur d'iceux.

Mais que ledit sieur Jacquet ayant refusé de donner les autorisations demandées , il devient nécessaire, pour la requérante, de se faire autoriser par la justice.

Pourquoi, et ce considéré, Monsieur le Président, il vous plaira, vu la sommation ci-jointe, permettre à la requérante de faire citer son mari à comparaître par-devant vous, en la chambre du Conseil , aux jour, lieu et heure que vous indiquerez , à l'effet de déduire les motifs de son refus de donner à ladite dame son épouse les autorisations énoncées en la sommation dont s'agit, et à se trouver ensuite à l'audience pour voir accorder les-dites autorisations, et vous ferez justice.

(Signature de l'avoué.)

Assignation au mari pour déduire les motifs de son refus d'autoriser sa femme.

(Art. 861 , Code. Proc. — Art. 29 Tarif par anal. — Coût, 2 fr.)

L'an etc. , en vertu de l'ordonnance de M. le Président du Tribunal de Première Instance du département

de la Seine, chevalier de la Légion d'honneur, en date
du   dûment enregistrée, étant au bas de la requête à lui présentée le même jour, et desquelles requête
et ordonnance est avec ces présentes donné copie, et à
la requête de dame Rosalie Blanchard, épouse du sieur
Louis Jacquet, demeurant à Paris, rue   séparée,
quant aux biens, d'avec son mari, par jugement contradictoire rendu au Tribunal de Première Instance du
département de la Seine, le 29 août dernier, dûment
insinué, affiché et exécuté, laquelle dame Jacquet
constitue pour avoué Me D., demeurant à
j'ai, (*immatricule de l'huissier*) soussigné, cité le
sieur Louis Jacquet, demeurant à   rue   en son
domicile en parlant à   à comparaître
en personne mardi prochain, 2 février 1808, neuf
heures précises du matin, en la chambre du Conseil
du Tribunal de Première Instance du département de la
Seine, première section, séant à Paris, au Palais de
Justice, et devant le Tribunal, pour y être entendu
dans les motifs du refus fait par lui en la sommation
du   de donner à son épouse toutes autorisations
nécessaires pour former demande en justice contre les
nommés   gardiens judiciaires établis à la saisie
exécution des meubles et effets appartenans au sieur
Jacquet, faite à la requête de ladite dame son épouse,
par procès-verbal du   ; à fin de représentation de
la part desdits sieurs   des objets confiés à leur garde
et qui se sont trouvés en déficit lors de la vente faite
par procès-verbal de L.,   commissaire priseur, en
date du   ou à fin de condamnation solidaire

et par corps de la somme de deux mille francs pour
la valeur d'iceux ; et se trouver ensuite à l'audience publique du Tribunal de Première Instance du département de la Seine, première section , séant à Paris , au
Palais de Justice , pour voir statuer sur les autorisations
demandées ; lui déclarant que faute par lui de comparaître , il sera donné défaut et procédé , ainsi que de
droit , et je lui ai , en son domicile et parlant comma
dessus , laissé copie certifiée sincère et véritable , et
signée dudit Mᵉ D. , avoué , des requête et ordonnance
sus-énoncées , et du présent exploit , dont le coût est de

Requête d'une femme dont le mari est absent , pour être
autorisée à la poursuite de ses droits.

(Art. 863, Code Proc. — Art. 78 , Tarif. — Coût, 7 fr. 50 c.)

> A Monsieur le Président du Tribunal de pre-
> mière instance du département de la Seine,
> Chevalier de la Légion d'honneur.

Dame Marie Blanchard , épouse du sieur Pierre Faidy,
demeurant à Paris, rue

Expose que, par jugement rendu en votre Tribunal,
le   dûment enregistré et ci-joint, vous avez
déclaré l'absence du sieur Pierre Faidy , son mari ;

Que la succession de Louise Blanchard , mère de l'exposante , venant de s'ouvrir le   elle a besoin
d'être autorisée de la justice à l'effet de poursuivre les
droits et actions qu'elle a à exercer dans ladite succession;

Pourquoi et dans ces circonstances, il vous plaira ,
Monsieur le Président , attendu l'absence du mari de
l'exposante , et les circonstances où elle se trouve ,

l'autoriser à procéder dans toutes les opérations que né-
cessitera l'ouverture de la succession de ladite dame Blanchard, sa mère, même à ester en jugement, et vous
ferez justice.

(Signature de l'avoué.)

Si l'absence n'était que *présumée*, il serait alors besoin
d'un acte de notoriété constatant la disparition de l'individu.

Requête d'une femme dont le mari est interdit, pour
être autorisée à passer un acte.

(Art. 864, Code Proc. — Art. 78, Tarif. — Coût, 7 fr. 50. c.)

A Monsieur le Président du Tribunal de première instance du département de la Seine,
Chevalier de la Légion d'honneur.

La dame Marie Blanchard, épouse du sieur Schuler,
demeurant à

Expose que, par jugement rendu en votre Tribunal,
le   dûment enregistré et ci-joint, vous avez
prononcé l'interdiction de Jean Schuler, son mari ;

Que pour subvenir aux frais de son ménage, à l'éducation de leurs enfans et aux soins extraordinaires
qu'exige l'état du sieur Schuler, il devient nécessaire
de vendre une maison sise à Paris, rue Saint-Antoine,
n° 7, que la requérante a recueilli dans la succession
de sa mère ;

Pourquoi, Monsieur le Président, il vous plaira,
attendu que le sieur Schuler, en état d'interdiction,
ne peut autoriser son épouse à passer l'acte de cette
vente ;

Autoriser l'exposante à passer le contrat de la vente de ladite maison, aux prix, charges et conditions qui seront les plus avantageux, et vous ferez justice.

(Signature de l'avoué.)

TITRE VIII.

DES SÉPARATIONS DE BIENS.

Requête de la femme pour être autorisée à former sa demande en séparation de biens.

(Art. 865, Code Proc. — Art. 78, Tarif. — Coût, 7 fr. 5o c.)

A Monsieur le Président du Tribunal de Première Instance du département de la Seine, Chevalier de la Légion d'honneur.

LA dame Anne Barbier, épouse du sieur Durand, Menuisier, demeurant avec lui à Paris, rue d'Aboukir, n° 7,

Expose, que suivant son contrat de mariage passé devant Me Colin, et son collègue, notaires à Paris, le   dûment enregistré, il y a eu communauté de biens établie entre elle et son mari ; que ce dernier est dans ce moment poursuivi par plusieurs de ses créanciers, et que l'état de ses affaires donnant lieu de craindre à l'exposante pour sa dot, elle est dans l'intention de demander la séparation de biens.

Pourquoi il vous plaira, Monsieur le Président, autoriser la dame Durand à former contre son mari ladite demande en séparation de biens, dans les formes autorisées par la loi, et vous ferez justice.

(Signatures de l'avoué et de la femme.)

Demande en séparation de biens.

(Art. 865, Code Proc. — Art. 29, Tarif par anal. — Coût, 2 fr.)

L'AN mil huit cent huit, le *premier janvier*, à la requête de Anne Barbier, épouse du sieur Charles Durand, menuisier, demeurant avec lui, à Paris, rue d'Aboukir, n° 7, autorisée à former la présente demande en séparation de biens, par ordonnance de Monsieur le président du Tribunal de Première Instance du département de la Seine, en date du   enregistrée, étant au bas de la requête présentée le même jour; et desquelles requête et ordonnance est avec ces présentes donné copie; laquelle dite dame Durand constitue pour son avoué Me G., demeurant à Paris, rue   j'ai, *(immatricule de l'huissier)* donné assignation audit sieur Charles Durand, menuisier, demeurant à Paris, susdite rue d'Aboukir, n° 7, en son domicile en parlant à

A comparaître, d'aujourd'hui à la huitaine de la loi, à l'audience du Tribunal de Première Instance du département de la Seine, première section, séant à Paris, au Palais de Justice.

Pour, attendu que par le contrat de mariage des parties, passé devant M^e   qui en a gardé la minute, et son collègue, notaires à Paris, le dûment enregistré, la requérante a apporté en dot trente mille fr., dont six mille fr. seulement sont entrés en communauté ;

Attendu qu'aujourd'hui la dot de la dame Durand se trouve en péril, voir dire et ordonner que ladite dame sera et demeurera séparée, quant aux biens, d'avec son mari, pour par elle en jouir à part et divisément, ensemble de ceux qui lui sont échus pendant son mariage, et qui pourront lui échoir par la suite ; en conséquence et attendu la renonciation de ladite dame Durand à la communauté de biens qui a subsistée entre elle et son mari, faite par acte reçu au greffe du Tribunal de Première Instance du département de la Seine, le

dûment enregistré, dont est aussi avec ces présentes donné copie, se voir, ledit sieur Durand, condamner à rendre et restituer à son épouse ladite somme de trente mille francs, montant de la dot qui lui a été constituée par le contrat de mariage sus-énoncé, dont est pareillement, avec ces présentes, donné copie, comme aussi se voir condamner à acquitter, garantir et indemniser son épouse de toutes les sommes pour lesquelles il l'aurait fait obliger avec lui ; et enfin, à lui rendre et restituer le prix de la vente de ses biens propres, qu'elle justifierait avoir été aliénés sans qu'il en ait été fait remploi, et à payer les intérêts de toutes les sommes et reprises susdites, à compter du jour de la demande ; et pour en outre répondre et procéder comme de raison à fin de dépens ; et je lui ai, en son domicile et parlant comme dessus, laissé copie certifiée sincère et véritable, et signée de Me G., avoué, 1° des requête et ordonnance ; 2° de l'acte de renonciation ; 3° du contrat de mariage, ensemble du présent exploit, dont le coût est de

---

Il faut au moins un mois entre la demande et le jugement.

Extrait d'une demande en séparation de biens, pour être affiché aux termes de la loi.

(Art. 866, Code Proc. — Art. 92, Tarif. — Coût, 6 fr. pour les cinq extraits.)

D'UN exploit fait par H., huissier, à Paris, le 1er janvier 1808, dûment enregistré ;

Il appert que dame Anne Barbier, épouse du sieur Charles Durand, menuisier, demeurant avec lui, à Paris, rue d'Aboukir, n° 7, a formé sa demande en séparation de biens.

Et que Me G., avoué au Tribunal de Première Instance du département de la Seine, demeurant à Paris, rue   * a été constitué pour la demanderesse sur ladite assignation.

Pour extrait, certifié sincère et véritable par moi, soussigné, avoué au Tribunal de Première Instance du département de la Seine, et de ladite dame Durand.

(*Signature de l'avoué.*)

Cet extrait doit être remis par l'avoué, dans les trois jours de la demande : 1° au greffier du Tribunal du lieu où la demande en séparation est portée, pour y être inséré dans l'auditoire ; 2° au Tribunal de commerce, et à défaut du tribunal, à la mairie ; 3° à la chambre des avoués ; 4° à celle des notaires ; 5° et au Journal Judiciaire.

Sommation d'un créancier du mari, à la femme qui a formé une demande en séparation de biens, de donner communication d'icelle, et des pièces à l'appui.

(Art. 871, Cod. Proc. — Art. 70, Tarif. — Coût, 1 fr.)

Maître P., avoué près le Tribunal de Première Instance du département de la Seine, et du sieur Laborie, demeurant à Paris, rue   créancier sérieux et légitime du sieur Durand, menuisier, demeurant à Paris, rue d'Aboukir, n° 7, d'une somme de   au paiement de laquelle il a été condamné envers ledit sieur Laborie, par jugement du Tribunal de Commerce de Paris, en date du   dûment enregistré et signifié.

Soit sommé M⁰ G., avoué près ledit Tribunal, et de la dame Durand, poursuivant sa séparation de biens,

De, dans trois jours pour tout délai, donner en communication audit sieur Laborie, soit à l'amiable, sur le récépissé de M⁰ P., son avoué, qu'il constitue par ces présentes, soit par la voie du greffe et avec déplacement, l'exploit de la demande en séparation de biens de ladite dame Durand, contre son mari, avec les pièces à l'appui de ladite demande, si aucunes existent,

A ce que ledit M⁰ G. n'en ignore, lui déclarant que faute par lui de satisfaire à la présente sommation, ledit sieur Laborie se pourvoira, ainsi que de droit, dont acte.

(Signature de l'avoué.)

Requête d'intervention d'un créancier du mari, dans la demande en séparation de biens.

(Art. 871 , Code Proc.— Art. 75, Tarif. — Coût, 2 fr. par rôles , dont le nombre n'est pas fixé.)

> A Messieurs les Président et Juges du Tribunal de Première Instance du département de la Seine , Première Section.

LE sieur Laborie , demeurant à   demandeur en intervention par la présente requête, ayant pour avoué Mᵉ P, qu'il constitue par ces présentes ,

Contre : 1º la dame Anne Barbier, femme du sieur Charles Durand, demeurant à   demanderesse au principal, et défenderesse en intervention, ayant pour avoué Mᵉ G. ;

2º Et le sieur Charles Durand, aussi défendeur au principal, et encore défendeur en intervention, ayant pour avoué Mᵉ D. (*On expose ici les faits et les moyens.*)

Pourquoi, et dans ces circonstances, il plaira au Tribunal, ordonner qu'en venant par les parties plaider la cause d'entre elles, elles viendront pareillement plaider sur la présente requête, dont ledit sieur Laborie emploie le contenu pour moyens d'intervention dans la demande en séparation de biens de la dame Durand, formée par exploit du 1ᵉʳ janvier 1808, et encore pour moyens de nullité, fins de non-recevoir et de droit contre ladite demande ;

Ce faisant, attendu que ledit sieur Laborie est créancier sérieux et légitime du sieur Durand, ainsi qu'il résulte de l'obligation de ce dernier , passée devant et dont est, avec ces présentes, donné copie ;

Attendu que tout créancier du mari a droit d'intervenir dans la demande en séparation de biens formée par sa femme, recevoir, ledit sieur Laborie, partie intervenante dans la cause en séparation de biens, pendante en votre Tribunal, entre ledit sieur Durand et son épouse.

Ce faisant et statuant au fond, déclarer ladite dame Durand non-recevable dans sa demande en séparation de biens, et la condamner aux dépens, même en ceux de l'intervention.

———

Lorsque toutes les formalités n'ont pas été observées tout créancier du mari, peut dans l'année, pendant laquelle l'extrait du jugement doit rester affiché, s'opposer au jugement de séparation de biens par voie de tierce opposition. (Argument de l'art. 875 C. P.)

Extrait d'un jugement qui prononce une séparation de biens

(Art. 872, Code Proc. — Art. 92, Tarif. — Coût, 6 fr. pour les cinq extraits.)

D'un jugement de la première section du Tribunal de première instance du département de la Seine, en date du 2 janvier 1808, dûment enregistré et signifié, rendu contradictoirement entre la dame Anne Barbier, épouse du sieur Charles Durand, menuisier, demeurant avec lui, à Paris, rue d'Aboukir, n° 7 ;

Il appert que leur séparation de biens a été prononcée.

Pour extrait certifié sincère et véritable, par moi, soussigné, avoué au Tribunal de première instance du département de la Seine, et de la dame Durand.

(Signature de l'avoué.)

Cet extrait doit être inséré dans les tableaux de l'auditoire du Tribunal où se poursuit la séparation, et du Tribunal de commerce, ou à défaut de ce tribunal, à la Mairie du domicile du mari, à la chambre des avoués de première instance, et des notaires, et dans un journal ; l'exposition dure un an.

Quand ces formalités sont remplies, la femme doit exécuter le jugement par des poursuites commencées dans la quinzaine de la date de ce jugement. (Articles 872 C. P., et 1444 Code Napoléon.)

TITRE IX.

DE LA SÉPARATION DE CORPS ET DU DIVORCE.

DE LA SÉPARATION DE CORPS.

Requête pour demander la séparation de corps.

(Art. 875, Code de Proc. — Art. 79. du Tarif. — Coût, 15 fr.)

A Monsieur le Président du Tribunal de première instance du département de la Seine, Chevalier de la Légion d'honneur.

La dame Anne Barbier, épouse du sieur Charles Durand, demeurant avec lui, à Paris, rue d'Aboukir, n° 7,

2   6

Expose qu'ils ont contracté mariage le   ainsi qu'il résulte de l'acte inscrit aux registres de l'état civil du troisième arrondissement de Paris, et qui est ci-joint;

Que dès les premières années de leur mariage, l'exposante eut lieu de se plaindre du caractère violent et emporté de son mari, qui, journellement et pour des sujets assez légers, la maltraitait et l'insultait publiquement; que, etc., etc. (*On rapporte chaque fait avec toutes ses circonstances, et en spécifiant les époques.*)

Que dans ces circonstances, l'exposante est dans l'intention de former, contre son mari, demande en séparation de corps.

Pourquoi, et ce considéré, il vous plaira, monsieur le Président, ordonner que la requérante et son mari comparaîtront en personne devant vous, aux jour, lieu et heure que vous indiquerez pour y être entendus respectivement.

Et en cas de non-conciliation, autoriser la requérante à former sa demande en séparation de corps, et à se retirer provisoirement chez madame v^e Cobin, sa belle-sœur, demeurant à Paris, rue   et ordonner que les effets à son usage journalier lui seront remis, et vous ferez justice. (*Signatures de l'avoué et de la partie.*)

Cette requête doit être présentée par l'époux en personne.

Citation à l'époux défendeur à la demande en séparation de corps, de comparaître devant le président.

(Exécution de l'art. 876, Code de Proc.)

Dans l'usage il ne se fait aucun exploit; le président fait adresser à l'époux défendeur, par le ministère d'un huissier-audiencier, copie de son ordonnance, et l'huissier constate sur l'original que la copie a été remise.

Les parties sont tenues de comparaître en personne, sans pouvoir se faire assister d'avoués ni de conseils.

Signification de l'ordonnance qui renvoie à se pourvoir.

(Art. 878, Code Proc. — Art. 29, Tarif par anal. — Coût 2 fr.)

L'AN, etc., à la requête de la dame Barbier, épouse du sieur Charles Durand, autorisée par l'ordonnance ci-après énoncée, à former sa demande en séparation de corps contre son mari, et à résider provisoirement en la demeure de madame veuve Cobin, sa belle-sœur, sise à Paris, rue   où elle est actuellement; laquelle dame Durand fait élection de domicile chez M⁻ J. avoué, etc.

Soussigné, signifié et avec ces présentes donné copie au sieur Charles Durand, demeurant à Paris, rue en son domicile, en parlant à

D'une ordonnance rendue par monsieur le Président du Tribunal de première instance du département de la Seine, en la chambre du conseil dudit Tribunal, le 4 février 1808, dûment enregistrée; à ce que du contenu en icelle le sus-nommé n'ignore, le sommant en conséquence d'y satisfaire en remettant à la dame son épouse, tous les effets à son usage journalier, sinon et faute de ce faire, lui déclare qu'il y sera contraint par toutes voies de droit; et je lui ai en son domicile, et parlant comme dessus, laissé copie, certifiée sincère et véritable, et signée de M⁻ J., de l'ordonnance sus-énoncée et du présent exploit, dont le coût est de

Demande en séparation de corps.

(Art. 879, Code Proc. — Art. 29, Tarif par anal. — Coût , 2 fr.)

L'AN mil huit cent huit, le   février, à la requête de dame Anne Barbier, épouse du sieur Charles Durand, autorisée à résider provisoirement en la demeure de madame veuve Cobin, sa belle-sœur, sise à Paris, rue   où elle est actuellement, et à former sa demande en séparation de corps d'avec son mari, par ordonnance de monsieur le Président du Tribunal de première instance du département de la Seine, rendue en la chambre du conseil, le 3 janvier 1808, dûment enregistrée et précédemment signifiée; laquelle dite dame Durand constitue pour son avoué, Me J., demeurant à   j'ai, (*immatricule de l'huissier*) soussigné, donné assignation au sieur Charles Durand, menuisier, demeurant à Paris, rue d'Aboukir, n° 7, en son domicile, en parlant à

A comparaître, d'aujourd'hui à la huitaine de la loi, à l'audience de la première section du Tribunal de première instance du département de la Seine, séant à Paris, au Palais de Justice;

Pour, et attendu que sur la requête présentée par la dame Durand, et contenant le détail des faits qui fondent sa présente demande en séparation de corps, il est intervenu une première ordonnance en exécution de laquelle les parties sont comparues devant Monsieur le Président du Tribunal de première instance du département de la Seine, qui, n'ayant pu concilier les parties, les a renvoyées à se pourvoir, suivant son ordonnance dudit jour, 3 janvier 1808 ;

Attendu, au fond que, etc. (*Rapporter tous les faits qui fondent l'action, et donner copie des pièces à l'appui, s'il y en a.*)

Voir dire et ordonner que ladite dame Durand sera et demeurera séparée de corps et d'habitation d'avec son mari, et qu'il sera fait défenses à ce dernier de la fréquenter sous quelque prétexte que ce soit.

Et voir pareillement, dire et ordonner que la dame Durand sera et demeurera séparée, quant aux biens, d'avec ledit sieur Durand son mari, pour, par elle en jouir à part et divisément ensemble de ceux qui lui sont échus pendant son mariage et qui pourront lui échoir par la suite, à quelque titre que ce soit, sous la réserve que fait la requérante d'accepter ou de renoncer à la communauté de biens subsistante entre elle et son mari.

En cas de renonciation, se voir, ledit sieur Durand, condamner à rendre et restituer à son épouse la somme de trente mille fr., montant de la dot qui lui a été constituée par son contrat de mariage, passé devant Mᵉ et son collègue, notaires à Paris, le   et dont est avec ces présentes donné copie, et à l'acquitter, garantir et indemniser de toutes les sommes pour lesquelles il l'aurait fait obliger avec lui, et enfin à lui rendre et restituer le prix de la vente de ses biens propres, qu'elle justifierait avoir été aliénés sans qu'il en ait été fait remploi.

Et en cas d'acceptation de ladite communauté, voir dire et ordonner qu'il sera, à la requête, poursuite et diligence de ladite dame Durand, procédé à l'amiable, si faire se peut, pardevant le notaire dont les parties conviendront, sinon en justice pardevant celui de MM. les juges qui sera commis à cet effet, aux compte, liquidation et partage de la communauté de biens qui a subsistée entre les parties; à l'effet de quoi il sera préalablement procédé à l'inventaire des biens, titres, papiers et renseignemens de ladite communauté.

Comme aussi, et pour parvenir à la liquidation, attendu que parmi les biens de ladite communauté, se trouvent une maison sise à, etc. et la ferme sise à etc., voir dire et ordonner pareillement que préliminairement à ladite liquidation, il sera, à la requête, poursuite et diligence de la requérante, procédé par les experts que choisiront les parties ou qui seront nommés d'office par le Tribunal, à la visite des immeubles, dépendans de leur communauté, pour, par lesdits experts, serment par eux préalablement prêté devant monsieur le Président du Tribunal, ou celui de MM. les juges qui sera commis à cet effet, procéder aux visite et estimation desdits immeubles, en présence des parties où elles dûment appelées, et constater en outre si lesdits immeubles peuvent être commodément partagés, de quelle manière, fixer enfin, en cas de division, chacune des parts qu'on peut en former et leur valeur.

Et voir dire et ordonner, dès à présent, que dans le cas où le rapport constaterait que les immeubles sont impartageables en nature, il sera, à la requête, poursuite et diligence de la demanderesse, procédé à la vente par licitation à l'audience des criées du département de la Seine, séant à Paris, au Palais de Justice, des biens immeubles ci-devant désignés, sur le cahier des charges qui sera déposé au greffe desdites criées, lu et publié à l'audience tenante, et après que des placards indicatifs de la vente auront été mis et apposés partout où besoin sera, pour le prix à provenir de la vente, être employé dans la masse de la communauté et partagé entre les parties, suivant leurs droits.

Et pour, en outre, répondre et procéder comme de raison, à fin de dépens, et j'ai au sus-nommé, en son domicile et parlant comme dessus, laissé copie, certifiée sincère et véritable, et signée de Me J., avoué, des (*pièces à l'appui*), ensemble du présent exploit dont le coût est de

Extrait d'un jugement de séparation de corps, pour être affiché.

(Art. 880, Code Proc. 66 Code de Commerce. — Art. 92, Tarif. — Coût, 6 fr. pour les cinq extraits.

D'un jugement de la première section du Tribunal de première instance du département de la Seine, en date du 20 février 1808, dûment enregistré et signifié, rendu contradictoirement entre Anne Barbier, épouse du sieur Charles Durand, autorisée à rester en la demeure de madame veuve Cobin sa belle-sœur, sise à Paris, rue   où elle est actuellement, et le sieur Charles Durand, menuisier, demeurant à Paris, rue d'Aboukir, n° 7.

Il appert que leur séparation de corps et de biens a été prononcée.

Pour extrait certifié sincère et véritable, par moi

soussigné avoué au Tribunal de première instance du département de la Seine, et de ladite dame Durand.

————

Voir la note du modèle de l'art. 872. C. P.

DU DIVORCE.

Requête pour demander le divorce, pour causes dé-terminées.

(Art. 881, Code Proc. — Art 336, Code Napol. — Art. 79, Tarif. — Coût, 15 fr.)

A Monsieur le Président du Tribunal de première instance du département de la Seine, Chevalier de la Légion d'honneur.

DAME Anne Catherine, majeure, femme du sieur Guillaume, marchand de grains, demeurant avec lui à Paris, rue, etc.

Expose qu'ils ont contracté mariage, le ainsi qu'il résulte de l'acte inscrit aux registres de l'état civil du 3e arrondissement de Paris, et qui est ci-joint;

Que, dès la première année de leur mariage, l'exposante eut lieu de se plaindre du caractère violent, de son mari. (*On énonce ensuite tous les faits, en spécifiant les époques*).

Ce considéré, attendu que les excès, sévices et injures graves de l'un des époux envers l'autre, sont des causes qui, suivant l'art. 231 du Code Napoléon, donnent le droit à celui des époux qui en est la victime, de provoquer le divorce, attendu qu'il résulte des faits ci-dessus détaillés, qu'il y a de la part dudit Guillaume excès

sévices et injures graves envers son épouse, d'où il suit
que cette dernière a le droit d'invoquer l'autorité de la
loi ; il vous plaira monsieur le Président, donner acte
à l'exposante de ce qu'elle entend former par la présente
requête contre ledit sieur Guillaume, son mari, sa demande en divorce pour les causes ci-dessus déterminées ;
à l'effet de quoi elle requiert, qu'il vous plaise dresser
du tout procès-verbal, et indiquer les jour, lieu et heure
auxquels les parties devront comparaître en personne
devant vous.

Et en cas de non-conciliation, attendu qu'il y a pour
elle danger de rester plus long-temps dans la maison de
son mari, il vous plaira lui indiquer une maison où,
provisoirement elle pourra se retirer et ordonner que les
effets, linges et hardes à son usage, lui seront remis, et
vous ferez justice.

(*Signature de la partie.*)

La demande en divorce ne peut être formée qu'au Tribunal
de l'arrondissement dans lequel les époux ont leur domicile.

Cette requête est présentée par l'époux en personne.

Pour former une demande en divorce la femme n'a pas
besoin de l'autorisation de la justice, le Tribunal seulement lui accorde la permission de *citer.* (Voir la note du
modèle suivant.)

Procès-verbal de présentation de la requête en divorce.

(Art. 237, Code Napoléon.)

L'AN   le   heure de midi, pardevant nous
Président du Tribunal de première instance du

département de la Seine, chevalier de la Légion d'honneur, assisté de   greffier, est comparue dame Anne Catherine, majeure, épouse du sieur Guillaume, marchand de grains, pour l'approvisionnement de Paris, demeurant avec lui, rue

Laquelle nous a dit et déclaré que dans les circonstances fâcheuses où elle se trouve, elle est forcée de demander le divorce pour causes déterminées d'excès sévices et injures graves, que pour y parvenir elle nous présente sa requête contenant ladite demande.

Après en avoir pris lecture, ensemble d'un acte de célébration de mariage entre la comparante et ledit sieur Guillaume, en date du   délivré le   par   gardien des registres de l'État civil, et de ceux des ci-devant paroisses de Paris ; après aussi avoir entendu la comparante et lui avoir fait toutes les représentations convenables pour la déterminer à ne point donner suite à sa demande et à se rapprocher de son mari, n'ayant pu y parvenir, nous avons cotté et paraphé, tant ladite requête composée d'une feuille de papier à 50 cent., écrite seulement sur les *recto et verso* de la première page, ainsi que sur le *recto* de la deuxième, que l'acte de célébration de mariage sus-daté, lesquelles requête et pièce sont restées entre nos mains, conformément à la disposition de l'article 237 du Code Napoléon; ensuite la comparante nous a requis de lui donner acte de la demande en divorce qu'elle entend former contre son mari, pour les excès, sévices et injures graves énoncés en sa requête, d'indiquer les jour lieu et heure auxquels les parties comparaîtraient en personne devant nous, comme aussi, en cas de non-conciliation, et pour prévenir les dangers auxquels elle serait exposée, si pendant la poursuite de sa demande en divorce, elle restait dans la maison maritale, de l'autoriser provisoirement à résider dans la maison qu'il nous plairait lui indiquer ; et d'ordonner que son mari serait tenu de lui remettre tous les meubles, effets, linges et hardes à son usage, et a signé après lecture faite.   (*Signature de la partie.*)

Desquels comparution, dire, réquisition et remise de pièces, nous avons donné acte à ladite dame Guillaume ; en conséquence, ordonnons que ledit sieur Guillaume, son mari, et elle, comparaîtront devant nous, en personnes, le vendredi 12 de ce mois, heure de midi, en la chambre du conseil ; et pour être statué sur les autres demandes d'indication d'une maison où la demanderesse pourra se retirer, et de remise des hardes et effets à son usage, disons que la requête ci-devant énoncée sera communiquée à monsieur le Procureur-Impérial, et commettons M l'un des juges de ce Tribunal, pour en faire son rapport au premier jour ; disons, pareillement que copie de notre présente ordonnance sera adressée audit sieur Guillaume, par C. huissier-audiencier près notre Tribunal, qu'à ce faire, commettons ; et qu'elle sera exécutée par provision nonobstant l'appel, et avons signé avec le greffier.

       (*Signatures.*)

Comme on le voit, l'indication de la maison où la femme peut se retirer, et la remise des effets à son usage journalier doivent être faites et ordonnées *par le Tribunal.* (Argument de l'art. 268 Code Napoléon.)

Ce procès-verbal et ceux qu'on trouvera par la suite, ne se rédigent pas dans les études, nous ne les avons mis ici que pour faire mieux connaître la marche de la procédure du divorce qui est toute particulière.

L'huissier qui doit adresser cette ordonnance ne fait aucun exploit, il met seulement aux pieds de l'expédition de l'ordonnance qu'elle a été par lui *adressée* au sieur (défendeur), etc.

Les parties doivent comparaître en personne, sans pouvoir se faire assister d'avoués.

Dans les trois jours qui suivent la comparution des parties devant le Président, le Tribunal, sur le rapport du juge-commis et sur les conclusions du Procureur-impérial accorde ou suspend la permission de citer.

La suspension ne peut excéder le terme de vingt jours.

Requête de la femme demanderesse en divorce, pour faire apposer les scellés.

(Conséquence de l'art. 270, Code Napol. — Art. 78 par analogie. — Coût, 7 fr. 50 c.)

A Monsieur le Président du Tribunal de première instance du département de la Seine, Chevalier de la Légion d'honneur.

DAME Anne Catherine, majeure, épouse du sieur Guillaume, poursuivant son divorce d'avec lui, autorisée par jugement du   dûment enregistré et signifié, à se retirer provisoirement chez le sieur B. son père, demeurant à   où elle réside depuis ledit jugement et encore actuellement,

Expose que, sur la requête qu'elle a présentée contenant sa demande en divorce pour cause d'excès, sévices
et injures graves, vous lui avez donné acte de ladite
demande en divorce qu'elle entendait former, et ordonné que les parties comparaîtraient en personne devant vous, aux jour, lieu et heure indiqués en votre
dite ordonnance du

Que l'exposante étant commune en biens avec son
mari, aux termes de leur contrat de mariage passé devant Bome, et son confrère, notaires, à Paris, le
dûment enregistré et ci-joint, il devient nécessaire pour
la conservation de ses droits, de faire apposer les scellés
sur les biens de la dite communauté.

Pourquoi il vous plaira, monsieur le Président,
permettre à l'exposante de faire apposer les scellés en
leur demeure commune, sise à Paris, rue   sur
tous les meubles et effets composant la communauté de
biens existant entre eux, et autoriser le juge de paix
qui fera ladite apposition, à remettre à la dame Guillaume, les effets à son usage, et vous ferez justice.

(Signature de l'avoué.)

Aux termes de l'art. 270 du Code Napoléon, cette requête
ne peut être présentée que postérieurement à l'ordonnance
du président, qui ordonne que les époux comparaîtront devant lui.

La réquisition de l'apposition des scellés peut aussi se
faire lors de la comparution des parties, devant le Président et sur le procès-verbal qui est dressé.

Citation à huis clos pour voir admettre la demande en divorce.

(Art. 241, 267 et 268, Code Napol. — Art. 29, Tarif — Coût, 2 fr.)

L'an etc., en vertu d'un jugement de la première section du Tribunal de 1re instance du département de la Seine, rendu sur les conclusions de monsieur le Procureur-Impérial, le   dûment signé, collationné et enregistré, dont est avec ces présentes donné copie, et à la requête de la dame Anne Catherine, majeure, épouse du sieur Guillaume, ci-après nommé et qualifié, elle autorisée par autre jugement du   dont a été précédemment donné copie, à se retirer chez le sieur Catherine son père, demeurant rue   où elle réside depuis ledit jugement et encore actuellement, pour laquelle dite dame Catherine, domicile est élu en la demeure de etc., j'ai, (*immatricule de l'huissier-audiencier*) cité et donné assignation audit sieur Guillaume, marchand de grains, demeurant à   en son domicile, en parlant à,

À comparaître en personne, dans le délai de la loi, échéant le jeudi 7 février 1808, onze heures du matin, à l'audience à huis clos, de la deuxième section du Tribunal de première instance du département de la Seine, séant à Paris, au Palais de Justice ; à laquelle deuxième section la demande dont s'agit a été distribuée par le jugement sus-énoncé ;

Pour, et attendu que les faits de sévices et injures graves qui sont articulés par la dame Guillaume, contre son mari, pour fonder sa demande en divorce, sont pertinens , voir dire et ordonner que la demande en divorce formée par la dame Guillaume contre sondit mari, pour motifs déterminés, et dont est aussi avec ces présentes donné copie ainsi que de l'acte de mariage, qui est la seule pièce produite à l'appui de la demande , sera admise; ce faisant et statuant au fond que ladite dame Guillaume aura acte des faits par elle articulés contre son mari , par sadite demande en divorce contre ce dernier , lesquels faits il sera tenu d'accorder ou de contester; en cas d'aveu , voir dire et ordonner qu'il y a lieu au divorce d'entre ladite dame Anne Catherine et ledit sieur Guillaume, et qu'aux termes de l'art. 258 du Code Napoléon , la demanderesse sera autorisée à se retirer, dans le délai de la loi, devant l'officier de l'état civil , pour le faire prononcer; et en cas de dénégation desdits faits par ledit sieur Guillaume, voir dire et ordonner pareillement que ladite demanderesse sera admise à en faire la preuve tant par écrit que par témoins, dans la forme voulue par la loi, sauf au défendeur à faire la preuve contraire, pour , les enquêtes faites, confectionnées et communiquées à monsieur le Procureur-Impérial, être par les parties conclu, et par le Tribunal statué ce qu'il appartiendra.

Comme aussi, attendu que la requérante a été autorisée par jugement du   à se retirer, pendant la poursuite de divorce chez le sieur Catherine son père , attendu que son mari, comme chef de la communauté de biens subsistant entr'eux, perçoit tous les revenus de ladite communauté et que la requérante a droit à une pension alimentaire pour subsister pendant la poursuite du divorce.

Se voir ledit sieur Guillaume condamner à payer à la requérante une pension alimentaire de douze cents fr. par an, payable par mois et d'avance.

Faisant droit au surplus, attendu la nature des faits qui donnent lieu à la demande en divorce, voir dire et ordonner que, provisoirement et jusqu'à ce qu'il ait été statué sur ladite demande, la demanderesse aura l'administration de leurs enfans, étant au nombre de deux; Jean Guillaume, agé de cinq ans et Virginie Guillaume, agée de quinze ans, en conséquence que ladite d^e Catherine sera autorisée à retirer chez elle lesdits enfans, les reprendre et saisir partout où elle pourra les trouver; que sondit mari et tous maîtres de pension, directeurs de maisons d'éducation et autres, seront tenus de remettre à la demanderesse lesdits enfans, nonobstant toutes oppositions et empêchemens quelconques, aux offres et soumissions que fait la demanderesse d'entretenir lesdits enfans et leur donner l'éducation convenable, sauf à répéter contre ledit Guillaume par la suite et lors des liquidation et partage des biens de leur communauté, la portion à sa charge dans lesdits frais d'entretien et d'éducation;

Et, pour en outre, répondre et procéder comme de raison à fin de dépens; déclarant que Me D., avoué au Tribunal de première instance du département de la Seine, occupera si besoin est pour la demanderesse sur la présente assignation, et j'ai, au sus-nommé en son domicile, et parlant comme dessus, laissé copie : 1° de l'acte de mariage; 2° de la demande en divorce; 3° du jugement dudit jour   ensemble du présent exploit, dont le coût est de

Dans la demande en divorce il n'y a pas besoin d'avoué ; les vacations des art. 242 et 243, ne sont, en effet, passées aux avoués que comme conseils des parties, qui doivent toujours comparaître en personne.

Mais il est besoin du ministère d'avoué sur les demandes accessoires à celle en divorce.

Procès-verbal de comparution à l'audience à huis clos.

(Art. 242 et 244, Cod. Napol. — Art. 92, Tarif. — Vacation du Conseil, 6 fr.)

L'AN, etc., le   deux heures de relevée, en l'audience de la 2ᵉ section du Tribunal civil de première instance du département de la Seine, séant au Palais de Justice, où siégeaient à huis clos, conformément à la loi, M.   président et MM.   juges, en présence de M.   substitut du Procureur-Impérial et de   greffier.

Est comparue la dame Anne Catherine, majeure, épouse du sieur Guillaume, autorisée par jugement du   à se retirer chez le sieur Catherine, son père, demeurant rue   où elle réside depuis ledit jugement et encore actuellement.

Laquelle, assistée de Mᵉ   avoué en ce Tribunal, son conseil, nous a exposé que par exploit de   huissier-audiencier, en date du   dûment enregistré, et dont elle nous représente l'original, elle a fait citer dans la forme ordinaire, le sieur Guillaume, son mari, demeurant à Paris, rue, etc.

A comparaître en personne à l'audience à huis clos, dans le délai de la loi, échéant cejourd'hui, pour (*reprendre les conclusions de l'exploit de citation*).

Pourquoi ladite comparante a présenté à l'instant son acte de mariage avec ledit sieur Guillaume, seule pièce mentionnée au procès-verbal du   cotée et paraphée par monsieur le Président du Tribunal, comme pièce unique, ensemble le procès-verbal dudit jour, et l'assignation à cejourd'hui, déclarant qu'elle indique et nomme pour témoins qu'elle se propose de faire entendre sur les faits par elle articulés dans sa requête introductive d'instance, les sieurs   (*noms, qualités et demeures.*)

Desquelles comparution, présentation de pièces et nomination de témoins, la comparante a requis acte et défaut contre son mari en cas de non-comparution, et pour le profit l'adjudication de ses conclusions, et a signé sur l'interpellation qui lui en a été faite, avec Me D., son conseil.

(*Signatures du demandeur et de son conseil.*)

Et à l'instant est aussi comparu le sieur Guillaume, demeurant à   lequel a dit qu'il comparait pour obéir à justice, qu'il ne disconvient pas s'être porté quelquefois envers son épouse à des mauvais traitemens et à des injures; mais que ces légers momens de mauvaise humeur et de promptitude n'étaient pas capables de fonder une demande en divorce, qu'il indique pour témoins de la bonne union qui a toujours existée entre lui et son épouse, les sieurs   et qu'il reproche le sieur D, témoin présenté par son épouse, comme étant l'homme qui se complait à semer le trouble dans leur ménage, et dont la dame Guillaume écoute trop docilement les conseils pernicieux, et a signé après qu'il en a été requis.

Et la dame Guillaume, assistée comme dessus, a déclaré qu'elle entendait reprocher la dame veuve J., l'un des témoins présentés par son mari, comme étant la femme avec qui son dit mari a des liaisons intimes, et qui est l'auteur de tous les malheurs de la comparante, comme aussi qu'elle requérait acte de l'aveu fait par son mari, que quelquefois il s'était porté envers elle à des injures et des mauvais traitemens ; et après, que sur la demande qui leur en a été faite, le sieur Guillaume et la dame Catherine son épouse, ont chacun déclaré qu'ils n'avaient plus d'observations à faire, il leur a été donné lecture du présent procès-verbal avec réquisition de le signer.

Lequel procès-verbal, la dame Guillaume a signé avec Me D., son conseil et que le sieur Guillaume a refusé de signer.

Sur quoi le Tribunal donne acte à ladite dame Guillaume de ses comparution, présentation de pièce et nomination de témoins et pareillement audit sieur Guillaume de ses comparution, dire, nominations de témoins et reproche, contre ledit sieur D., témoin présenté par son épouse, et encore à cette dernière du reproche fait par elle contre la dame J. témoin, présenté par son mari et de l'aveu par lui fait, qu'il s'est porté quelquefoi à des injures et à des mauvais traitemens envers son épouse.

Pour, sur lesdits reproches et aveu, être par les parties conclu, et par le Tribunal, jugé ce qu'il appartiendra.

Et à cet effet, le Tribunal renvoie les parties à l'audience publique de jeudi   heure de midi, ordonne que la procédure sera communiquée à M. le Procureur-Impérial, et commet M.   juge, pour en faire son rapport audit jour.

(Signatures du président et du greffier.)

Lorsque le défendeur ne comparaît pas, on termine ainsi :

« Sur quoi le Tribunal donne acte à la comparante de ses
» comparution, présentation de pièces et nomination de
» témoins, et défaut contre le sieur Guillaume et pour le
» profit, renvoie les parties à l'audience publique du
» heure de midi ; ordonne que la procédure sera com-
» muniquée à M. le Procureur-Impérial, et commet M.
» juge, pour en faire son rapport, ordonne que la pré-
» sente ordonnance sera signifiée dans la huitaine, au sieur
» Guillaume, par   huissier-audiencier que le Tribunal
» commet à cet effet. »

Procédure qui a lieu à l'audience publique, art. 246,
247, 248, 249 *et* 250, *Code Napoléon.*

Le demandeur doit comparaître en personne, autrement son conseil ne serait point admis.

Le juge-rapporteur expose les faits qui donnent lieu au divorce, et rend compte de toute la procédure qui a eu lieu jusqu'au jour du rapport ; à chaque acte de la cause les parties peuvent, après le rapport du juge, et avant que le Procureur-impérial ait pris la parole, proposer leurs fins de non-recevoir ; le Tribunal statue d'abord sur les fins de non-recevoir ; en cas qu'elles soient concluantes, la demande en divorce est rejetée ; dans le cas contraire, ou s'il n'a pas été proposé de fins de non-recevoir, la demande en divorce est admise.

Immédiatement après cette admission, sur le rapport du

juge-commissaire qui expose les faits de la requête introductive d'instance, après les plaidoiries des parties, et sur les conclusions du Procureur-impérial, le Tribunal fait droit à la demande, si elle lui paraît en état d'être jugée, sinon il admet le demandeur à la preuve des faits pertinens par lui allégués, et le défendeur, à la preuve contraire.

Aussitôt après la prononciation du jugement, le greffier fait la lecture, aux parties, du procès-verbal qui contient la nomination déjà faite des témoins, que les parties se proposent de faire entendre; elles sont averties par le président qu'elles peuvent encore en désigner d'autres, mais qu'après ce moment elles n'y seront plus reçues.

Les parties proposent de suite leurs reproches respectifs contre les témoins qu'elles veulent écarter, et le Tribunal sur les conclusions du Procureur-Impérial, statue sur ces reproches, dénomme les témoins qui seront entendus et renvoie à jour indiqué pour faire l'enquête à huis clos devant le Tribunal.

Et de suite, après avoir encore entendu les plaidoiries respectives des parties et les conclusions du Procureur-Impérial, le Tribunal statue sur les demandes accessoires formées dans la citation donnée au mari, (modèle de l'art. 241 Code Napoléon.)

Pouvoir de l'époux défendeur, pour comparaître à l'audience à huis clos.

(Art. 243 , Code Napoléon).

JE soussigné Guillaume, marchand de grains, demeurant à Paris, rue   donne pouvoir au sieur Alix-Louis Gaspard, homme de loi, demeurant à Paris, rue de la Perle, n° 12, de, pour moi et en mon nom, comparaître le jeudi   onze heures du matin, à l'audience à huis clos de la 2e section du Tribunal civil de première instance du département de la Seine, séant à Paris, au Palais de Justice, sur la citation à moi signifiée par exploit de   en date du   à la requête de mon épouse;

Pour dénier les faits avancés par ladite dame Guillaume en sa requête, présentée à monsieur le Président du Tribunal de première instance du département de la Seine, le

Proposer toutes observations tant sur les motifs de la demande en divorce de ma dite épouse, que sur les pièces produites à l'appui, et sur les témoins qu'elle pourrait présenter, les reprocher s'il y a lieu, et en cas d'admission à la preuve testimoniale desdits faits, présenter les sieurs   témoins dans la contre enquête que je suis dans l'intention de faire faire, entendre la lecture du procès-verbal qui sera dressé de tout ce que dessus, demander acte des aveux que pourrait y faire ladite dame Guillaume, signer ledit procès-verbal et généralement faire pour mes intérêts tout ce qu'il croira convenable et nécessaire, promettant avoir le tout pour agréable.

A Paris, ce

(*Signature de la partie.*)

____

Le pouvoir sous seing-privé suffit, la loi ne disant pas qu'il doive être authentique.

*Signification à l'époux défendeur qui n'a pas comparu,
de l'ordonnance du Tribunal rendue à huis clos, et
sommation de comparaître à l'audience publique.*

(Art. 245, Code Napol. — Art. 29 Tarif par anal. — Coût. 2 fr.)

L'an etc., à la requéte de la dame Anne Catherine,
majeure, épouse du sieur Guillaume, ci-après qualifié
et domicilié ; elle autorisée par jugement du   dont
a été précédemment donné copie, à se retirer chez le
sieur Catherine son père, demeurant rue, etc., où elle
réside depuis ledit jugement et encore actuellement, laquelle dame Guillaume fait élection de domicile, en la
demeure de etc., j'ai, (*immatricule de l'huissier-audiencier*) soussigné, signifié et avec ces présentes donné
copie audit sieur Guillaume, marchand de grains, demeurant à Paris, rue   en son domicile, en parlant à

De l'ordonnance du Tribunal de première instance
du département de la Seine, deuxième section, en date
du   dûment enregistrée, étant au bas du procès-
verbal dressé ledit jour, à l'audience à huis clos, conformément à la loi, à ce que du contenu auxdits procès-
verbal et ordonnance, ledit sieur Guillaume n'ignore,
et en conséquence du renvoi prononcé par ladite ordonnance et à pareilles requête, demeure et élection de domicile que dessus, j'ai, huissier susdit et soussigné fait
sommation audit sieur Guillaume, en son domicile, en
parlant comme dessus, de comparaître et se trouver
jeudi prochain   heure de midi, à l'audience publique de la deuxième section dudit Tribunal civil de
première instance du département de la Seine, séant à

Paris, au Palais de Justice, pour être présent au rapport qui sera fait et aux conclusions qui seront prises , procéder sur ledit renvoi à l'audience publique, conformément à la loi; et pour, en outre, répondre et procéder comme de raison à fin de dépens, lui déclarant que faute par lui de comparaître, il sera passé outre à tout ce que dessus tant en absence que présence, et je lui ai, en son domicile et parlant comme dessus, laissé copie des procès-verbal et ordonnance sus-datés ensemble, du présent exploit, dont le coût est de

(Signature de l'huissier.)

Lorsque le défendeur en divorce est comparu à huis clos, il n'est pas besoin de cette signification. (Argument de l'art. 245 Code Napoléon.)

Assignation aux témoins, pour déposer en l'enquête ordonnée sur la demande en divorce.

(Conséquence de l'art. 253, Code Napol. — Art. 260, Cod. Procéd. — Art. 29 , Tarif. — Coût, 2 fr.)

L'AN, etc., en vertu d'un jugement rendu à l'audience publique de la 2ᵉ section du Tribunal de première instance du département de la Seine, le   dûment signé, collationné et enregistré, du dispositif duquel, en ce qui concerne les faits dont la preuve a été ordonnée, est avec ces présentes donné copie, et à la requête de la dame Anne Catherine , majeure, épouse du sieur Guillaume; elle, autorisée par autre jugement du   dûment enregistré et signifié, à se retirer chez le sieur Catherine son père, demeurant à   où elle réside , depuis ledit jugement et encore actuellement ; laquelle dite dame Guillaume, fait élection de domicile en la demeure de etc. , j'ai, (*immatricule de l'huissier*), soussigné, cité et donné assignation, etc. (*aux témoins désignés dans le jugement.*)

A comparaître et se trouver en personnes, le jeudi onze heures du matin, à l'audience à huis clos, de la deuxième section du Tribunal de première instance du département de la Seine, séant à Paris, au Palais de Justice, pour, chacun séparément, prêter serment, dire et déposer vérité sur les faits qui sont à leur connaissance, en l'enquête que ladite dame Guillaume a été autorisée à faire faire par le jugement sus-daté, leur déclarant qu'ils seront payés de leurs salaires raisonnables, et que, faute de comparaître, ils seront condamnés en l'amende prononcée par la loi, et même en de plus grandes peines s'il y échoit; à ce que les sus-nommés n'en ignorent, et je leur ai, à chacun séparément, laissé copie du dispositif du jugement sus-énoncé en ce qui concerne les faits admis, ensemble du présent exploit, dont le coût est de

(*Signature de l'huissier.*)

Les témoins doivent être assignés un jour, au moins, avant l'audition, délai augmenté à raison des distances.

Assignation à la partie, pour être présente à l'enquête ordonnée dans un divorce.

(Conséquence de l'art. 253, Code Napol. — Art. 261, Code Proc. — Art. 29, Tarif. — Coût, 2 fr.)

L'an, etc., à la requête de la dame (les mêmes noms, qualités et demeure que dans le modèle précédent) j'ai (*immatricule de l'huissier*) soussigné, si-

gnifié, et avec ces présentes donné copie au sieur Guillaume, marchand de grains, à Paris, y demeurant rue
en son domicile, en parlant à

Du jugement rendu en l'audience publique de la 2e
section du Tribunal de premiere instance du département de la Seine, sur les conclusions de monsieur le
Procureur-Impérial, le   dûment signé, scellé,
collationné et enregistré ; à ce que du contenu audit
jugement, le sus-nommé n'ignore et en conséquence
d'icelui et à pareilles requête, demeure et élection de
domicile que dessus, j'ai huissier susdit et soussigné,
cité et donné assignation audit sieur Guillaume en son
domicile, et parlant comme dessus, à comparaître et se
trouver en personne le jeudi...., onze heures du matin, à
l'audience à huis clos, de la deuxième section du Tribunal de première instance du département de la Seine,
séant à Paris, au Palais de Justice ;

Pour, si bon lui semble, être présent à la prestation
de serment et à la déposition des témoins indiqués par
la requérante, et dénommés au jugement sus-énoncé,
pour déposer en l'enquête qu'il ordonne ; à ce que du
tout ledit sieur Guillaume n'ignore, lui déclarant que la
demanderesse comparaîtra en personne, assistée de ses
conseils, lesdits jour, lieu et heure, pour procéder comme
de raison aux fins du présent exploit, et que faute par
ledit sieur Guillaumec de comparaître il sera procédé auxdites prestation de serment et audition de témoins tant
en absence que présence ; à ce que pareillement il n'en
ignore, et je lui ai, domicile et parlant comme dessus,
laissé copie du jugement sus-énoncé et du présent exploit,
dont le coût est de

Les parties doivent comparaître en personne, assistées si elles le veulent de trois conseils ou amis de chaque côté.

En cas de contre enquête, la contre enquête ne se signifie pas, mais les assignations aux parties se signifient réciproquement.

Après la clôture des deux enquêtes ou de celle du demandeur, si le défendeur n'a pas produit de témoins, le Tribunal renvoie les parties à l'audience publique, dont il indique le jour et l'heure; il ordonne la communication de la procédure au Procureur-Impérial et commet un rapporteur.

Cette ordonnance est signifiée au défendeur, dans le délai qu'elle détermine. (Voir modèle suivant.)

Signification au défendeur, de l'ordonnance qui renvoie à un jour indiqué, pour prononcer le jugement définitif sur la demande en divorce.

(·Argum. de l'art. 256, Cod. Napol.— Art. 29, Tarif par analogie. —Coût, 2 fr.) ·

L'an, etc., à la requête de la dame, etc., j'ai (*immatricule de l'huissier-audiencier*) soussigné, signifié, et avec ces présentes, donné copie au sieur Guillaume, marchand de grains à Paris, y demeurant, rue   en son domicile, en parlant à

D'une ordonnance du Tribunal de première instance du département de la Seine, deuxième section, en date du   dûment enregistrée, étant ensuite, du procès-verbal de l'enquête faite, par ladite requérante, à ladite audience, à huis clos, ledit jour   en exécution du jugement contradictoire, rendu entre les parties, le dûment enregistré et signifié, et duquel procès-verbal d'enquête, est aussi avec ces présentes, donné copie, à ce que du contenu auxdites enquête et ordonnance, le sus-nommé n'ignore ; et en conséquence des renvoi et indication, prononcés par ladite ordonnance et à pareilles requête, demeure et élection de domicile que dessus, j'ai, huissier susdit et soussigné, donné assignation audit sieur Guillaume, en son domicile, et en parlant comme dit est, à comparaître, et se trouver en personne, le jeudi   onze heures du matin, à l'audience publique de la deuxième section du Tribunal de première instance du département de la Seine, séant à Paris, au Palais de Justice, pour être présent, si bon lui semble, au rapport qui sera fait par M.

juge-commis à cet effet, et attendu qu'il résulte de l'enquête sus-datée, faite par ladite demanderesse, la preuve la plus complette des faits articulés par elle contre son mari, voir dire et ordonner que les conclusions par elle prises, en son exploit de citation lui seront définitivement adjugées ; en conséquence qu'il sera dit, qu'il y a lieu au divorce, entre ladite dame Catherine et le sieur Guillaume, pour excès, sévice et injures graves de ce dernier envers son épouse ; en conséquence, qu'aux termes de l'art. 258 du Code Napoléon, la demanderesse sera autorisée à se retirer devant l'officier public de l'état civil, pour le faire prononcer ; à ce que du tout, le sus-nommé n'ignore ; lui déclarant que la requérante, assistée de Mᵉ D., son conseil, comparaîtra en personne, lesdits jour, lieu et heure sus-indiqués, pour faire telles observations qu'elle avisera, et que, faute par ledit sieur

Guillaume de comparaître, il sera procédé auxdits rapport et jugement, tant en absence que présence; et pour, en outre, répondre et procéder comme de raison, à fin de dépens; et j'ai, au sus-nommé, en son domicile, et parlant comme dit est, laissé copie des enquête et ordonnance sus-énoncées, ensemble, du présent exploit, dont le coût est de

(*Signature de l'huissier.*)

Jugement qui admet le divorce.

(Art. 258, Code Napoléon.)

LE jugement qui admet le divorce, doit contenir tout ce qui est prescrit par l'art. 141, Code de Procédure.

Seulement, les conclusions des parties et tous les actes qu'elles ont faits dans le cours de la poursuite se visent comme dans les jugemens sur rapport.

Quant aux points de fait et de droit, ils se font comme ceux des autres jugemens.

En cas d'appel du jugement d'admission ou du jugement définitif, rendu par le Tribunal de première instance en matière de divorce, la cause est jugée par la Cour d'appel, comme affaire urgente.

L'appel est recevable, soit pour les jugemens contradictoires soit pour les jugemens par défaut, pendant le délai de trois mois seulement, (argument de l'art. 263 Code Napoléon) ce qui fait exception aux art. 156 et 158 du C. de P.

Dans les deux mois du jour où le jugement qui prononce, le divorce n'est plus attaquable, l'époux, qui l'a obtenu, doit se présenter devant l'officier civil du domicile marital, pour faire prononcer le divorce, en présence de l'autre époux, ou lui dûment appelé.

Voir modèle suivant.

Pétition à l'officier de l'état civil, pour demander jour à l'effet de faire prononcer un divorce admis.

(Conséquence des art. 264 et 266, Code Napoléon.)

A Monsieur le Maire du   arrondissement de Paris.

DAME Anne-Catherine, majeure, épouse du sieur Guillaume, demeurant à   elle, autorisée par jugement du Tribunal de première instance du département de la Seine , en date du   dûment enregistré et signifié, à se retirer pendant la poursuite de son divorce, chez le sieur Catherine , son père , demeurant rue   où elle réside ;

Requiert , pour l'exécution du jugement rendu au Tribunal de première instance du département de la Seine , deuxième section , le   dûment en forme , enregistré , et signifié , par exploit de   en date du   dûment enregistré et auquel jugement il n'est survenu ni opposition, ni appel , suivant le certificat ci-joint , du greffier du Tribunal de première instance du département de la Seine , en date du

Qu'il vous plaise lui indiquer jour et heure , à l'effet de faire sommer ledit sieur Guillaume de comparaître pardevant vous , pour voir prononcer le divorce , admis par le jugement sus-énoncé , et vous ferez justice.

(Signature de la requérante.)

« Nous Maire du   arrondissement de Paris , vu la demande ci-dessus , indiquons la prononciation du divorce au   heure de

Fait et délivré , à Paris.

(Signature du Maire.)

Le divorce doit être prononcé dans les deux mois qui suivent le jugement qui l'admet ; ce délai est de rigueur, et ne commence à courir, à l'égard des jugemens de première instance qu'après le délai d'appel ; à l'égard des arrêts rendus par défaut en cause d'appel, qu'après l'expiration du délai d'opposition et à l'égard des jugemens contradictoires, en dernier ressort, qu'après l'expiration du délai du pourvoi en cassation.

Lorsque le jugement est obtenu par défaut, il faut, aux termes des art. 159 et 158 du Code de Procédure, poursuivre d'abord le paiement des frais ,et les deux mois pour faire prononcer le divorce ne courent que du jour de l'exécution.

Sommation au défendeur en divorce, de comparaître devant l'officier de l'état civil, pour voir prononcer le divorce.

(Conséquence des art. 264 et 266, Code Napoléon.)

L'an mil huit cent huit,   à la requête de dame Anne Catherine, majeure, épouse du sieur Guillaume, demeurant à   et autorisée par jugement du Tribunal de première instance du département de la Seine, en date du   dûment enregistré, et signifié, à se retirer pendant la poursuite de son divorce, chez le sieur Catherine , son père, demeurant à Paris, rue   où elle réside ; laquelle fait élection de domicile en sa demeure , j'ai , etc.

Soussigné, signifié et avec ces présentes , donné copie au sieur Guillaume , demeurant , etc. ;

De la pétition par elle présentée à monsieur le Maire du   arrondissement de Paris , ensemble, de l'ordonnance par lui rendue , le   dûment enregistrée , à ce que du contenu , auxdites pétition et ordonnance , le sus-nommé n'ignore , et en vertu de ladite ordonnance et à même requête , qualité , demeure et élection de domicile que dessus, j'ai , huissier susdit et soussigné, fait sommation au sieur Guillaume , en son domicile en parlant comme dessus , de comparaître en personne , le   heures du matin , pardevant M. le Maire du   arrondissement de Paris , hôtel de la Mairie , sis ru e et d'y faire trouver deux témoins majeurs, pour entendre prononcer le divorce d'entre la requérante , et le sus-nommé , conformément à l'art. 264 du Code Napoléon , et en exécution dudit jugement , précédemment signifié ; déclarant que ladite dame Catherine se trouvera lesdits jour, lieu et heure sus-indiqués , assistée de deux témoins , et qu'il sera procédé tant en absence que présence à la prononciation du divorce ; à ce que pareillement le sus-nommé n'en ignore , et je lui ai , en son domicile , et parlant comme dessus , laissé copie des pétition et ordonnance sus-énoncées , ensemble du présent exploit , dont le coût est de

Le divorce est prononcé en présence de quatre témoins majeurs et du sexe masculin.

Signification de l'acte de divorce.

(Argument de l'art. 264 , Code Napoléon.)

L'an   à la requête de la dame Anne Catherine , majeure , femme divorcée du sieur Guillaume , demeurant à Paris, rue   laquelle fait élection de domicile en sa demeure ; j'ai (*immatricule de l'huissier*), soussigné, signifié, et avec ces présentes, donné copie audit sieur Guillaume, marchand de grains, demeurant à Paris, rue   en son domicile, en parlant à `

D'un acte inscrit aux registres de l'état civil de la Mairie du troisieme arrondissement du canton de Paris, à la date du   dûment signé et enregistré, prononçant le divorce d'entre ledit Guillaume et ladite Anne Catherine, à ce que du contenu audit acte, le sus-nommé n'ignore; et je lui ai, en son domicile et parlant comme dessus, laissé copie dudit acte de divorce, ensemble du présent exploit, dont le coût est de

TITRE X.

DES AVIS DE PARENS.

Citation aux membres qui doivent composer un conseil de famille.

(Art. 406 et 411, Code Napol. — Art. 21, Tarif. — Coût, 1 fr. 50 c.)

L'AN mil huit cent huit, le 1er février, à la requête du sieur Jean-Louis Mozard, majeur, frère germain d'Alexandre Mozard, fils mineur de   et de   tous deux décédés, demeurant ledit sieur Jean-Louis Mozard à Paris, rue   et pour lequel domicile est élu en sa

2   8

demeure, j'ai (*immatricule de l'huissier-audiencier de la justice de paix*) soussigné , cité (*six parens ou amis*)

A comparaître, le 5 février 1808 , heure de midi, par-devant monsieur le juge de paix du 7ᵉ arrondissement de Paris , en sa demeure, sise à Paris, rue Beaubourg, nᵒ

Pour composer , sous la présidence de mondit sieur le juge de paix , le conseil de famille d'Alexandre Mozard , fils mineur de Jérôme Mozard et de Louise Bertine, son épouse, tous deux décédés, et procéder à la nomination d'un tuteur et d'un subrogé tuteur, audit mineur, et leur conférer les autorisations nécessaires pour les gestion et administration des biens et affaires dudit mineur ; leur déclarant que, faute par eux de comparaître, ils seront condamnés par M. le juge de paix, chacun en l'amende de cinquante francs , et qu'ils seront remplacés par d'autres parens ou amis ; et je leur ai , en leurs domiciles, et parlant comme dessus , laissé à chacun séparément , copie du présent exploit , dont le coût est de

---

Cette citation se signifie par un huissier-audiencier de la justice de paix, (argument de l'art. 21 Tarif.)

Le délai pour comparaître est au moins de trois jours, s'il n'est pas augmenté par le juge de paix.

Notification de l'avis du conseil de famille , au tuteur nommé, qui n'était pas présent.

(Art. 882, Code Proc. — **Art.** 21 , Tarif. — Coût, 1 fr. 50 c.)

L'AN mil huit cent huit , le 6 février , à la requête

du sieur Jean-Louis Mozard , demeurant à Paris , rue

désigné par la délibération du conseil de famille ,
ci-après énoncée, pour faire la présente notification , et
pour lequel dit sieur Mozard , domicile est élu en sa demeure , j'ai , (*immatricule de l'huissier-audiencier de la
justice de paix*), soussigné , notifié , et avec ces présentes , donné copie au sieur Louis-Jean Bertrand , demeurant à Paris , rue

D'une délibération de conseil de famille , reçue par
M. le juge de paix du   arrondissement de Paris , le
5 février 1808 , dûment enregistrée , par laquelle ledit
sieur Bertrand est nommé tuteur du sieur Alexandre Mozard , fils mineur de Jérôme Mozard et de Louise Bertine ,
son épouse , tous deux décédés ; à ce que du contenu en
ladite délibération , le sus-nommé n'ignore , et ait en
conséquence à entrer en exercice de la tutelle à lui déférée ; et je lui ai , en son domicile , et parlant comme
dessus , laissé copie de ladite délibération et du présent
exploit , dont le coût est de

Cette notification doit se faire dans les trois jours de la
délibération , délai augmenté en raison des distances.

*Assignation pour demander la réformation d'une déli-
bération du conseil de famille qui n'a pas été unanime.*

(Art. 883, Code de Proc. — Art. 29, Tarif. — Coût, 2 fr.)

L'an mil huit cent huit , le   février, à la requête du
sieur Jean-Louis Mozard , majeur, frère germain d'Alexandre Mozard , fils mineur de   et de   tous deux
décédés , demeurant ledit sieur Jean-Louis Mozard à

8 *

Paris, rue, etc., lequel constitue pour son avoué, Me D., demeurant à   j'ai, (*immatricule de l'huissier*) soussigné, donné assignation : 1° au sieur Louis-Jean Bertrand, au nom et comme tuteur dudit mineur Alexandre Mozard, demeurant à Paris, rue   en son domicile, en parlant à

2° Au sieur Jean Perrin, beau-frère dudit mineur Alexandre Mozard, demeurant à Paris, rue, etc.

3° Au sieur Louis Charlot, autre beau-frère du mineur, demeurant à

4° Et au sieur Stanislas, appelé à défaut de parens, et connu pour avoir eu des relations habituelles d'amitié avec les père et mère dudit mineur Alexandre Mozard, demeurant à, etc.

A comparaître, etc.;

Pour, et attendu que les sus-nommés qui ont fait partie du conseil de famille, convoqué à la requête dudit Bertrand ès dite qualité, sous la présidence de M. le juge de paix du 3e arrondissement de Paris, le   à l'effet de statuer sur la nécessité de vendre une maison appartenant audit mineur Mozard, sise à Paris, rue   à fin de payer avec les deniers provenant de ladite vente, les créanciers de la succession du sieur   Mozard, père dudit mineur, ont été d'avis de la vente de ladite maison, tandis que le requérant et son frère ont été d'un avis contraire mentionné dans ladite délibération ;

Attendu au fond qu'il est de l'intérêt du mineur Mozard, de conserver l'immeuble dont il s'agit, qu'il est son seul patrimoine, et que les dettes de la succession de son père ne s'élevant qu'à une somme de quatre mille francs, il sera bien plus avantageux pour lui de faire l'emprunt de cette somme, avec hypothèque sur la maison, que de la vendre ;

Attendu aussi qu'il est constaté par le compte sommaire qu'a présenté le tuteur du mineur Mozard, à l'assemblée de famille, que ledit mineur n'a aucune somme disponible, et que ses revenus sont insuffisans pour le paiement des dettes de la succession de son père ;

Voir dire et ordonner que la délibération du conseil de famille dudit mineur Mozard, reçue par M. le juge de paix du 3ᵉ arrondissement de Paris, le   enregistrée, sera rejetée purement et simplement, et que ledit tuteur du mineur sera autorisé par le jugement à intervenir, et sans qu'il en soit besoin d'autre, à emprunter à un intérêt qui ne pourra excéder cinq pour cent par an, et pour le terme de quatre ans, la somme, de quatre mille francs, pour son mineur, et à affecter et hypothéquer à la sûreté, garantie et au paiement de la somme empruntée, ladite maison sise à Paris, rue   appartenant audit mineur, pour, avec les deniers ainsi empruntés, payer les créanciers sérieux et légitimes de la succession dudit sieur   chacun suivant ses droits ;

Et pour, en outre, répondre et procéder comme de raison, à fin de dépens, et j'ai, aux sus-nommés, en leurs domiciles, et parlant comme dessus, laissé à chacun séparément, copie du présent exploit, dont le coût est de   .

La cause est jugée sommairement et il n'y a pas lieu de citer en conciliation.

Requête à fin d'homologation d'une délibération.

(Art. 885, Code Proc. — Art. 78, Tarif. — Coût, 7 fr. 5o c.)

> A Monsieur le Président du Tribunal de première instance du département de la Seine, séant à Paris, au Palais de Justice.

Le sieur Bertrand, demeurant à Paris, rue   au nom et comme tuteur d'Alexandre Mozard, fils mineur de Jérôme Mozard et de Louise Bertine, son épouse, tous deux décédés ;

Requiert qu'il vous plaise, M. le Président, homologuer, pour être exécutée selon sa forme et teneur, la délibération ci-jointe, des parens et amis dudit mineur, reçue par M. le juge de paix du 3ᵉ arrondissement de Paris, le 15 février 1808, dûment enregistrée, et vous ferez justice.

———

Le tuteur ou autre, chargé de poursuivre l'homologation, doit le faire, dans le délai fixé par la délibération, et à défaut de fixation dans le délai de quinzaine; sinon, un des membres de l'assemblée peut poursuivre cette homologation contre le tuteur, et à ses frais. (Voir modèle suivant.)

Demande en homologation d'une délibération du conseil de famille, contre le tuteur.

(Art. 887, Code Proc. — Art. 29, Tarif par anal. — C., 2 fr.)

L'an mil huit cent huit, le 3o février, à la requête du sieur Jean-Louis Mozard, demeurant à   rue   ayant fait partie du conseil de famille du mineur ci-après nommé, lequel sieur Mozard, constitue pour son avoué , M^e , etc. , etc. , j'ai (*immatricule de l'huissier*) soussigné , donné assignation au sieur Bertrand , en sa qualité de tuteur du sieur Alexandre Mozard , fils mineur de Jérôme Mozard et de Louise Bertine, son épouse, tous deux décédés, nommé à cette qualité, qu'il a acceptée par délibération du conseil de famille dudit mineur, reçue par M. le juge de paix du 3e arrondissement de Paris , le   dûment enregistrée , lui, demeurant à Paris , rue   en son domicile, en parlant à

A comparaître (*au Tribunal*).

Pour, attendu que par délibération des parens et amis dudit mineur Alexandre Mozard , reçue par M. le juge de paix du 3e arrondissement de Paris , le 14 février 1808, dûment enregistrée ; laquelle autorise à provoquer la licitation d'une maison dont le mineur est propriétaire pour moitié ; il a été dit que le sieur Bertrand , en sa qualité de tuteur dudit mineur , poursuivrait l'homologation de cette délibération dans la huitaine ;

Attendu , que plus de quinze jours sont écoulés , et que le sieur Bertrand ne se met pas en devoir de faire prononcer cette homologation ;

Voir dire et ordonner que la délibération sus-énoncée, sera homologuée , pour être exécutée selon sa forme et teneur , et pour en outre , répondre et procéder comme de raison, à fin de dépens, auxquels ledit sieur Bertrand sera personnellement condamné , et que sous aucun prétexte, il ne pourra employer dans le compte de tutelle ; et je lui ai , en son domicile, et parlant comme dessus , laissé copie du présent exploit, dont le coût est de

Opposition à l'homologation d'une délibération du conseil de famille.

(Art. 888, Code Proc. — Art. 29, Tarif. — Coût, 2 fr.)

L'AN mil huit cent huit, le   février, à la requête du sieur Jean-Louis Mozard, ayant fait partie du conseil de famille, dont sera ci-après parlé, demeurant à pour lequel domicile est élu, etc.,

Soussigné, signifié et déclaré au sieur Bertrand, au nom et comme tuteur du sieur Mozard, fils mineur du sieur Jérôme Mozard et de Louise Bertine, son épouse, tous deux décédés, et en cette qualité, désigné par la délibération du conseil de famille, ci-après énoncée, pour en poursuivre l'homologation, ledit sieur Bertrand, demeurant à Paris, rue   en son domicile, en parlant à

Que ledit sieur Mozard entend contester la délibération du conseil de famille dudit mineur Mozard, reçue par M. le juge de paix du 3ᵉ arrondissement de Paris, le   par laquelle le sieur Bertrand, en sa dite qualité, a été autorisé à provoquer la vente par licitation, d'une maison appartenant pour moitié audit mineur Mozard ; et en conséquence qu'il est opposant, comme par ces présentes il s'oppose, à ce qu'autrement qu'en sa présence ou lui dûment appelé, le sieur Bertrand, en poursuive l'homologation ; déclarant au sus-nommé, que ledit sieur Jean-Louis Mozard proteste de nullité de tout ce qui sera fait au préjudice de ladite opposition, et je lui ai, domicile et parlant comme dessus, laissé copie du présent exploit, dont le coût est de

Celui qui est chargé de faire homologuer, doit appeler les opposans ; autrement ceux-ci peuvent attaquer le jugement d'homologation par la voie d'oppposition

TITRE XI.

DE L'INTERDICTION.

Requête contenant demande en interdiction.

(Art. 890, Code Proc. — Art. 493, Cod. Nap. — Art. 79 , Tarif. — Coût 15 francs.

A Monsieur le Président du Tribunal de 1re instance du département de la Seine, Chevalier de la Légion d'honneur.

Dame Catherine, épouse du sieur Joachim Frédéric, négociant, demeurant à

Expose que son mari, âgé d'environ quarante-deux ans, qui depuis long-temps a quitté Berlin, et demeure à Paris ,rue de Richelieu, n° 74, est depuis deux ans dans un état de démence qui vient encore d'augmenter, ce qui force madame son épouse à provoquer son interdiction; que dans les derniers jours d'avril 1807, le sieur Frédéric s'est déclaré prophète, qui cherche et vient rétablir le bonheur commun sur la terre (*détailler ainsi les faits de démence*) ; que sur les ordres de M. le Conseiller-d'Etat, Préfet de police, ledit Frédéric ayant été transféré à Charenton, il continue à être dans le même état de folie ;

Pourquoi, ce considéré, il vous plaira, M. le Président, attendu que les faits ci-dessus articulés prouvent suffisamment l'état de démence dudit s^r Frédéric, attendu qu'aux termes de l'art. 489 du Code Napoléon, le majeur, qui est dans un état habituel d'imbécillité, de démence ou de fureur, doit être interdit, même lorsque cet état présente des intervalles lucides ; attendu aussi qu'aux termes de l'art. 490 du même Code, tout parent est recevable à provoquer l'interdiction de son parent, et qu'il en est de même de l'un des époux à l'égard de l'autre, autoriser l'exposante à la poursuite de ses droits et actions, et à ester en jugement, relativement à la présente demande; ce faisant, dire et ordonner que ledit Joachim Frédéric, négociant, demeurant ordinairement à Paris, rue de Richelieu, n° 74, et maintenant renfermé à la maison de santé de Charenton, sera et demeurera interdit, après toutefois que la procédure voulue par la loi aura été remplie et observée ; déclarant l'exposante qu'elle produit pour justification des faits par elle articulés, trois pièces qui sont : la première, le procès-verbal dressé par le commissaire de police de la division Lepelletier, le 30 avril 1807 ; la seconde, l'inventaire dressé par le même commissaire de police de la division Lepelletier, le 2 mai 1807 et jours suivans, des meubles et effets, titres et papiers du sieur Frédéric ; et la troisième et dernière, le certificat délivré le 6 juin 1807, dûment légalisé et enregistré par M. le Directeur général de la maison de santé de Charenton, membre de la Légion d'honneur, constatant la réclusion en ladite maison, dudit sieur Fréderic ; déclarant également qu'elle présente pour témoins des faits par elle articulés, les sieurs

Réné , demeurant à l'hôtel Ménars , rue de Richelieu , et
François, homme de confiance , demeurant même hôtel,
et vous ferez justice.

(Signature de l'avoué.)

Requête au juge-commissaire , à fin d'indication du jour
où le conseil de famille doit être assemblé.

(Exécution de l'art. 892 , Code Proc. — Art. 494, 495 et 496,
Code Napol. — Art. 76, Tarif par anal. — Coût, 2 fr.)

> A Monsieur   juge au Tribunal de première
> instance du département de la Seine , première
> section , commissaire en cette partie.

DAME Christine , épouse de Joachim Frédéric, négociant , demeurant à Paris , rue   autorisée, par ordonnance de M. le Président du Tribunal de première
instance du département de la Seine , en date du
contenue au jugement rendu sur les conclusions de M. le
Procureur-Impérial , le   en la première section
dudit Tribunal, dûment enregistré, à la poursuite de
ses droits et actions et à ester en jugement relativement
à l'interdiction provoquée par elle contre son mari;

Expose que par le jugement sus-énoncé , il a été ordonné avant faire droit à la demande en interdiction dont
s'agit; que les parens et amis dudit sieur Joachim Frédéric, réunis en conseil de famille, pardevant vous, don-
neraient leur avis sur l'état dudit sieur Frédéric ;

Qu'il s'agit aujourd'hui de convoquer ledit conseil de
famille; pourquoi il vous plaira, Monsieur, indiquer les
jour, lieu et heure auxquels la requérante pourra faire
citer les parens et amis dudit Frédéric , à l'effet de se

réunir pardevant vous , pour , en exécution du jugement sus-énoncé , donner leur avis sur l'état dudit sieur
Frédéric , et vous ferez justice.   (*Signature de l'avoué.*)

Voir la note du modèle de l'art. 856 C. P.

*Signification de la requête et de la délibération du conseil
de famille.*

(Art. 893, Cod. Proc. — Art. 29 , Tarif par anal. — Coût 2 fr.)

L'an mil huit cent sept, le   à la requête de la
dame Christine, épouse de Joachim Frédéric, négociant,
demeurant à Paris, rue   autorisée, par ordonnance de monsieur le Président du Tribunal de première instance du département de la Seine, en date du
    contenue dans le jugement rendu sur les conclusions
du Procureur-Impérial, le   en la première section
dudit Tribunal, dûment enregistré , et dont avec ces
présentes donné copie, à la poursuite de ses droits et
actions, et à ester en jugement relativement à l'interdiction provoquée par elle contre son mari, pour laquelle dame Christine domicile est élu en la demeure
de M⁰ D., avoué au Tribunal de première instance du
département de la Seine, sise à Paris, rue   j'ai ,
(*immatricule de l'huissier-audiencier du Tribunal*) ,
soussigné, signifié et avec ces présentes donné copie,
au sieur Joachim Frédéric, négociant, demeurant ordinairement à Paris, rue de Richelieu, n° 76 , et actuellement renfermé dans la Maison nationale de Santé,
établie à Charenton, près Paris, où je me suis exprès
transporté, en ladite maison en parlant à

1º De la requête présentée par la requérante à monsieur le Président du Tribunal de première instance du département de la Seine, contenant demande à fin d'interdiction dudit sieur Frédéric, les faits qui y donnent lieu, les pièces produites à l'appui et les noms des témoins ;

2º D'un jugement de la première section du Tribunal de première instance du département de la Seine, en date du   dûment enregistré, scellé et collationné, rendu sur les conclusions de Monsieur le Procureur-Impérial, et au rapport de M.   juge audit Tribunal, homologatif de la délibération des parens et amis dudit Frédéric reçue par mondit sieur, le juge-rapporteur, le   dûment enregistrée ; laquelle délibération est contenue dans ledit jugement, et dont est pareillement avec ces présentes donné copie, à ce que du contenu auxdites requête, délibération du conseil de famille et jugement, le sus-nommé n'ignore.

———

Lorsque, comme dans l'espèce, la personne que l'on veut faire interdire se trouve dans une maison de santé, il n'est pas besoin de lui déclarer le jour de l'interrogatoire, mais lorsqu'elle doit être interrogée en la chambre du conseil, on ajoute :

Et à pareilles requête, demeure et élection de domicile que dessus, j'ai, huissier-audiencier, susdit et soussigné, fait sommation audit sieur Joachim Frédéric, en son domicile, et parlant comme dessus, à comparaître en personne vendredi prochain,   heure de midi, en la chambre du conseil du Tribunal de première instance du département de la Seine, première section, séant à Paris au Palais de Justice, pour subir devant le Tribunal, en présence de monsieur le Procureur-Impérial, l'interrogatoire ordonné par le jugement sus-énoncé : déclarant au sus-nommé que faute par lui de comparaître, il sera statué par le Tribunal ce qu'il appartiendra, déclarant que ledit Me D. continuera d'occuper pour le requérant, sur la présente poursuite d'interdiction, à ce que du tout pareillement le sus-nommé n'ignore, et je lui ai *en son domicile* et parlant comme dessus, laissé copie, certifiée, etc., etc., des requête, délibération du conseil de famille et jugement sus-énoncés, et du présent exploit, dont le coût est de

Assignation pour entendre prononcer l'interdiction.

(Art. 498, Code Napol. — Art. 29, Tarif. par analog. — Coût, 2 fr.)

L'an mil huit cent sept, le   à la requête de la dame Christine, épouse du sieur Joachim-Frédéric, négociant, demeurant à Paris, rue   autorisée par ordonnance de monsieur le Président du Tribunal de première instance du département de la Seine, en date du   contenue dans le jugement rendu sur les conclusions de monsieur le Procureur-Impérial, le   en la première section dudit Tribunal, dûment enregistré et dont a été précédemment donné copie, à la poursuite de ses droits et actions et à ester en jugement relativement à l'interdiction provoquée par elle contre son mari; pour laquelle dame Fréderic, domicile est élu en la demeure de Me D., avoué, au Tribunal de première instance du département de la Seine, sise à Paris, rue   j'ai, (*immatricule de l'huissier*), soussigné, donné assignation au sieur Joachim Frédéric, négociant, demeurant ordinairement à Paris, rue de Richelieu, hôtel

Ménars, n° 71, et actuellement renfermé dans la Maison nationale de Santé établie à Charenton, près Paris, où je me suis exprès transporté, en ladite maison, en parlant à   à comparaître le (*un jour au moins d'intervalle*), neuf heures du matin, à l'audience de la première section du Tribunal de première instance du département de la Seine, séant à Paris, au Palais de justice, pour être présent, si bon lui semble, au rapport qui sera fait par M. G., l'un des juges dudit Tribunal, commissaire en cette partie, ou par tel autre de messieurs les juges qui le remplacera, de la poursuite d'interdiction provoquée contre ledit Frédéric, par la requérante, pour cause de démence, et voir ensuite prononcer son interdiction aux termes de la loi ; lui déclarant que faute par lui de comparaître il sera procédé à tout ce que dessus tant en absence que présence ;

Et pour, en outre, répondre et procéder comme de raison à fin de dépens, dont distraction sera faite à M⁰ D., avoué, comme les ayant frayés et avancés de ses deniers, ainsi qu'il offre de l'affirmer; déclarant que ledit Mᵉ D., avoué, continuera d'occuper pour la requérante, et j'ai au sus-nommé, en parlant comme dessus, laissé copie du présent exploit, dont le coût est de

Signification du jugement d'interdiction.

(Art. 501, Code Napol. — Art. 29, Tarif par analog. — Coût, 2 fr.)

L'AN, etc., à la requête de dame Christine, etc., (*qualités du modèle ci-dessus.*)

Soussigné, signifié et avec ces présentes donné copie au sieur Frédéric, (*le reste comme au modèle précédent*)

D'un jugement contre lui rendu par défaut, à l'audience de la première section du Tribunal de première instance du département de la Seine, le 5 décembre 1807, prononçant l'interdiction pour cause de démence dudit sieur Frédéric, et nomination d'un administrateur provisoire, pour gérer ses personne, biens et affaires; à ce que du contenu audit jugement, dûment scellé, collationné et enregistré, le sus-nommé n'ignore, et je lui ai, en parlant comme dessus, laissé copie dudit jugement et du présent exploit, dont le coût estde

Extrait du jugement d'interdiction, pour être remis au greffe du Tribunal et à la chambre des notaires.

(Art. 501, Code Napol. — Art. 92, Tarif. — 6 fr.)

D'UN jugement de la première section du Tribunal de première instance du département de la Seine, séant à Paris, au Palais de Justice, rendu le 5 décembre 1807, sur le rapport de monsieur   juge, commis à cet effet, et sur les conclusions du Procureur-Impérial, ledit jugement dûment enregistré, collationné, scellé et signifié.

Il appert que le sieur Joachim Frédéric, négociant, demeurant ordinairement à Paris, rue de la Loi, n° 74, et présentement en la Maison nationale de Santé, sise à Charenton, près Paris, est, et demeure interdit de la gestion et administration de ses personne, biens et affaires; en conséquence qu'il lui a été fait défenses d'engager, vendre, aliéner ni hypothéquer aucuns de ses biens, meubles et immeubles, de passer et signer aucuns actes, et à tous officiers publics, de les recevoir, à peine de nullité.

Et, que le sieur Charles, négociant, demeurant à
Paris, rue Neuve St.-Gille, n° 14, a été nommé administrateur provisoire dudit interdit, en attendant l'expiration du délai d'appel; après lequel il pourra lui être
nommé un tuteur et un subrogé tuteur.

Pour extrait certifié sincère et véritable, du jugement
sus-énoncé, par moi, avoué au Tribunal de première
instance du département de la Seine, et de la dame
Christine, épouse du sieur Joachim Frédéric, ayant
poursuivi l'interdiction de son dit mari et autorisée à
cet effet, ainsi que de droit.

(Signature de l'avoué.)

On fait insérer un pareil extrait dans le journal judiciaire,
(arg. de l'art. 92 du Tarif) et toutes ces insertions doivent
être faites dans le délai de dix jours.

Acte d'acceptation de la charge d'administrateur.

(Argument de l'Art. 895, Code Proc. et de l'at. 505, Code Napoléon;
— Art. 91, Tarif par anal. — Coût, 3 fr.)

Du   mil huit cent sept. Aujourd'hui, heure de midi,
pardevant nous François - Alexandre, l'un des juges
du Tribunal de première instance du département de la
Seine, commissaire en cette partie, et assisté du sieur D.,
greffier audit Tribunal, en la chambre du conseil de la
première section, est comparu le sieur Charles, négociant, demeurant à Paris, rue Neuve St.-Gille, n° 14,
assisté de Mᵉ D., avoué.

Lequel, pour satisfaire aux dispositions d'un jugement
rendu en la première section de ce Tribunal, le 5 dé-

cembre 1807, dûment enregistré et signifié, portant interdiction de la personne du sieur Joachim Frédéric,
négociant, demeurant ordinairement à Paris, rue de la
Loi, hôtel Ménars, n° 74, et présentement détenu en
la Maison nationale de Santé, sise à Charenton Saint-
Maurice, près Paris, et nomination du comparant pour
administrateur provisoire des personne, biens et affaires
dudit Frédéric.

A déclaré qu'il acceptait purement et simplement ladite charge d'administrateur provisoire, à lui déférée par
ledit jugement, jurant et promettant en remplir bien et
fidèlement les fonctions, dont et de tout quoi, le comparant, assisté comme dessus, a requis acte que nous lui
avons octroyé, et a signé avec nous juge, ledit M^e D.
son avoué, et le greffier, les jour, mois et an susdits.

(Signatures de l'administrateur , de son avoué,
du juge-commissaire et du greffier.)

La demande en main levée d'interdiction est instruite et
jugée dans la même forme que l'interdiction.

TITRE XII.

DU BÉNÉFICE DE CESSION.

Demande en cession.

(Art. 899 et 900, Code Proc. — Art. 29, Tarif par anal. — C., 2 fr.)

L'AN mil huit cent huit, le   février, à la requête
du sieur Michot, marchand chapelier patenté, le

sous le n° 126, 3e classe, demeurant à   lequel
constitue pour son avoué, Me D., demeurant à, (*immatricule de l'huissier*), soussigné, donné assignation
(*à tous les créanciers dénommés au bilan.*)

A comparaître, d'aujourd'hui à la huitaine de la loi, à
l'audience de la première section du Tribunal de première instance du département de la Seine, séant à
Paris, au Palais de Justice;

Pour, et attendu, que le sieur Michot, pour satisfaire
à la loi sur la cession, a déposé au greffe du Tribunal
de première instance du département de la Seine, et par
acte du   dont est avec ces présentes donné copie,
son bilan et ses titres actifs, ensemble le livre-journal de
son commerce;

Attendu que les opérations de commerce du sieur
Michot prouvées par son livre, démontrent ses malheurs et sa bonne foi, qu'ainsi il doit être admis au bénéfice de cession.

Voir dire et ordonner qu'il sera admis au bénéfice de
cession, et qu'en conséquence il lui sera donné acte de
la cession et de l'abandon qu'il entend faire à tous ses
créanciers de tous ses biens, meubles et immeubles et
créances actives, le tout détaillé dans son bilan; lequel
bilan il offre d'affirmer sincère et véritable, comme
aussi qu'il n'a détourné ni fait détourner directement ou
indirectement aucuns de ses biens ni effets, aux offres que
fait ledit sieur Michot de réitérer ses cession et abandon,
en présence de ses créanciers, ou eux dûment appelés,
au Tribunal de commerce de Paris.

Et voir dire et ordonner pareillement qu'après l'observation de ces formalités, ledit sieur Michot sera et de-meurera déchargé de toutes poursuites, et contraintes par corps, prononcées ou à prononcer contre lui au profit de qui que ce soit, pour raison des dettes passives énoncées audit bilan.

Et, attendu que le demandeur a satisfait à la loi par le dépôt de son bilan, de ses titres actifs et de son livre, et qu'ainsi il a rempli, quant à présent, tout ce que la loi exigeait de lui ;

Attendu que, quelques-uns de ses créanciers sont por-teurs de jugemens emportant contrainte par corps qu'ils veulent mettre à exécution.

Voir dire et ordonner dès à présent, qu'il sera fait défenses aux sus-nommés et même à tous tiers porteurs d'effets ou billets souscrits et endossés par le requérant, d'exercer contre lui aucunes poursuites et contraintes par corps, à peine de nullité et de tous dépens, dommages et intérêts ; et que le jugement à intervenir à cet égard sera exécuté par provision, nonobstant appel ou oppo-sition.

Et pour, en outre, répondre et procéder comme de raison à fin de dépens ; et j'ai à chacun des sus-nommés domicile, et parlant comme dessus, laissé copie cer-tifiée, etc., etc., de l'acte de dépôt sus-énoncé et du présent exploit, dont le coût est de

Extrait de la demande en cession.

(Art. 569, Code Com. — Art 92, Tar. par analogie.—Coût 6 fr.)

D'un exploit de B. huissier, en date du 10 février mil huit cent huit, dûment enregistré.

Appert que le sieur Louis Michot, chapelier, patenté,
sous le   n°   3e classe, demeurant à

A formé contre ses créanciers, demande à fin d'être
admis au bénéfice de cession, et que Me D., avoué au
Tribunal de première instance du département de la
Seine, a été constitué pour occuper sur cette demande.

Pour extrait certifié sincère et véritable par moi soussigné, avoué près le Tribunal de première instance du
département de la Seine, et du sieur Michot.

(*Signature de l'avoué.*)

Aux termes de l'art. 569 du Code de Commerce, la demande en cession doit être insérée par extrait dans le journal
judiciaire ; le mode de cette insertion est réglé par l'art. 683
du Code de Procédure.

Sommation aux créanciers, d'être présens à la réitéra-
tion de cession du débiteur, au Tribunal de Commerce.

(Art. 901, Code Proc. — Art. 29, Tarif par anal. — Coût, 2 fr.)

L'an mil huit cent huit, le   février, à la requête du sieur Michot, demeurant à, etc., j'ai, (*im-*
matricule de l'huissier) soussigné, signifié et avec ces
présentes donné copie (*aux créanciers.*)

D'un jugement contradictoire, rendu en la deuxième
section du Tribunal de première instance du département de la Seine, le   dûment enregistré, scellé,
signé, collationné et signifié à avoués, par lequel l'exposant a été admis au bénéfice de cession, à la charge de réitérer cette cession à l'audience du Tribunal de Commerce,

à ce que du contenu audit jugement les sus-nommés n'ignorent, et à pareilles requête, demeure et élection de domicile que dessus, j'ai, huissier susdit et soussigné, fait sommation auxdits sieurs   en leurs domiciles, et parlant comme dessus, de comparaître vendredi   heure de midi, à l'audience du Tribunal de Commerce, séant à Paris, cloître St.-Méry, pour, si bon leur semble, être présens à la déclaration que ledit sieur Michot, fera en personne, à l'audience dudit Tribunal, qu'il réitère la cession de ses biens à laquelle il a été admis par le jugement sus-énoncé, à ce que pareillement les sus-nommés n'en ignorent, leur déclarant que faute par eux de comparaître, il sera procédé à tout ce que dessus, tant en absence que présence; et j'ai à chacun des sus-nommés en son domicile, et parlant comme dit est, laissé copie certifiée, etc., etc., du jugement sus-énoncé, et du présent exploit, dont le coût est de

---

Cette sommation, à la suite de la signification du jugement, sera bonne toutes les fois que le jugement ne sera susceptible que de l'appel; car, si ce jugement était susceptible de l'opposition, la sommation ne pourrait être faite qu'après l'expiration du délai de l'opposition.

L'on réitère ainsi la cession au Tribunal de Commerce ou à la maison commune de son domicile, et l'on signifie aux créanciers le jugement qui en donne acte ou le procès-verbal qui le constate.

Procès-verbal d'extraction du débiteur pour venir faire sa réitération de cession.

(Art. 901 , Code Proc. — Art. 65, Tarif. — Coût, 6 fr.)

L'AN　　　dix heures du matin , à la requête du sieur Michot , (*profession*) demeurant à Paris , rue　　　et actuellement détenu pour dettes et non pour autres causes, en la maison d'arrêt de Sainte-Pélagie , sise à Paris, rue de la Clef , lequel sieur Michot fait élection de domicile , etc.; je , (*immatricule de l'huissier*) soussigné, commis à cet effet par le jugement ci-après énoncé , me suis transporté au greffe de la maison d'arrêt de Sainte-Pélagie , sise à Paris, rue de la Clef , où étant , et parlant au sieur Beau , concierge de ladite maison , je lui ai signifié et remis copie d'un jugement de la deuxième section du Tribunal de première instance du département de la Seine, en date du　rendu entre le sieur Michot et ses créanciers par lequel il a été admis au bénéfice de cession , et ordonné qu'il serait mis en liberté à la charge de satisfaire aux formalités en tel cas requises ; ledit jugement dûment enregistré, et signifié aux créanciers avec sommation de comparaître aujourd'hui, heure de midi à l'audience du Tribunal de Commerce de Paris, pour être présens , si bon leur semblait , à la réitération de ladite cession qu'entendait faire le sieur Michot , aux termes du jugement sus - daté , à ce que du tout ledit sieur Beau, parlant comme dessus, n'ignore, et en vertu dudit jugement, j'ai huissier sus-dit et soussigné, sommé ledit sieur Beau , concierge de ladite maison d'arrêt , de laisser présentement sortir de ladite maison d'arrêt le sieur Michot, à l'effet de satisfaire aux formalités sus-mentionnées, aux offres que j'ai fait de m'en charger sur les registres d'écrou de ladite maison d'arrêt et en décharger lesdits registres, après que le sieur Michot aura satisfait auxdites formalités ; à quoi ledit sieur Beau, obtempérant, a présentement remis sous ma garde, la personne dudit sieur (*prénoms*) Michot, après que je m'en suis chargé sur les registres, par une mention, mise en marge de l'écrou dudit prisonnier.

Ce fait, j'ai conduit ledit sieur Michot, sous bonne et sûre garde, au Tribunal de Commerce de Paris, séant cloître St.-Méry, où étant à l'audience publique dudit Tribunal, heure de midi, il a été procédé à la réitération de la cession dudit sieur Michot dans les formes voulues par la loi, ainsi que le constate le certificat délivré à l'instant par le greffier du Tribunal de commerce, et aussitôt j'ai, huissier susdit et soussigné, conduit et ramené ledit sieur Michot au greffe de la maison d'arrêt de Sainte-Pélagie où étant, j'ai remis audit sieur Beau, greffier, concierge de ladite maison, le certificat ci-dessus énoncé, du greffier du Tribunal de Commerce, constatant que le sieur Michot a satifait aux formalités exigées par le jugement qui l'admet au bénéfice de cession ; et je lui ai déclaré qu'en conséquence j'étais prêt et offrais de le décharger définitivement de la personne dudit sieur Michot, pourquoi je l'ai sommé de me représenter les registres de la maison d'arrêt, ce qu'il a fait, et en marge de l'écrou du sieur Michot, j'ai fait mention de ce que dessus et déchargé le sieur Beau, concierge, de la personne du susnommé, lequel, j'ai, en vertu du jugement sus-énoncé

remis en pleine et entière liberté , et j'ai vaqué à tout ce
que dessus, depuis ladite heure de   jusqu'à celle de
     où je me suis retiré. Le coût du présent procès-
verbal est de

*Procès-verbal de réitération de cession, à la maison
commune.*

(Art. 901, Code Proc. — Art. 64, Tarif. — Coût, 4 fr.)

L'AN mil huit cent huit, le   heure de   à la requête du sieur Michot, (*profession*) demeurant à
lequel fait élection de domicile en sa demeure, je, etc.

Soussigné, commis à cet effet par le jugement ci-après
énoncé, me suis transporté avec le sieur Michot à la
maison commune de   lieu ordinaire des séances de la
Mairie, et pardevant monsieur le   maire de ladite
commune, et messieurs ses adjoints, réunis en séance de
corps municipal, pour, par le sieur Michot, réitérer aux
termes de la loi, la cession de biens à laquelle il a été admis par jugement du Tribunal civil de première instance
du deuxième arrondissement du département de
séant à   en date du   rendu entre ledit sieur Michot
et ses créanciers ; ledit jugement dûment enregistré et
signifié aux créanciers qui y sont parties, avec sommation
de comparaître à ces jour, lieu et heure pour être présens, si bon leur semblait, à la réitération de ladite cession qu'entendait faire le sieur Michot, aux termes du
jugement sus-daté , avec déclaration que, faute par eux
de comparaître , il serait procédé à ladite réitération de
cession, tant en absence que présence.

Et, après avoir attendu, depuis midi jusqu'à une heure sonnée, sans qu'aucuns des créanciers dudit sieur Michot se soient présentés ; le sieur Michot m'a requis de donner défaut contre eux, ce que j'ai fait ; et il a ensuite déclaré à haute et intelligible voix, ses noms, prénoms, qualités et demeure et qu'il réitérait la cession de biens à laquelle il avait été admis par jugement du

ce fait, j'ai dressé du tout le présent procès-verbal qui a été signé par monsieur le maire et ses adjoints, ledit sieur Michot, et moi huissier, le coût du présent procès-verbal est de

Extrait d'un jugement qui admet au bénéfice de cession.

(Art. 903 , Code Proc. — Art. 92 , Tarif. — Art. 573, Code Com. — Coût, pour toutes les insertions , 6 fr.)

D'un jugement contradictoire, rendu en la deuxième section du Tribunal de première instance du département de la Seine, le   dûment enregistré, scellé, collationné et signé.

Il appert que le sieur Pierre-Alexandre Michot, marchand chapelier, rue St.-Denis, n° 12, patenté, sous le n°   3e classe, le

A été admis au bénéfice de cession, et qu'il a réitéré cette cession au Tribunal de Commerce de Paris, le

Pour extrait certifié sincère et véritable, par moi soussigné, avoué près le Tribunal de première instance du département de la Seine, et du sieur Michot.

(*Signature de l'avoué.*)

Cet extrait doit être inséré dans l'auditoire du Tribunal de

Commerce ou du Tribunal de première instance qui en fait les fonctions, et dans le lieu des séances de la maison commune, et enfin à la bourse.

Suivant le Tarif, on doit aussi insérer cet extrait dans un journal.

LIVRE II.

PROCÉDURES RELATIVES A L'OUVERTURE D'UNE SUCCESSION. (*)

TITRE PREMIER.

DE L'APPOSITION DES SCELLÉS APRÈS DÉCÈS.

Requête pour obtenir permission de faire apposer des scellés.

(Art. 909, Code Proc. — Art. 78, Tarif. — Coût, 7 fr. 50 c.)

A Monsieur le Président du Tribunal de première instance du département de la Seine , Chevalier de la Légion d'honneur.

LE sieur Avario, épicier, demeurant à Versailles.

Expose qu'il est créancier du sieur Ménager, rentier, décédé aujourd'hui en sa demeure, sise à Paris, rue de

______

(*) Nous avons inséré plusieurs procès-verbaux qui se rédigent par le greffier de la justice de paix , afin de mieux faire connaître la marche de la procédure.

l'Observance, n° 4, de la somme de deux mille francs, montant d'un billet souscrit le   stipulé payable à la première requisition de l'exposant, dûment enregistré, le   par Guérin.

Que pour sûreté de cette créance, il a le plus grand intérêt de faire apposer les scellés sur tous les meubles et effets de son débiteur.

Pourquoi, ce considéré, il vous plaira monsieur le Président, permettre au sieur Avario de faire apposer, par monsieur le juge de paix de l'arrondissement, les scellés sur tous les meubles et effets, titres, papiers et renseignemens dépendans de la succession dudit sieur Ménager, et se trouvant dans le domicile où il est décédé, sis à Paris, rue de l'Observance, n° 4, et vous ferez justice.

Il faut que cette permission soit accordée par le président de l'arrondissement du lieu où le scellé doit être apposé.

Ordonnance du juge de paix, qui permet l'apposition des scellés.

(Art. 909, rien alloué.)

L'AN mil huit cent huit, le   mars, pardevant nous   juge de paix du onzième arrondissement du canton de Paris, en notre bureau, sis à Paris, rue   assisté du sieur   notre greffier.

Est comparu le sieur Avario, demeurant à Versailles, rue   lequel nous a dit que le sieur Ménager est décédé aujourd'hui, en sa demeure, sise à Paris, rue de l'Observance, n° 4, de notre arrondissement et que comme

il est son créancier de la somme de deux mille francs ,
montant d'un billet qu'il a souscrit à son profit , le
stipulé payable à la première réquisition de l'exposant ,
dûment enregistré, le   par G. , il a intérêt pour
sûreté de cette somme, de faire apposer les scellés sur
tous les meubles et effets , titres , papiers et renseignemens, dépendans de la succession dudit sieur Ménager ;
pourquoi, pour la conservation desdits droits et de tous
autres qu'il appartiendra , il nous requérait de lui permettre de faire procéder à ladite apposition de scellés ,
et a signé.

(Signature de la partie.)

Sur quoi, nous juge de paix, assisté comme dessus ,
attendu que le comparant en sa qualité de créancier a intérêt de faire mettre sous les scellés les meubles et effets
appartenans à son débiteur décédé , lui permettons de
faire procéder à ladite apposition de scellés , et avons
signé avec le greffier, les jour , mois et an susdits.

(Signatures du juge de paix et du greffier.)

Procès-verbal d'apposition de scellés

(Art. 914, Code Proc. — Art. 1 et 3 , Tarif. — Juge de paix , par
vacation , 5 fr. — Greff. les deux tiers.)

L'an mil huit cent huit , le jeudi 10 mars , neuf heures
du matin, pardevant nous   juge de paix du 11e arrondissement du canton de Paris, département de la Seine ,
et en notre bureau , sis à Paris , rue   assisté du
sieur   notre greffier,

Est comparu le sieur Avario , marchand épicier demeurant ordinairement à Versailles, département de Seine et Oise, et étant de présent à Paris, lequel assisté de Me D., avoué au Tribunal de première instance du département de la Seine, demeurant à Paris, rue   où ledit Avario fait élection de domicile, nous a exposé que le sieur Menager, rentier, à Paris, rue de l'Obser-vauce, nº 4, est décédé en sadite demeure, mardi dernier, 8 mars présent mois, et que pour sureté, con-servation et avoir paiement de la somme de deux mille francs que lui devait ledit sieur Menager, suivant son billet, en date du   stipulé payable à la première réquisition du comparant, et dûment enregistré par G., le   ledit sieur Avario a obtenu le jour d'hier une ordonnance de M. le Président du Tribunal de pre-mière instance du département de la Seine, qui lui a permis de faire apposer, par nous, les scellés sur les meu-bles, effets, titres, papiers et renseignemens dépen-dans de la succession dudit sieur Menager, laquelle or-donnance dûment enregistrée, étant au bas de la re-quête présentée à M. le Président, nous a été représentée et est demeurée ci-annexée, après avoir été signée et certifiée sincère et véritable par ledit Avario, qui, en conséquence d'icelle, nous a requis de nous transporter à l'instant dans la maison rue de l'Observance, nº 4, où est décédé ledit sieur Menager, à l'effet d'y apposer nos scellés, nous (*art.* 913 *C. P.*) déclarant que si la présente réquisition n'a pas été faite plutôt, c'est qu'il n'a appris le décès de son débiteur qu'hier, et que son éloignement de Paris et le temps qu'a nécessité l'obten-tion de l'ordonnance de M. le Président, ont été les

seules causes du retard , et il a signé avec ledit M᷎
son avoué.

(Signatures de la partie et de son avoué.)

Pourquoi , nous juge de paix susdit et soussigné , obtempérant à la réquisition ci-dessus , nous sommes de suite transporté avec ledit sieur   notre greffier, en une maison sise à Paris, rue de l'Observance , n° 7, où, étant arrivés et montés au premier étage d'icelle dans une chambre servant de salle à manger , nous avons trouvé la dame Louise-Pauline Gaudin , veuve dudit sieur Ménager , à laquelle nous avons expliqué le sujet de notre transport, et que nous avons invité en conséquence à nous indiquer tous les lieux qui composaient l'appartement occupé par elle et son défunt mari ; ladite veuve Ménager nous a dit (*art.* 921 *C. P.*) que le sieur Avario , qui avait requis l'apposition de scellés, n'étant pas créancier sérieux de son défunt mari , elle entendait s'opposer à ce que nous procédassions à aucune apposition de scellés, et requerait qu'il en fût référé devant qui de droit, et a signé sous toutes réserves.

(Signature de l'opposante.)

Et par le sieur Avario , assisté comme dessus, a été dit, qu'il ignorait sous quel prétexte madame veuve Ménager prétendait qu'il n'était pas créancier sérieux de son défunt mari, qu'étant porteur d'un billet écrit et signé de la main dudit Ménager , rien ne pouvait lui être opposé, pourquoi il nous requérait d'introduire pour l'instant même, un référé devant M. le Président du Tribunal de première instance du département de la

Seine , et établir cependant garnison intérieure et exté‑
rieure pour empêcher le divertissement des effets de la
succession , ce qui pourrait se faire avec d'autant plus
de facilité, que la maison où nous sommes a une issue
par la rue de Monsieur le Prince, et **a**, ledit sieur Avario,
signé avec ledit M⁰ **D.**, son avoué.

(*Signatures de la partie et de son avoué.*)

Sur quoi (*art.* 921 *C. P.* — *Art.* 2 . 3, 16 *et* 94 *T.*
6 *f. vac. de l'avoué.*), nous juge de paix avons donné
acte aux parties de leurs dires et requisitions ci‑dessus,
et attendu l'opposition faite par madame veuve Menager,
disons qu'à l'instant même nous allons nous transporter
devant M. le Président du Tribunal de première instance
du département de la Seine, à Paris, au Palais de Jus‑
tice, et en la chambre du conseil de la première section
dudit Tribunal , pour être par lui statué sur l'obstacle
survenu à l'apposition de scellés , et considérant que la
maison où nous sommes a plusieurs issues , et qu'il se‑
rait facile d'emporter des meubles et effets pendant notre
absence , avons établi à chacune des portes d'entrée de
ladite maison un gardien , savoir : à la porte sur la rue
de l'Observance, le sieur   journalier, demeurant
dans ladite maison, et à la porte sur la rue de Monsieur
le Prince , le sieur   cordonnier, demeurant rue de
Monsieur le Prince, à côté de ladite porte, lesquels ont
tous deux accepté cette garde , et ont signé le présent
procès‑verbal avec nous, les parties et le greffier.

(*Signatures.*)

Et étant arrivés au Palais de Justice , et devant mon‑
sieur B. , Chevalier de la Légion d'honneur et Président

du Tribunal de première instance du département de la Seine, et après que nous lui avons eu fait notre rapport, et avoir entendu Mᵉ D., avoué du sieur Avario, et Mᵉ R., avoué de ladite veuve Menager, il a rendu l'ordonnance suivante :

(*Art. 922 C. P. — Art. 94. — Tarif Vac. 6 fr.*) « Nous, » attendu que la partie de D. a un titre qui n'est pas denié, » et que la contre-lettre alléguée par la partie de R. n'est » pas produite, au principal, renvoyons les parties à se » pourvoir, et cependant, dès à présent et par provision, » disons qu'il sera procédé et passé outre à l'apposition » des scellés après le décès du sieur Menager, et dans le » domicile qu'il avait rue de l'Observance, n° 7, pour » laquelle apposition nous avons accordé permission à » ladite partie de D., suivant notre ordonnance du » enregistrée, laquelle sera d'ailleurs exécutée selon sa » forme et teneur, et à l'effet de quoi, disons que la » dame veuve Menager, ou tous autres, seront tenus » de faire toutes ouvertures de portes, coffres, com-» modes et armoires, sinon qu'elles seront faites par un » serrurier, et en cas de résistance, que M. le juge de » paix pourra requérir la force armée, en nombre suf-» fisant, ce qui sera exécuté nonobstant appel et sans » y préjudicier, et avons signé. »

(Signature du président.)

Et, en conséquence de l'ordonnance qui précède, nous juge de paix, nous sommes ensuite transporté à deux heures précises, en la maison rue de l'Observance, n° 7, où nous avons relevé de leur garde, les gardiens provisoires, après avoir pris d'eux serment qu'ils n'ont vu ni su qu'il ait été , pendant notre absence , détourné aucuns effets de la succession , et que même ils n'ont vu sortir personne de ladite maison (*art.* 917 *C. P.*) ; après quoi ladite veuve Menager nous a requis de faire avant notre apposition de scellés, perquisition du testament qu'elle sait que son mari fait , il y a plus de deux ans , et a signé.　　　　(*Signature de la requérante.*)

Et par ledit sieur Avario , assisté dudit M⁵ D. , son avoué , a été dit qu'il n'empêchait cette perquisition , et a signé avec ledit M⁵ D.

(*Signatures.*)

Obtempérant auquel requisitoire , nous avons fait perquisition dans tous les secrétaires , bureaux et armoires qui nous ont été indiqués par ladite veuve Menager , comme devant contenir le testament annoncé, et nous avons effectivement trouvé dans un secrétaire , placé dans la chambre à coucher du sieur Menager, ayant vue sur la rue de l'Observance , un paquet carré , cacheté de trois cachets de cire rouge et portant pour suscription ces mots : *ceci est mon testament* ; signé Menager , avec paraphe ; l'enveloppe duquel paquet nous avons paraphée avec ledit sieur Avario et la dame veuve Menager , et nous avons indiqué samedi prochain , 12 mars 1808 , heure de midi, pour nous transporter devant M. le Président du Tribunal de première instance du département de la Seine , à l'effet de lui présenter le paquet dont s'agit , pour qu'il en fasse l'ouverture , et ordonne le dépôt du testament qui y est renfermé , et nous avons signé en cet endroit avec les parties comparantes.

(*Signatures.*)

Et comme nous nous disposions à procéder à l'apposition de scellés, la dame veuve Menager nous a déclaré qu'elle s'y opposait et requérait qu'il fût sursis à cette apposition jusqu'après l'ouverture qui sera faite par monsieur le Président, du testament qu'on vient de trouver, et a signé.

(Signature.)

Et par le sieur Avario, assisté comme dessus, a été dit qu'il nous requérait, au contraire, de procéder à l'apposition de nos scellés, que la circonstance du testament trouvé était indifférente et étrangère à ses droits ; que quelles que fussent les dispositions du testament, les créanciers de la succession ne pouvaient voir diminuer leur gage ou leurs créances, et qu'ainsi il n'y avait pas lieu d'accorder de sursis, et a signé avec ledit Me D., son avoué.

(Signatures.)

(*Art.* 921 *C. P.*) « Sur quoi, nous juge de paix, at-
» tendu qu'aux termes de l'art. 921 du Code de Procé-
» dure civile, les obstacles qui se présentent lors des
» opérations de scellés, peuvent être par nous jugés,
» quand il y a péril dans le retard ; attendu que dans
» l'espèce, cette circonstance se rencontre, puisque l'ap-
» position de scellés n'a déjà été retardée que trop long-
» temps ; attendu au surplus que l'existence d'un testa-
» ment, quelles que puissent être les dispositions qu'il
» renferme, ne peut jamais être un obstacle à l'appo-
» sition de scellés qui est requise par un créancier de la
» succession ; attendu les dispositions des précédentes
» ordonnances rendues par M. le Président du Tribunal

10 *

» de première instance du département de la Seine,
» disons qu'il en sera par nous référé à mondit sieur le
» Président, le jour ci-devant indiqué, où nous de-
» vons nous transporter devant lui, pour l'ouverture du
» paquet, et cependant, dès à présent et par provision,
» disons que nous allons procéder et passer outre à
» l'apposition de scellés dont s'agit, et avons signé avec
» le greffier. »

(Signatures.)

Et à l'instant nous avons commencé ladite apposition de scellés, ainsi qu'il suit :

Dans une salle à manger, ayant vue sur la rue Monsieur le Prince,

Nous avons appliqué deux bandes de ruban, l'une portant d'un bout sur le dessus de marbre, traversant les deux grands tiroirs, et portant d'autre bout, sur les pieds d'une commode de bois plaqué, façon de nacre, garnie de mains et anneaux de cuivre, fermée avec la clef, demeurée dans les mains de notre greffier ; l'autre bande portant d'un bout sur le marbre de la commode, et l'autre bout sur le mur auquel elle est appuyée ; aux extrémités de chacune desquelles bandes nous avons mis nos scellés en cire rouge molle, portant pour empreinte notre cachet de juge de paix.

Dans (*chaque chambre.*)

(« *L'évidence se fait au fur et à mesure qu'on* » *passe d'une pièce dans une autre.* »)

Dans le tiroir du bureau, nous avons trouvé la somme de soixante francs quinze centimes, en douze pièces

de cinq francs et monnaie de billon ; laquelle somme
(*art.* 924 *C. P.*) nous avons laissée à ladite dame veuve
Menager, qui s'en est chargée pour servir à fournir aux
dépenses de la maison, et sans que cela puisse lui attribuer d'autre qualité que celle qu'elle jugera à propos de
prendre par la suite, et a signé.

(Signature.)

Lesquels lieux et effets ci-dessus désignés sont tous
ceux à nous indiqués par les comparans, et notamment
par la dame veuve Menager, laquelle, après serment par
elle fait devant nous, et par la demoiselle J., sa domestique, qu'elles n'ont rien détourné, vu ni su qu'il ait été
rien détourné directement ni indirectement des meubles
et effets, et biens de ladite succession, s'est desdits scellés, et de tout ce que dessus volontairement chargée, et
a promis de représenter le tout quand il appartiendra.

Ce fait, le sieur Avario a requis qu'il lui fut délivré
expédition du présent procès-verbal, et il a été remis à
notre greffier dix clefs des serrures sur lesquelles notre
scellé a été apposé ; il a été vaqué à tout ce que dessus,
depuis ce matin neuf heures, jusqu'à   de relevée, et
avons signé avec les parties, Mᵉ D., avoué, et le greffier.

(Signatures.)

(Art. 918 et 919, Code Proc. — 94, Tarif. — Vac, 6 fr.)

Et le samedi 12 mars 1808, à midi, au Palais de
Justice, en la chambre du conseil de la première section
du Tribunal de première instance du département de la
Seine, et devant monsieur B., chevalier de la Légion
d'honneur, et président dudit Tribunal, en présence de
Mᵉ D., avoué du sieur Avario, requérant, et de Mᵉ R.,

avoué de ladite veuve Menager, nous avons fait notre rapport, et présenté le paquet trouvé lors des opérations d'apposition des scellés, et après avoir entendu lesdits Me D. et R., monsieur le Président a rendu l'ordonnance suivante :

« Nous donnons acte de la présentation qui nous a été
» faite d'un paquet carré, cacheté de trois cachets de cire
» rouge, et portant pour suscription : *ceci est mon testa-*
» *ment, signé Menager, avec paraphe* ; et après l'avoir
» ouvert en présence des avoués des parties, nous avons
» trouvé une feuille de papier timbré à vingt-cinq cen-
» times, contenant quarante lignes sur le *recto*, et cin-
» quante sur le *verso*. La première ligne du *recto* conte-
» nant ces mots : *ceci est mon testament que je prie, etc.*,
» et la dernière ligne ces mots : *dix mille livres une fois*
» *payés*. La première ligne du *recto* ces mots : *plus et à*
» *mon ami intime monsieur Picardel*, et la dernière ligne
» ces mots : *mil huit cent six*. Ledit testament en date, à
» Paris, du 3 novembre 1806, signé M. Menager; et après
» avoir paraphé le haut et le bas de chacun des côtés de
» ladite feuille, et bâtonné les blancs qui se sont trouvés
» dans icelle, nous avons ordonné que ledit testament
» serait déposé ès-mains de Me V., notaire impérial, à
» Paris, pour rester au nombre de ses minutes, et en
» délivrer des copies ou expéditions à qui de droit, lequel
» Me V. se chargera dudit testament par acte qui sera
» reçu en la manière accoutumée.

» Nous avons trouvé aussi dans le paquet une feuille
» sous deux bandes, sur l'une desquelles sont ces mots :
» *à remettre après ma mort, à monsieur Charlot, rue*

» *d'Angoulême.* Et attendu les dispositions de l'art. 919
» du Code de Procédure civile, disons que ledit sieur
» Charlot sera sommé de comparaître pardevant nous en la
» chambre du conseil, le jeudi 17 mars présent mois, heure
» de midi, pour être présent à l'ouverture qui sera faite
» par nous de la pièce dont s'agit renfermée sous bandes,
» pour, après la lecture, que nous en prendrons, lui être
» remise, si ladite pièce est étrangère à la succession, et
» sera la sommation donnée par G., huissier-audien-
» cier, que nous commettons à cet effet.

  » Et statuant sur le référé, requis lors de l'apposition
» des scellés par la partie de R., sur lequel monsieur le
» juge de paix a statué provisoirement, se réservant de
» nous en référer, nous, par les motifs exprimés en
» l'ordonnance de mondit sieur le juge de paix, déclarons
» définitive ladite ordonnance pour être exécutée selon sa
» forme et teneur, et avons signé.

(Signature du Président)

  » Et le jeudi, 17 mars 1808, à midi, au Palais de Jus-
» tice, en la chambre du conseil de la première section
» du Tribunal de première instance du département de la
» Seine, et devant monsieur B., chevalier, et président
» dudit Tribunal, en présence de Me D , avoué du sieur
» Avario, requérant l'apposition des scellés, et de Me R.,
» avoué de ladite veuve Menager, et du sieur Charlot,
» demeurant à Paris, rue d'Angoulême, n° 12, compa-
» rant en personne sur la sommation à lui faite en con-
» séquence de notre précédente ordonnance, par exploit
» de G..., huissier-audiencier de ce Tribunal, en date du
»   dûment enregistré, nous avons, en présence

» desdits susnommés, ouvert le paquet sous bandes dont
» s'agit, et après avoir pris lecture de ce qu'il renfermait,
» et qui nous a paru tout-à-fait étranger à la succession
» du sieur Menager, nous avons remis, sans en faire
» connaître le contenu, ledit paquet au sieur Charlot qui
» le reconnaît, et a signé avec nous les jour, mois et an
» susdits. »

(*Signatures du Président et de la partie.*)

Cejourd'hui samedi, 19 mars 1808, devant nous juge
de paix du onzième arrondissement du canton de Paris,
assisté de notre greffier, est comparu ladame veuve du
sieur Menager, dénommée, qualifiée et domiciliée au
procès-verbal d'apposition des scellés des autres parts,
laquelle nous a dit qu'il est à sa connoissance que son
défunt mari était porteur d'un billet de la somme de trois
mille francs environ, souscrit par le sieur Gangulphe,
charpentier, demeurant à Paris, rue du Faubourg St.-
Denis, n° 120, et endossé par le sieur Picardel, de qui
ledit défunt Menager le tenait; qu'elle croit que ledit
billet est payable demain, et doit se trouver dans le
petit secrétaire placé à côté de la cheminée de la chambre
à coucher dudit défunt Menager, et sur lequel nous
avons apposé nos scellés; que pour en obtenir le paiement,
ou le faire protester s'il y a lieu; elle requiert notre transport dans les lieux où nous avons apposé nos scellés pour
que nous puissions lever celui mis sur le secrétaire en
question, et y faire perquisition du billet, afin de le lui
remettre pour en toucher le montant, ou le faire protester faute de paiement, et a signé.

(*Signature de la requérante.*)

« Sur quoi nous juge de paix susdit, et soussigné,
» attendu qu'il est intéressant de pouvoir présenter au
» paiement le billet dont s'agit, attendu qu'il y aurait
» péril dans le retard, et vu les dispositions de l'art. 915
» du Code de Procédure civile, disons que nous allons
» nous transporter à l'instant, avec notre greffier, dans
» la maison rue de l'Observance, n° 7, où est décédé
» ledit sieur Menager, et où nous avons apposé nos
» scellés, pour, sur l'indication qui nous est faite par
» ladite veuve Menager, faire perquisition du billet
» dont s'agit, dans le secrétaire placé dans la chambre à
» coucher, et sur lequel nous avons apposé nos scellés
» comme sur les autres meubles qui ont été susceptibles
» de les recevoir, et avons signé avec le greffier. (*Signatures*)

Et étant arrivé avec notre greffier en la susdite maison,
rue de l'Observance, n° 7, et introduits dans la chambre
à coucher dudit défunt Menager, nous avons reconnus
sains et entiers les scellés par nous apposés sur le secrétaire étant dans ladite chambre, et comme tels levés et
ôtés, et ensuite, à l'aide de la clef du secrétaire restée
entre les mains de notre greffier, nous avons ouvert le dit
secrétaire, fait perquisition du billet annoncé y être renfermé, et nous avons trouvé en effet un billet, en date,
à Paris, du 25 février 1807, de la somme de trois mille
cent cinquante fr., souscrit par le sieur Gangulphe, charpentier, demeurant à Paris, rue du Faubourg St.-Denis,
n° 120, à l'ordre du sieur Picardel, qui l'a passé audit
défunt Menager, ledit billet, causé valeur reçue comptant
et stipulé payable au 20 mars présent mois fixe, et nous
avons remis présentement ce billet à la dame v^e Menager

qui reconnait l'avoir reçu, et s'en charge pour en toucher le montant ou le faire protester, s'il y a lieu, et nous avons aussitôt réapposé nos scellés sur le secrétaire, et nous nous sommes retirés après avoir signé avec ladite dame veuve Menager et notre greffier   (*Signatures.*)

Et le 25 mars 1808, devant nous juge de paix, assisté du sieur   notre greffier, est comparu le sieur Louis Lanneau, menuisier, demeurant à Paris, rue du Fauconnier St.-Paul, n° 6.

Lequel a dit qu'il s'oppose aux reconnaissance et levée des scellés apposés par nous après le décès du sieur Menager, si ce n'est en sa présence où lui dûment appelé, et ce, pour sûreté, conservation et avoir paiement de la somme de deux mille six cents francs, à lui due par ledit défunt Menager, pour le montant d'un arrêté de mémoire d'ouvrages de menuiserie faits pour lui par le comparant, et en date du 7 mars 1806., enregistré à Paris, le lendemain, par   qui a reçu les droits, et a ledit sieur Lanneau signé.   (*Signatures.*)

Sommation à un tiers, d'être présent à l'ouverture d'un paquet qui, par sa suscription, paraît lui appartenir.

(Art. 919, Code Proc. — Art. 29, Tarif par anal. — Coût 2 fr.)

L'an mil huit cent huit, le 2 mars, à la requête du sieur Avario, demeurant à   créancier sérieux et légitime du sieur Menager, décédé à Paris, rue de l'Observance, n° 7, et ayant fait apposer les scellés sur les meubles et effets, titres papiers et renseignemens dépendans de sa succession, par suite de la permission à lui accordée à cet effet ; pour lequel dit sieur Avario, domicile est élu chez Me D. , avoué au Tribunal de première instance du département de la Seine , demeurant à Paris , rue   j'ai , (*immatricule de l'huissier-audiencier*), soussigné , signifié , et avec ces présentes donné copie au sieur Charlot , demeurant à Paris , rue d'Angoulème , en son domicile , en parlant à

D'une ordonnance de monsieur le Président du Tribunal de première instance du département de la Seine , en date du   dûment enregistrée , étant ensuite du procès-verbal de l'apposition des scellés , faite après le décès dudit sieur Menager , et en date   au commencement du 10 mars 1808 , aussi dûment enregistré , à ce que du contenu en ladite ordonnance le sus-nommé n'ignore , et en conséquence d'icelle , et à pareilles requête , demeure et élection de domicile que dessus , j'ai , huissier-audiencier susdit et soussigné , fait sommation audit sieur Charlot , en son domicile , et parlant comme dessus , de comparaître jeudi prochain 17 mars 1808 , onze heures du matin , pardevant monsieur le Président du Tribunal de première instance du département de la Seine , en la chambre du conseil de la première section dudit Tribunal à Paris , au palais de Justice.

Pour , si bon lui semble , assister à l'ouverture qui sera faite , par mondit sieur le Président , d'un paquet renfermé sous deux bandes , et portant sur l'une d'elles ces mots : *à remettre après ma mort , à monsieur Charlot , rue d'Angoulème ;* ledit paquet trouvé lors de l'apposition des scellés , faite après le décès dudit sieur Menager , pour , après lecture prise par monsieur le Président du contenu au paquet , être icelui remis audit sieur Charlot , si les papiers qui y sont renfermés sont étrangers à la succession dudit sieur Menager, à ce que pareillement le sus-nommé n'en ignore, lui déclarant que faute par lui de comparaître, il sera procédé à l'ouverture dudit paquet, tant en absence que présence, et statué ce qu'il appartiendra, et j'ai, au sus-nommé, en son domicile et parlant comme dessus, laissé copie certifiée, etc., etc., de l'ordonnance sus-énoncée, et du présent exploit dont le coût est de

Procès-verbal de Carence.

(Art. 924, Code Proc. — Art. 1, Tarif. — Chaque Vac. du juge de paix, 5 fr., Greffier, le tiers.)

L'AN mil huit cent huit, le jeudi dix mars, neuf heures du matin, et pardevant nous   .   juge de paix du onzième arrondissement du canton de Paris, département de la Seine, et en notre bureau sis à Paris, rue assisté du sieur   notre greffier, est comparue la dame Louise-Germaine Laurenceau, fille majeure, demeurant à Paris, rue de l'Observance, n° 7.

Laquelle nous a dit que le sieur Paul Menager, rentier, dont elle était domestique, vient de décéder susdite rue de l'Observance, n° 7, dans la maison appartenant au sieur Paulinet, et dans laquelle il occupait une chambre au quatrième étage.

Qu'elle ignore s'il laisse des héritiers, et que voulant dans tous les cas se garantir du soupçon de spoliation, elle nous requiert de nous transporter dans ladite maison, pour dresser, attendu le peu d'effets que laisse le défunt, un procès-verbal de Carence, et a signé.

(*Signature de la requérante.*)

Sur quoi, nous juge de paix susdit et soussigné, obtempérant à la réquisition ci-dessus, nous sommes à l'instant transporté avec notre greffier en ladite maison, où étant arrivés et montés au quatrième étage, entrés en une chambre éclairée par une fenêtre sur la rue de l'Observance, où la demoiselle Laurenceau nous a dit que demeurait et était décédé ledit sieur Menager, nous y avons trouvé le sieur Louis Paulinet, propriétaire de ladite maison, et y demeurant, qui nous a dit que la chambre où nous étions était effectivement celle où le sieur Menager demeurait, et pour la location de laquelle il lui devait quatre-vingt fr., pour les deux termes échus le premier janvier dernier, sans préjudice du terme courant à son échéance, et a signé.

(*Signature.*)

Nous avons trouvé dans cette chambre, et sur un lit de sangle, un cadavre qu'on nous a dit être celui dudit sieur Menager, et ensuite nous avons décrit les objets qui se sont trouvés en ladite chambre, et qui sont : le lit de sangle composé d'une paillasse, de deux matelas, un traversin, une paire de draps et une couverture de coton trouée en plusieurs endroits, deux chemises, un habit de drap noir usé, gilet et culotte, une mauvaise paire de bas de soie, et une paire de souliers usés, une table, et trois chaises foncées de paille.

Ce fait, et ne s'étant plus rien trouvé à comprendre

au présent procès-verbal, et après que la demoiselle Laurenceau et le sieur Paulinet, ont chacun individuellement prêté en nos mains le serment de n'avoir rien pris, détourné, ni su qu'il ait été rien détourné directement et indirectement des meubles, effets, et biens de ladite succession ; nous avons laissé les meubles et effets ci-dessus à la garde dudit sieur Paulinet, qui s'en est volontairement chargé, et a promis représenter le tout quand et ainsi qu'il appartiendra.

Il a été vacqué à tout ce que dessus, depuis ladite heure de   du matin, jusqu'à celle de   et avons signé avec la demoiselle Laurenceau, le sieur Paulinet et notre greffier.

(Signatures.)

<hr>

DES OPPOSITIONS AUX SCELLÉS.

Opposition aux scellés, par exploit.

(Art. 926, Code Proc. — Art. 821, Cod. Napol. — Art. 21, Tarif. — Coût, 1 fr. 50 c.)

L'AN mil huit cent huit, le   mars, à la requête du sieur Bellanger, propriétaire, demeurant à Rouen, rue des Carmes, n° 6, et pour lequel domicile est élu en la demeure de Mᵉ P., homme de loi, sise à Paris, rue St.-Jacques, n° 7, j'ai, (*huissier-audiencier de la Justice de paix*), soussigné, signifié et déclaré à monsieur

d'Herbot, greffier de la justice de paix du onzième arrondissement de Paris, en son greffe, sis   en parlant à

Que ledit sieur Bellanger est opposant, comme par
ces présentes il s'oppose à ce qu'il soit procédé, si ce
n'est en sa présence, ou lui dûment appelé, aux reconnaissance et levée des scellés apposés par monsieur le
juge de paix du onzième arrondissement de Paris, après
le décès dudit sieur Menager, en sa demeure sise à Paris,
rue de l'Observance, n° 4.

Et ce, pour sûreté, conservation, et avoir paiement de la
somme de deux cents fr., avancés manuellement par le
requérant audit défunt Menager, sans préjudice de tous
autres dus, droits ,actions, intérêts, frais et dépens ;
à ce que mondit sieur le greffier n'en ignore, lui déclarant que ledit sieur Bellanger proteste, dès à présent, de
nullité de tout ce qui serait fait au préjudice de la présente opposition, et même de prendre à partie tous officiers qui passeraient outre ; et je lui ai, en son greffe et
parlant comme dessus, laissé copie du présent exploit
dont le coût est de

Aux termes de l'art. 21 du Tarif, cette opposition doit
être faite par un huissier-audiencier de la justice de paix.
(Voir modèle de l'art. 954 pour les oppositions en sous-ordre.)

TITRE II.

DE LA LEVÉE DU SCELLÉ.

Requête à fin d'avoir permission de lever les scellés, avant le délai fixé par la loi.

(Art. 928, Cod. Proc. — Art. 77 , Tarif. — Coût, 3 fr.)

A Monsieur le Président du Tribunal de première instance du département de la Seine, Chevalier de la Légion d'honneur.

Louise Marguerite Samson , veuve de Paul-Joseph Cabaret , demeurant à Paris, quai de la Grève, n° 2.

Expose qu'après le décès de son mari, qui a été inhumé le 10 février 1808, les scellés ont été apposés hier 11 février , en sa demeure sise sur ledit Port au Blé , quai de la Grève , n° 2, par monsieur le juge de paix du neuvième arrondissement de Paris.

Mais que les eaux de la rivière , qui augmentent d'heure en heure , menacent les lieux où les scellés ont été apposés, et que dans cette circonstance, il devient urgent de procéder sur-le-champ à leurs reconnaissance et levée, et de suite à l'inventaire des objets mis sous les dits scellés.

Pourquoi, ce considéré, monsieur le Président, il vous plaira, vu l'urgence , ordonner qu'à la requête de ladite veuve Cabaret, il sera procédé dans le jour, par monsieur le juge de paix de l'arrondissement, aux reconnaissance et levée des scellés apposés par lui, après le décès dudit sieur Cabaret; et attendu que le défunt laisse pour seuls et uniques héritiers : 1° le sieur Paul-Laurent Cabaret; 2° et le sieur Paulin Cabaret, ses frères, demeurans tous deux à Rouen, département de la Seine-Inférieure, commettre un notaire pour les représenter auxdites reconnaissance, levée de scellés, inventaire et vente du mobilier qui pourra être faite, et vous ferez justice.

Requête pour faire commettre un notaire à l'effet de représenter les absens et défaillans.

[(Art. 931 et 942, Code Proc. — Art. 76, Tarif. — Coût, 2 fr.)

A Monsieur le Président du Tribunal de première instance du département de la Seine, Chevalier de la Légion d'honneur.

Le sieur Avario, demeurant à Versailles, créancier sérieux et légitime de la succession du sieur Ménager,

Expose, qu'a sa requête, les scellés ont été apposés après le décès dudit sieur Ménager, en sa demeure, sise à Paris, rue de l'Observance, n° 7, par M. le juge de paix du onzième arrondissement du canton de Paris, suivant son procès-verbal en date au commencement du   dûment enregistré;

Que, désirant aujourd'hui, faire procéder aux reconnaissance et levée desdits scellés, et de suite à l'inventaire des meubles et effets, titres, papiers et renseignemens de la succession, il devient nécessaire de faire

11

représenter le sieur Duroc, demeurant à Rou en, et le sieur Lenormand, demeurant à Lyon, présomptifs héritiers, chacun pour un tiers dudit défunt Ménager, et encore des autres parties qui, ayant droit d'assister à l'inventaire, et devant être appelées, feraient défaut;

Pourquoi ce considéré, il vous plaira, monsieur le Président, aux termes des articles 931 et 942 du Code de Procédure civile, commettre un notaire pour représenter lesdits sieurs Duroc et Lenormand, et encore les autres parties qui ont droit d'assister à l'inventaire, et qui féraient défaut sur la sommation à eux préalablement faite en la manière accoutumée, aux reconnaissance, levée de scellés et inventaire dont s'agit, et à la vente du mobilier qui pourra avoir lieu par suite, et vous ferez justice.

On entend ici par *absens* ceux qui sont éloignés du lieu de l'ouverture de la succession de plus de cinq myriamètres.

Lorsqu'il n'y a pas d'absens, les défaillans, lors de la levée des scellés, sont représentés par un notaire nommé sur requête semblable à celle-ci dessus.

Sommation d'assister à la levée de scellés.

(Art. 931, Code de Proc. — Art. 21. du Tarif. — Coût, 1 fr. 50 c.)

L'an mil huit cent huit, le 20 mars, en conséquence de l'ordonnance de monsieur le juge de paix du onzième arrondissement du canton de Paris, en date du   étant ensuite du réquisitoire, à fin de reconnaissance et levée de scellés dont sera ci-après parlé, desquels réquisitoire et ordonnance est avec ces présentes, donné copie; et à la requête du sieur Avario, demeurant à Versailles, et créancier sérieux et légitime de défunt Ménager, ci-après nommé, et en cette qualité, ayant fait apposer les scellés après son décès, pour lequel dit sieur Avario, domicile est élu chez Me D., homme de de loi, rue   j'ai (*immatricule de l'huissier-audiencier de la justice de paix*) soussigné, fait sommation : 1º à la dame Marguerite, veuve Ménager, en son nom, à cause de la communauté de biens qui a subsisté entr'elle et son défunt mari, demeurant à Paris, rue de l'Observance, nº 7, en son domicile, en parlant à

2º Au sieur Blainville, héritier présomptif pour un tiers, dudit défunt Ménager, demeurant à Saint-Denis, près Paris, où je me suis exprès transporté en son domicile, en parlant à

3º A Me B., notaire impérial à Paris, nommé par ordonnance de M. le Président du Tribunal de première instance du département de la Seine, en date du étant au bas de la requête présentée le même jour, et desquelles requête et ordonnance est, avec ces présentes, donné copie audit Me B., pour représenter aux opérations ci-après énoncées, tant les sieurs Duroc et Lenormand, présumés absens, que les autres parties appelées qui feraient défaut, demeurant ledit Me B., rue en son domicile, en parlant à

4º Et au sieur Bellant, créancier opposant aux reconnaissance et levée des scellés apposés après le décès dudit Ménager ; lui demeurant à Rouen, au domicile élu par son opposition, à Paris, en la demeure de audit domicile, en parlant à

11 *

De comparaître et se trouver, mardi prochain, cinq avril 1808, cinq heures de relevée, en la demeure où est décédé le sieur Ménager, sise à Paris, rue de l'Observance, n° 7, pour être présens aux reconnaissance et levée des scellés apposés après le décès dudit sieur Ménager, et en sa demeure, par monsieur le juge de paix du onzième arrondissement de Paris, et à l'inventaire des titres, pièces, papiers et renseignemens, dépendans de la succession dudit sieur Ménager, ainsi qu'aux prisée et estimation des objets qui en sont susceptibles, le tout par les officiers choisis par les parties, sinon qui seront nommésd'office, à ce que du tout les sus-nommés n'ignorent ; leur déclarant que faute de comparaître, il sera contr'eux, donné défaut, et que la veuve Ménager et le s[r] Blainville, seront représentés auxditesopérations par Me B. notaire nommé d'office à cet effet, par M. le Président du Tribunal de première instance du département de la Seine, par ordonnance du   et j'ai, aux sus-nommés, domiciles, et parlant comme dessus, laissé à chacun séparément, copie des requisitoire et ordonnance de monsieur le juge de paix et du présent exploit, plus, à M[c] B, des requête et ordonnance sus-énoncées ; le coût du présent estde

Opposition en sous-ordre à la levée des scellés. |

(Argum. de l'art. 934, Cod. Proc— Art. 21, Tarif par analogie. —Coût, 1 fr.50 c.)

L'AN mil huit cent huit, le   mars, à la requête du sieur Blanchard, demeurant à Rouen, créancier sérieux et légitime du sieur   Avario, marchand fripier, demeurant à Versailles , département de Seine et Oise, d'une somme de   montant d'une obligation par lui souscrite au profit du requérant , par acte passé devant R. , qui en a gardé minute , et son collègue, notaires à Paris , le   dûment enregistré , et en cette qualité , *ledit sieur Blanchard exerçant les droits de son débiteur*, lequel fait élection de domicile en la demeure de Me P., homme de loi , sise à Paris , rue Saint-Jacques , n° 11 , j'ai, (*immatricule de l'huissier de la justice de paix*) sous-signé , signifié et déclaré à monsieur   greffier de la justice de paix du onzième arrondissement de Paris , en son greffe, sis   en parlant à

Que ledit sieur Blanchard, pour la conservation des droits de son débiteur, est opposant, comme par ces présentes , il s'oppose à ce qu'il soit procédé , si ce n'est en la présence du *sieur Avario ou de lui Blanchard*, aux reconnaissance et levée des scellés apposés par mon-sieur le juge de paix du onzième arrondissement de Paris , après le décès du sieur Ménager , rentier , en sa demeure , sise rue de l'Observance , n° 7. *La présente opposition faite pour sûreté et conservation de la somme de trois mille cinq francs , dûe par le défunt Ménager , audit sieur Avario*, pour différentes fournitures qu'il lui a faites en l'année 1807, et au commencement de l'an-née 1808, sans préjudice d'autres droits , dûs , actions, intérêts, frais, dépens et mises d'exécution ; à ce que mondit sieur le greffier n'en ignore ; lui déclarant que ledit sieur Blanchard proteste dès à présent de nullité de tout ce qui serait fait au préjudice de la présente oppo-sition, laquelle tiendra sur les sommes qui pourront revenir audit sieur Avario, comme créancier de la succession du sieur Ménager ; à ce que pareillement mondit sieur le greffier n'en ignore, et je lui ai, en son greffe, et parlant comme dessus, laissé copie du présent exploit, dont le coût est de

Réquisition de levée de scellés.

(Art. 931, Cod. Proc. — Art. 94, Tarif. — Vacat. à l'avoué, 6 fr.)

Et le   avril mil huit cent huit, devant nous juge de paix du onzième arrondissement de Paris, assiste du sieur   notre greffier, et en notre bureau, est comparu le sieur   Avario, dénommé, qualifié, et domicilié, au procès-verbal des autres parts ; (celui d'apposition des scellés)

Lequel, assisté de Me D., avoué au Tribunal de première instance du département de la Seine, nous a dit que, comme depuis l'instant où il a fait apposer les scellés, après le décès de son débiteur, sa veuve et ses héritiers n'ont fait aucune diligence pour les faire lever, et qu'il est cependant de l'intérêt de lui comparant, de faire procéder aux reconnaissance et levée desdits scellés, et en même temps, à l'inventaire de tous les meubles et effets, titres, papiers et renseignemens dépendans de la succession dudit sieur Ménager, et aux prisée et estimation de ceux des effets qui en seront susceptibles ; il nous requérait en conséquence de lui délivrer une ordonnance indicative des jour et heure où il sera par nous, procédé auxdites reconnaissance et levée de scellés, et a ledit sieur Avario, signé avec ledit Me D., son avoué.

(Signatures.)

« Sur quoi, nous juge de paix susdit et soussigné,

» faisant droit sur le réquisitoire ci-dessus, disons que
» mardi prochain   avril 1808, à cinq heures de
» relevée, nous nous transporterons dans la maison,
» rue de l'Observance, n° 7, où nous avons apposé
» nos scellés, après le décès, et dans la demeure du sieur
» Ménager ; pour, en présence des parties intéressées,
» ou elles dûment appelées et représentées, être pro-
» cédé par nous aux reconnaissance et levée de nos scel-
» lés, et être procédé également à fur et à mesure de
» la levée desdits scellés, et par les officiers qui seront
» choisis par les parties ou d'office à l'inventaire de tout
» ce qui se trouvera sous les scellés et en évidence, et
» aux prisée et estimation de ce qui en sera susceptible,
» et avons signé avec notre greffier, les jour, mois et
» an susdits. »   (*Signatures.*)

Ce réquisitoire et cette ordonnance se mettent à la suite
du procès-verbal d'apposition de scellés.

Procès-verbal de levée de scellés.

(Art. 936, Code Proc. — Art. 1, 2, et 3, Tarif. — Vac. du Juge de
paix, 5 fr. — Vac. du greffier, le tiers.).

ET ledit jour mardi   mil huit cent huit, cinq
heures de relevée, nous   juge de paix du onzième
arrondissement de Paris, assisté du sieur   notre
greffier, en conséquence de l'ordonnance délivrée par
nous, le   et étant ensuite du réquisitoire du
sieur Avario, ci-après nommé, nous sommes transporté
en la demeure où est décédé ledit sieur Ménager, sise à
Paris, rue de l'Observance, n° 7, où étant arrivés,
devant nous sont comparus :

Le sieur   Avario, demeurant à Versailles, élisant domicile à Paris, en la demeure de Mᵉ D. , avoué, sise rue   créancier sérieux et légitime du défunt sieur Ménager, en cette qualité, ayant fait apposer les scellés après son décès, et requérant actuellement leur levée ;

Lequel, assisté de Mᵉ D. , son avoué, nous a remis : 1° l'exploit de   huissier-audiencier de notre justice de paix, en date du   dûment enregistré, contenant sommation, à la requête dudit sieur Avario, à (*rappeler les noms et qualités des personnes sommées*),

De comparaître à ces jour, lieu et heure, pour être présens aux reconnaissance et levée de nos scellés, et à l'inventaire des titres, pièces, papiers et renseignemens, dépendans de la succession dudit sieur Ménager, ainsi qu'aux prisée et estimation des objets qui en seraient susceptibles, le tout par les officiers qui seraient choisis par les parties ou nommés d'office ; ledit exploit contenant déclaration aux sus-nommés, que faute de comparaître, il serait contr'eux donné défaut, et que la dame veuve Ménager et le sieur Blainville seraient représentés auxdites opérations, par Mᵉ B. , notaire, commis à cet effet par monsieur le Président du Tribunal de première instance ; 2° et l'ordonnance de mondit sieur le Président du Tribunal de première instance du département de la Seine, en date du   enregistrée, étant au bas de la requête présentée le même jour, et portant nomination de Mᵉ B., notaire impérial à Paris, pour représenter aux opérations de reconnaissance, levée de scellés et inventaire dont s'agit, et à la vente du mobilier qui pourra s'en suivre, le sieur Duroc, demeurant à Rouen, et le sieur Lenormand, demeurant à Lyon, présomptifs héritiers, chacun pour un tiers du sieur Ménager, et encore les autres parties ayant droit d'assister à l'inventaire, et qui feraient défaut sur sommation à eux préalablement faite; lesquelles sommation, requête et ordonnance sont demeurées, ci-annexées; nous requérant en conséquence ledit sieur Avario de procéder aux reconnaissance et levée de nos scellés, pour qu'il soit de suite, et au fur et à mesure, procédé à l'inventaire de tout ce qui se trouvera sous lesdits scellés et en évidence, et a ledit sieur Avario, signé avec ledit Me D., son avoué.

(*Signatures.*).

Est ensuite comparue la dame Marguerite, veuve Ménager, demeurant susdite rue de l'Observance, n° 7, stipulant, à cause de la communauté de biens qui a subsisté entr'elle et son défunt mari, aux termes de leur contrat de mariage; laquelle communauté elle se réserve d'accepter ou de répudier ;

Laquelle nous a dit qu'elle ne s'opposait pas à ce qu'il fût par nous, procédé aux reconnaissance, levée de scellés et inventaire dont s'agit, et qu'elle indiquait pour notaire, la personne de Me C., et pour commissaire-priseur, Me M. ; offrant de représenter les scellés sains et entiers, ainsi que les meubles et effets en évidence, confiés à sa garde; et a signé.

(*Signatures.*)

Sont aussi comparus : 1° le sieur Blainville, demeurant à Saint-Denis, près Paris ;

2° Et Me B., notaire impérial à Paris, y demeurant,

rue   nommé par ordonnance de monsieur le Président du Tribunal de première instance du département
de la Seine, en date du   dûment enregistrée, pour
représenter aux opérations de reconnaissance, levée de
scellés, inventaire et vente du mobilier dont s'agit ; le
sieur Duroc, demeurant à Rouen, et le sieur Lenormand, demeurant à Lyon. Lesdits sieurs Blainville, Duroc et Lenormand, habiles à se dire et porter héritiers,
chacun pour un tiers dudit défunt sieur Ménager, leur
oncle maternel ; lesquels sieur Blainville, et Mᵉ B., audit nom, nous ont dit qu'ils ne s'opposent pas à ce
qu'il soit procédé aux reconnaissance, levée de scellés
et inventaire dont s'agit, mais qu'ayant, comme la
dame veuve Ménager, le droit de choisir les officiers qui
doivent procéder aux inventaire et prisée, ils déclarent
choisir pour notaire Mᵉ H. l'ainé, et consentir que ce
soit Mᵉ M. commissaire-priseur, choisi par la dame
veuve Ménager, qui fasse la prisée, et ont signé, en requérant qu'il en fût référé devant monsieur le Président
du Tribunal, dans le cas où ladite dame veuve Menager
persisterait dans son choix.

(Signatures.)

Et par ladite dame veuve Menager été répondu que
si elle fait choix de Mᵉ C., notaire, pour faire l'inventaire dont s'agit, c'est qu'elle a cru qu'ayant été notaire
du défunt, il pouvait mieux qu'un autre connaître les
affaires de la succession, et que par ce motif, elle per-
siste dans le choix par elle fait dudit notaire, et a signé.

(Signature.)

Est aussi comparu Mᵉ P., avoué au Tribunal de première instance du département de la Seine , et du sieur Louis - Philippe Bellant , propriétaire , demeurant à Rouen , rue des Carmes , n° 6 ;

Lequel a dit que ledit Bellant est créancier du défunt Menager , de la somme de deux cent francs , pour argent par lui avancé manuellement audit défunt , et dont les registres courans de ce dernier doivent faire foi , et a , ledit Me P. , déclaré qu'il ne s'opposait pas à ce qu'il fût en sa présence , comme avoué , plus ancien des opposans , procédé aux reconnaissance et levée des scellés dont s'agit , et a signé.

(Signature.)

Est comparu Me G. , avoué au même Tribunal de première instance du département de la Seine , et du sieur Louis Lanneau , menuisier , demeurant à Paris , rue du Fauconnier-Saint-Paul , n° 6 ;

(*Art.* 932.) Lequel a dit que sa partie est créancière de la succession dudit Menager , d'une somme de deux mille six cents francs , pour le montant d'un arrêté de mémoire d'ouvrages de menuiserie , faits pour le compte dudit défunt, par le sieur Lanneau , et en date, à Paris , du 7 mars 1806 , enregistré le lendemain , que c'est pour sûreté , conservation et avoir paiement de ladite somme , que sa partie a formé opposition aux reconnaissance et levée des scellés par nous apposés , que cependant il n'entend aucunement s'opposer à nos opérations, pourvu qu'elles se fassent en sa présence, comme avoué du seul opposant qui ait un titre ; et a signé.

(*Signature.*)

Sur quoi, nous juge de paix susdit et soussigné, avons donné acte aux parties, de leur comparution, offres, dires et requisitions ; et encore au sieur Avario, de la remise par lui à nous faite de l'original de sommation et des requête et ordonnance sus-énoncées ; et attendu que les parties ne sont pas d'accord sur le choix du notaire qui doit procéder à l'inventaire, et que les avoués des opposans sont en concurrence, disons qu'il en sera référé par nous à monsieur le Président du Tribunal de première instance du département de la Seine, demain, heure de midi, en la chambre du conseil dudit Tribunal, où les parties ont déclaré qu'elles comparaîtraient ; et ont signé avec nous et le greffier, les jour, mois et an susdits.

(Signatures.)

Art. 925, Code Proc. — Art. 16 et 94, Tarif.) — Vac. du Juge de de paix, 2 fr. — Vac. des avoués, 6 fr.)

Et, le   à midi, au Palais de Justice, en la chambre du conseil de la première section du Tribunal de première instance du département de la Seine, et devant M. B., président dudit Tribunal, en présence de : 1º Me D., avoué du sieur Avario, requérant la levée des scellés ; 2º Me R., avoué de la dame veuve Ménager ; 3º Me A. avoué du sieur Blainville et de Me B., notaire, commis pour représenter les sieurs Duroc et Lenormand, présumés absens ; 4º Me P., avoué du sieur Bellanger opposant ; et 5º Me G.,   avoué du sieur Lanneau, autre opposant, nous avons fait notre rapport à monsieur le Président, des difficultés qui se sont élevées entre les parties, et après avoir entendu les avoués de chacune desdites

parties, monsieur le Président a rendu l'ordonnance suivante :

« Nous, attendu qu'il paraît que c'est Me C., notaire
» qui avait toute la confiance du défunt, et qui, à ce
» titre, peut connaître mieux que tous autres les affaires
» de sa succession; attendu, d'un autre côté, que l'af-
» faire n'est pas de nature à exiger deux notaires.

» Attendu que Me G., quoique moins ancien que M^e
» P., étant porteur d'un titre, doit être préféré à M^e P.
» qui n'en représente pas; disons qu'il sera procédé aux
» reconnaissance et levée des scellés dont s'agit en la
» manière accoutumée, et à l'inventaire par Me C., no-
» taire impérial, à Paris, que nous commettons d'of-
» fice à cet effet et à la prisée des effets y sujets par M^e
» M., commissaire-priseur dont les parties sont con-
» venues, et que Me G., avoué, assistera auxdites opé-
» rations pour tous les opposans, ce qui sera exécuté
» nonobstant et sans préjudice de l'appel, et avons
» signé. »

(*Signature du président.*)

Et, le   mars mil huit cent huit, cinq heures de
relevée, nous juge de paix du onzième arrondissement
de Paris, assisté du sieur   notre greffier, en conséquence de l'indication par nous verbalement faite, nous
sommes transportés en la demeure où est décédé ledit
sieur Ménager, sise à Paris rue de l'Observance, n° 7,
où étant arrivés, devant nous sont comparus.

Ledit sieur Avario, ci-devant nommé, qualifié et domicilié; requérant la levée des scellés apposés à sa requête
après le décès dudit sieur Ménager, lequel assisté de M^e

D. avoué, a dit qu'il nous requérait de procéder de suite aux reconnaissance et levée des scellés apposés après le décès du sieur Menager, à fin qu'il soit aussi procédé à l'inventaire de tout ce qui se trouvera sous les scellés et en évidence par M*C ., notaire impérial à Paris, nommé d'office à cet effet, par l'ordonnance sur référé dudit jour   et à la prisée des effets qui y sont sujets, par Me M., commissaire-priseur dont les parties sont convenues, et a, ledit sieur Avario, signé avec ledit Me D. son avoué.

(*Signatures.*)

La dame Marguerite veuve Menager, demeurant susdite rue de l'Observance, n° 7, stipulant à cause de la communauté de biens qui a subsisté entre elle et son défunt mari, aux termes de leur contrat de mariage, laquelle communauté elle se réserve d'accepter ou de répudier.

Laquelle a dit qu'elle consentait qu'il fut procédé aux reconnaissance et levée de nos scellés, qu'elle était prête et offrait de nous représenter sains et entiers, comme aussi qu'il fut procédé aux inventaire et prisée des meubles et effets dépendans des succession et communauté, et a signé.

(*Signature.*)

Sont aussi comparus : 1° le sieur Blainville, demeurant à St.-Denis, près Paris ; 2° et Me B., notaire impérial à Paris, y demeurant, rue   nommé par ordonnance de M. le Président du Tribunal de première instance du département de la Seine, en date du   dûment enregistrée pour représenter aux reconnaissance, levée de scellés, inventaire et vente mobilière dont s'agit, les sieurs Duroc et Lenormand, présumés absens. Lesdits sieurs Blainville, Duroc et Lenormand présomptifs héritiers, chacun pour un tiers dudit défunt Menager, leur oncle maternel.

Lesquels ont dit qu'ils comparaissaient pour assister aux opérations de reconnaissance, levée de scellés et inventaire auxquelles il va être procédé, et ont signé.

(Signatures.)

Et enfin, est comparu Me G., avoué au Tribunal de première instance du département de la Seine, et du sieur Louis Lanneau, dénommé, qualifié et domicilié au procès-verbal de la précédente vacation et encore ledit Me G., au nom et comme stipulant, comme avoué plus ancien des opposans.

Lequel, en se référant, au dire par lui fait en la précédente vacation, a dit qu'il comparaissait pour, en sadite qualité, assister aux opérations dont s'agit, et a signé.

(Signature.)

Sur quoi nous, juge de paix, susdit et soussigné, avons donné acte aux parties de leurs comparutions, dires et réquisitions, et notamment à la dame veuve Menager de ses offres; en conséquence, disons qu'il va être par nous procédé aux reconnaissance et levée des scellés pour qu'il soit de suite, par les officiers ci-devant nommés, procédé aussi à l'inventaire et fidelle description dont s'agit et à la prisée des objets qui en seront susceptibles, le tout à la conservation des droits respectifs des parties et de tous autres qu'il appartiendra, et nous avons signé avec le greffier. (Signatures.)

En exécution de laquelle ordonnance il a été par nous, et par lesdits officiers, procédé ainsi qu'il suit :

Il a d'abord été procédé à l'inventaire, description et prisée des meubles et effets en évidence qui se sont trouvés dans les lieux où nous sommes.

Et de suite nous avons reconnu sains et entiers et comme tels, levés et ôtés nos scellés apposés sur une commode à dessus de marbre, étant dans la salle à manger, et fait ouverture de ladite commode avec la clef, étant en nos mains.

(On désigne ainsi tous les meubles desquels on ôte les scellés qui y avaient été apposés.)

Et il a été procédé par lesdits officiers à l'inventaire, description et prisée de tout ce qui s'est trouvé sous lesdits scellés.

(*Article* 944 *Code de Procédure*). En procédant, la dame veuve Ménager nous a dit que comme elle se réservait de prendre dans le délai déterminé par la loi, telle qualité qu'elle aviserait dans la communauté de biens qui a subsisté entre elle et son défunt mari, et que, cependant il était nécessaire de procéder à la vente du mobilier, dépendant de la communauté et de la succession, comme aussi de faire les recouvremens de ce qui peut être dû, elle nous requiert d'introduire à cet effet un référé devant monsieur le Président du Tribunal, à fin d'obtenir ces diverses autorisations, sans qu'elles puissent attribuer à aucune des parties d'autres qualités dans les succession et communauté dont s'agit

que celles qu'elles pourront prendre par la suite et à, ladite dame veuve Ménager, signé.

(*Signature.*)

Et, par ledit sieur Blainville et ledit Me B., notaire ès-
noms qu'il agit, ledit sieur Avario et ledit Me G., audit nom, a été dit en réponse au réquisitoire ci-dessus,
qu'ils n'empêchent qu'il soit introduit un référé pour
obtenir les autorisations de vendre le mobilier et de faire
les recouvremens, et ont signé.

(*Signatures.*)

Obtempérant auquel réquisitoire, disons qu'il en sera
référé par nous, à monsieur le Président du Tribunal de
première instance du département de la Seine, le   en
la chambre du conseil de la première section dudit Tribunal, à Paris, au Palais de Justice.

Ce fait après qu'il a été vacqué à tout ce que dessus,
et audit inventaire, jusqu'à   par double vacation
nous avons remis pour continuer les opérations au
et la dame veuve Ménager s'est chargée de tout le contenu en l'inventaire, pour en faire la représentation
quand et à qui il appartiendra, et nous avons signé avec
les parties.   (*Signatures*).

Et, le   à midi, au Palais de Justice, en la chambre
du conseil de la première section du Tribunal de première
instance du département de la Seine, et devant monsieur
le Président dudit Tribunal, en présence de Me D.,
avoué du sieur Avario; R., avoué de ladite veuve Ménager; A., avoué du sieur Blainville et de Me B., notaire, commis pour représenter les sieurs Duroc et Lenormand et G., avoué plus ancien des opposans, nous

avons fait notre rapport et après avoir entendu les avoués de chacune desdites parties, monsieur le Président a rendu l'ordonnance suivante :

« Nous, au principal, renvoyons les parties à se pour-
» voir, et cependant dès à présent, et par provision, en
» ce qui touche la demande à fin de vente du mobilier;
» attendu qu'il est nécessaire d'y procéder pour parvenir
» au paiement des dettes ordinaires et privilégiées; au-
» torisons ladite veuve Ménager à faire procéder à la
» vente de tous les meubles et effets, linge, hardes, bi-
» joux, inventoriés et à inventorier dépendans de la suc-
» cession dudit sieur Ménager et de la communauté de
» biens, qui a subsistée entre lui et la dame restée sa
» veuve, et ce, par le ministère de M⁰ M., commissaire-
» priseur qui en a fait la prisée ; lequel, nous autorisons
» à payer sur les deniers qui proviendront de ladite vente,
» les frais de scellés, d'inventaire, prisée, de vente, vaca-
» tions des officiers qui y auront procédé et assisté, l'ex-
» pédition du procès-verbal d'apposition et de recon-
» naissance et levée des scellés, si elle est expressément
» requise par ladite partie de D. ; les frais de la dernière
» maladie, ceux funéraires, les loyers et contributions
» et généralement toutes créances privilégiées ainsi que
» les droits de mutation.

» Et, en ce qui touche la demande à fin de recou-
» vremens, attendu qu'il importe de faire ces recouvre-
» mens sans délai, et que personne ne s'oppose à ce que
» la dame veuve Ménager en ait le soin ; l'autorisons pro-
» visoirement à faire le recouvrement de toutes sommes
» dues, àquelque titre que ce soit, à la succession dudi t

» Ménager et à la communauté de biens qui a subsisté
» entre lui et ladite dame sa veuve; en conséquence, à
» compter avec tous débiteurs et créanciers desdites suc-
» cession et communauté, entendre, clore, débattre et
» arrêter leurs comptes et notamment celui du commis-
» saire-priseur qui aura procédé à ladite vente, arrêter,
» fixer et toucher tous reliquats, en donner quittances et
» décharges, donner et recevoir tous congés, louer les
» lieux aux prix et conditions les plus avantageuses,
» prendre tous arrangemens convenables.

» Et à l'effet de ce que dessus, citer et comparaître
» devant tous Tribunaux de paix et de conciliation,
» s'y concilier, si faire se peut, composer, traiter, tran-
» siger, sinon, former toutes demandes, défendre à cel-
» les qui seraient intentées, constituer avoués et défen-
» seurs; les révoquer, en constituer d'autres ; plaider,
» opposer, appeler, obtenir tous jugemens, les faire
» exécuter ou s'en désister, former toutes oppositions,
» prendre toutes inscriptions hypothécaires en donner
» mains-levées, et consentir la radiation, élire domicile
» et généralement faire tous actes de gestion et d'admi-
» nistration provisoires, le tout sans que les vente et au-
» torisations qui viennent, d'être ordonnées et accordées
» puissent attribuer à la dame veuve Ménager, d'autre
» qualité que celle qu'elle jugera à propos de prendre par
» la suite, ce qui sera exécuté nonobstant l'appel, et sans
» y préjudicier, et avons signé. »

Fait en la chambre du conseil, le

(*Signature du président.*)

______

La dernière vacation pour la levée des scellés est semblable

12 *

à la précédente ;   seulement on clot ainsi le procès-verbal :
« ce fait après qu'il a été vaqué à tout ce que dessus, et audit
» inventaire, depuis ladite heure de   jusqu'à celle de   par
» double vacation, et ne s'étant plus rien trouvé à compren-
» dre et déclarer audit inventaire, dire et requérir au présent
» procès-verbal, et au moyen de ce qu'il ne se trouve plus au-
» cun de nos scellés dans les lieux où nous sommes, ladite
» veuve Ménager, est, et demeure bien et valablement dé-
» chargée desdits scellés, mais cependant, demeure chargée
» de la garde des meubles et effets compris et décrits en l'in-
» ventaire, et les papiers lui ont été remis ainsi que les clefs
» qu'avait notre greffier, le tout ainsi qu'elle le reconnait;
» et le sieur Avario a requis qu'il lui fût délivré expédition
» de notre présent procès-verbal de reconnaissance et levée
» de scellés, et ont toutes les parties, signé avec nous et le
» greffier, les jour, mois et an susdits. »

Aux termes de l'art. 16 du Tarif, le greffier ne peut
délivrer des *expéditions entières* des procès-verbaux de
scellé, sans en être requis par écrit.

TITRE III.

DE L'INVENTAIRE.

Ce titre n'étant relatif qu'à *l'inventaire*, il n'entre pas
dans notre plan de donner des modèles de cet acte qui est
absolument du ministère des Notaires.

TITRE IV.

DE LA VENTE DU MOBILIER.

Requête pour être autorisé à vendre.

(Art. 946, Code Proc. — Art. 826, Code Napoléon. — Art. 77, Tarif.
— Coût, 3 fr.)

Le sieur Avario   demeurant à   créancier
sérieux et légitime de la succession du sieur Ménager ,
décédé à Paris , le   rue ,

.Expose qu'après le décès dudit sieur Ménager, il a été
à la requête dudit sieur Avario procédé à l'apposition des
scellés et ensuite à leur levée et aux inventaire et prisée
des objets dépendans de ladite succession , par le ministère de M⸱ notaire et de Mᵉ commissaire-priseur ;

Qu'il est intéressant aujourd'hui , de faire procéder à
la vente de tous les meubles et effets compris audit inventaire ;

Pourquoi, ce considéré, il vous plaira , monsieur le
Président, autoriser l'exposant, en sadite qualité, à faire
procéder dans les formes prescrites par le Code de Procédure civile, à la vente des meubles et effets dont s'agit,
et ce, en présence des parties qui ont eu le droit d'assister à l'inventaire , ou elles dûment appelées ; et vous
ferez justice.

Pour parvenir à la vente , on suit les formalités tracées au
titre des *Saisies-Exécutions.*

Sommation aux parties d'être présentes à la vente du mobilier.

(Art. 947, Code Proc. — Art. 29, Tarif. — Coût, 2 fr.)

L'AN mil huit cent huit, le   à la requête du sieur   Avario, demeurant à Versailles   créancier sérieux et légitime de la succession du sieur Ménager, décédé à Paris, le   rue   pour lequel dit sieur Avario, domicile est élu, etc., etc., j'ai, (*immatricule de l'huissier*), soussigné, signifié et avec ces présentes donné copie, (*à tous ceux qui ont eu le droit d'assister à l'inventaire*);

D'une ordonnance de monsieur le Président du Tribunal de première instance du département de la Seine, en date du   dûment enregistrée, étant au bas de la requête à lui présentée le même jour, et de laquelle requête est aussi, avec ces présentes, donné copie; à ce que du contenu auxdites requête et ordonnance les susnommés n'ignorent; et en vertu de l'ordonnance susdite et à pareilles requête, demeure et élection de domicile que dessus, j'ai, huissier susdit et soussigné, fait sommation aux sus-nommés de comparaître samedi prochain, 25 mars, dix heures du matin, en une maison sise à Paris, rue de l'Observance, n° 7, où est décédé ledit sieur Ménager, pour, si bon leur semble, être présens à la vente qui sera faite au plus offrant et dernier enchérisseur, par Me M., commissaire-priseur, des meubles et effets inventoriés après le décès du sieur Ménager, par procès-verbal de Me P., et son collègue, notaires à Paris, en date, au commencement du dûment enregistré, et de faire trouver à cet effet enchérisseurs en nombre suffisant; à ce que du tout les sus-nommés n'ignorent; leur déclarant que faute de comparaître, il sera procédé à ladite vente, tant en absence que présence; et j'ai, à chacun des sus-nommés, domicile, et parlant comme dessus, laissé copie certifiée, etc., des requête et ordonnance sus-énoncées et du présent exploit, dont le coût est de

TITRE V.

DE LA VENTE DES BIENS IMMEUBLES.

Requête en homologation d'une délibération du conseil de famille, qui ordonne la vente des immeubles d'un mineur.

(Art. 955, Code Proc. — Art. 78 , Tarif. — Coût. 7 fr. 50 c.)

> A Monsieur le Président du Tribunal de première instance du département de la Seine, Chevalier de la Légion d'honneur.

Le sieur Bertrand, demeurant à Paris, rue   au nom et comme tuteur d'Alexandre Mozard, fils mineur de Jérôme Mozard et de Louise Bertin, son épouse, tous deux décédés, nommé à cette qualité, qu'il a acceptée par délibération des parens et amis dudit mineur, reçue par monsieur le juge de paix du   arrondissement de Paris, le   dûment enregistrée ;

Requiert, qu'il vous plaise, homologuer, pour être exécutée selon sa forme et teneur, la délibération ci-jointe; des parens et amis dudit mineur Mozard , reçue par monsieur le juge de paix du   arrondissement de Paris , le   dûment enregistrée, et vous ferez justice.

Pour toutes les procédures qui suivent le jugement rendu sur cette requête, il faut recourir au titre des *Rapports d'Experts*, et remarquer cependant que dans cette espèce, le rapport n'a pas besoin d'être entériné. (Arg. des art. 957 et 958.)

Sommation au subrogé tuteur d'être présent à la vente d'un immeuble appartenant au mineur.

(Conséquence de l'art. 459, Code Napol. — Art. 29 par analogie. — Coût, 2 fr.)

L'an , etc. , à la requête du sieur Louis Bertrand, demeurant à Paris , rue   au nom , et comme tuteur d'Alexandre Mozard , fils mineur de Jérôme Mozard, et de Louise Bertin, son épouse, tous deux décédés , et en cette qualité, poursuivant la vente à l'audience des criées du Tribunal de première instance du département de la Seine , de la maison ci-après désignée , dont ledit Mozard est propriétaire ; pour lequel dit sieur Bertrand , domicile est élu en la demeure de Me D. , avoué audit Tribunal de première instance du département de la Seine, sise à Paris , rue   lequel occupera sur ladite poursuite de vente , j'ai , (*immatricule de l'huissier*), soussigné , fait sommation au sieur Jacques , avocat , demeurant à Paris , rue   au nom et comme subrogé tuteur dudit mineur Alexandre Mozard , en son domicile, en parlant à

De , en exécution de l'art. 459 du Code Napoléon , être présent à la vente et aux publications et adjudication préparatoire qui la précéderont , d'une maison sise à Paris , rue Saint-Martin, n° 14, dont le mineur Mozard est propriétaire ; laquelle vente a été ordonnée être faite à l'audience des criées du Tribunal de première instance du département de la Seine, à Paris, au Palais de Justice , par jugement de la première section dudit Tribunal en date du   rendu sur les conclusions de M. le Procureur-Impérial , et sur la requête présentée par ledit sieur Bertrand, ès-dite qualité, et homologatif d'une délidération du conseil de famille , dudit mineur Mozard , reçue par monsieur le juge de paix du troisième arrondissement de Paris , le   dûment enregistrée.

Et, à cet effet , prendre communication dans le délai de huitaine, de l'enchère ou cahier des charges qui, pour parvenir à ladite vente , a été le   par ledit sieur Bertrand, ès-dite qualité , déposé au greffe des criées du Tribunal de 1re instance du département de la Seine , séant à Paris, au Palais de Justice, approuver ou contredire les clauses portées audit cahier des charges, et faire sur icelui, et dans le délai de huitaine, les observations et dires qu'il avisera, pour en être référé au Tribunal , et statué ce qu'il appartiendra , à ce que le sus-nommé èsdite qualité n'en ignore , lui déclarant que faute par lui de ce faire , ledit sieur Bertrand requerra acte de ses dénonciation , sommation et diligences ; et j'ai , au susnommé, domicile et parlant comme dessus, laissé copie du présent exploit , dont le coût est de

---

Sur cette sommation le subrogé tuteur fait son dire dans la huitaine, (*voir modèle de l'art.* 958 *C. P.*) et il n'est alors fait aucune autre procédure, ou il constitue avoué , sans faire de dire , ou enfin il ne se présente pas. Pour ces deux derniè-res hypothèses , *voir les notes du modèle de l'art. 958 exé-cution de l'art. 459 Code Napoléon.*

Cahier des charges.

(Art. 958, Cod. Proc. — Art. 128, Tarif. — Coût, 2 fr. par rôle.)

Maitre D., demeurant à Paris , rue   avoué au Tribunal de première instance du département de la Seine , et du sieur Louis Bertrand , demeurant à Paris , rue   au nom et comme tuteur d'Alexandre Mozard, fils mineur de Jérôme Mozard et de Louise Bertin , son épouse, tous deux décédés, nommé à cette qualité, qu'il a acceptée , par délibération des parens et amis dudit mineur, reçue par monsieur le juge de paix du troisième arrondissement de Paris , le   dûment enregistrée , et en cette qualité, ledit sieur Bertrand , poursuivant la vente à l'audience des criées du Tribunal de première instance du département de la Seine , de la maison ci-après désignée , appartenant audit mineur ;

En conséquence d'un jugement de la première section. du Tribunal de première instance du département de la Seine , en date du   dûment enregistré , rendu sur les conclusions de monsieur le Procureur-Impérial , et sur la requête présentée par ledit sieur Louis Ber-trand , en sadite qualité de tuteur dudit mineur Mozard, lequel jugement a homologué, pour être exécutée selon sa forme et teneur , une délibération des parens et amis dudit mineur , reçue par monsieur le juge de paix du troisième arrondissement de Paris , le   aussi dû-ment enregistrée , par laquelle ledit sieur Bertrand, ès-noms, a été autorisé à faire procéder , en la forme pres-

crite par la loi, à la vente d'une maison sise à Paris,
rue Saint-Martin, n° 14, dont ledit mineur Mozard, est
propriétaire, et par lequel jugement d'homologation, il
a été ordonné que préalablement à ladite vente, il serait,
par le sieur Benoît, architecte expert, nommé d'office
à cet effet, procédé à la visite de ladite maison pour en
faire l'estimation, sur laquelle les enchères seraient ensuite publiquement ouvertes devant un membre du Tribunal, à l'audience des criées dudit Tribunal ;

Et après que, par le sieur Benoît, expert, il a été
procédé, en exécution du jugement sus-énoncé, aux
visite et estimation de ladite maison, suivant son procès-
verbal de rapport, en date au commencement du

dûment enregistré, déposé au greffe du Tribunal,
par acte du et auparavant lesquelles opérations,
ledit sieur Benoît a prêté serment de bien et fidèlement
les remplir, ainsi qu'il résulte du procès-verbal dressé
devant M. juge audit Tribunal, le aussi enregistré.

En présence du sieur Jacques, demeurant à *ou*
lui dûment appelé, en sa qualité de subrogé tuteur dudit
mineur Mozard, nommé et élu à cette charge qui lui
a été conférée et qu'il a acceptée par délibération dudit
jour reçue par monsieur le juge de paix du
arrondissement de Paris, et dûment enregistrée.

Enchérit et met à prix, le fonds très-fonds, propriété,
superficie et jouissance de la maison ci-après désignée, sans
en rien retenir, excepter, ni réserver sous les charges,
clauses et conditions qui suivent ; lesquelles seront gar-
dées et observées par l'adjudicataire, sinon, et faute de
ce faire dans le délai et de la manière y exprimées, il
pourra y être contraint par toutes voies de droit, sans

que cela puisse aucunement empêcher la revente sur sa folle-enchère.

Désignation de la maison, faisant l'objet de la présente vente.

Cette maison sise à Paris, rue St.-Martin, n° 14,

A son entrée par une porte cochère conduisant à une cour, au bout de laquelle se trouve ladite maison , est composée de trois corps de bâtimens; le premier donnant sur la rue, composé de deux étages, rez-de-chaussée et mansardes, ayant vue sur la cour par sept croisées, et sur la rue par cinq ;

Le second corps de bâtiment est sur l'aîle droite de l'entrée de la cour, composé pareillement de deux étages, aussi en mansardes, éclairés par sept croisées donnant sur la cour;

Entre les susdits deux corps de bâtimens, se trouve l'escalier avec péron dans la cour, rampe en fer jusqu'en haut, et desservant les deux corps de bâtimens ;

A gauche de l'entrée de ladite cour se trouve un troisième corps de bâtiment, élevé d'un étage et mansarde, ayant quatre croisées donnant sur la cour, et une porte au premier étage donnant dans le jardin, avec perron pour y descendre ;

Le dessous dudit bâtiment servant d'écurie, de remise et de bûcher, et ledit bâtiment ayant son escalier à gauche de la cour entre les deux corps de bâtimens ;

Caves sous les bâtimens, aisances et dépendances.

Cette maison tient par devant, à la rue St.-Martin, à droite au sieur Godard, à gauche aux demoiselles de Saint - Charles et par derrière aux hospices civils de Paris ,

Laquelle maison et dépendances ont été estimées par le rapport de l'expert, à la somme de vingt-huit mille sept cents francs, ci. . . . . 28,700 fr.

CHARGES.

Art. 1er L'adjudicataire prendra ladite maison, dans l'état où elle se trouvera au jour de l'adjudication, sans pouvoir prétendre aucune indemnité, dommages et intérêts ni diminution de prix, pour raison de grosses ou menues réparations ou dégradations.

2. Il aura les servitudes actives qui peuvent se trouver sur lesdits biens, et sera tenu des servitudes passives apparentes ou non apparentes auxquelles ils peuvent être assujétis, le tout à la charge de les faire valoir, ou de s'en défendre à ses frais, risques et périls, et sans aucuns recours contre les vendeurs.

3. L'adjudicataire entrera en jouissance à compter du *premier terme* qui suivra son adjudication, et de cette époque seulement, les loyers et revenus courront à son profit, pour les toucher à leurs échéances.

4. L'adjudicataire aura à l'égard des baux qui pourraient subsister, les mêmes droits que le vendeur qui les lui transmet, tels qu'il les possède, et sans aucune garantie à cet égard; en conséquence, il se conformera à l'article 1742 du Code Napoléon, et dans tous les cas, il traitera et s'arrangera avec les locataires ainsi qu'il avisera, mais toujours de manière à ce que le vendeur ne puisse être aucunement inquiété ni recherché à cet égard par aucuns desdits locataires, auxquels ledit adjudicataire sera tenu de faire raison des loyers qu'ils justifieront

avoir payés d'avance , et ce en déduction du prix principal de son adjudication.

5. L'adjudicataire payera les contributions foncières et impositions publiques de toute nature, auxquelles ladite maison est ou pourra être assujétie, et ce, à partir du jour de son entrée en jouissance.

6. Il payera sans diminution du prix de son adjudication, et dans la huitaine qui la suivra , à Me D. , tous les frais et dépens de la poursuite de vente dont s'agit , honoraires de l'expert ; coût du rapport, rédaction, enregistrement et dépôt de la présente enchère, publications, placards et insertions dans les journaux, ainsi que la remise proportionnelle fixée par le tarif, et généralement tous les frais relatifs à la vente ; le tout d'après la taxe suivant la loi ;

Il payera en outre , et toujours sans diminution du prix de son adjudication, le coût de son jugement d'adjudication et les droits d'enregistrement d'icelui.

7. L'adjudicataire sera tenu de faire signifier au sieur Bertrand, ès-noms et qualité, qu'il procède, au domicile par lui ci-après élu, dans la quinzaine du jour de l'adjudication, copie entière, correcte et lisible de son jugement d'adjudication , sinon permis au vendeur de s'en faire délivrer une seconde grosse, aux frais de l'adjudicataire, et ce d'après une simple sommation à lui faite.

8. L'adjudicataire sera tenu de faire transcrire à ses frais, dans le délai de huitaine de son adjudication , le jugement d'icelle , au bureau des hypothèques.

Cette condition de faire transcrire est de rigueur, et faute par l'adjudicataire de s'y conformer dans ledit délai de huitaine, le vendeur, sur une simple sommation d'y satisfaire, pourra faire procéder à la revente sur folle-enchère.

9. Si, à la transcription du jugement d'adjudication, il survient des inscriptions provenant du fait du vendeur ou de ses auteurs, l'adjudicataire les dénoncera au vendeur, avec le certificat de transcription dans la huitaine d'icelle, au domicile par lui ci-après élu, et le vendeur jouira d'un délai de deux mois, pour en rapporter main-levée et certificat de radiation, le tout à ses frais, en sorte qu'il n'en coûte à l'adjudicataire que les frais ordinaires de transcription.

10. L'adjudicataire payera le prix principal de son adjudication en numéraire métallique d'or ou d'argent et non autrement, nonobstant toutes lois, arrêtés, règlement et décisions contraires intervenus ou à intervenir; lequel paiement s'effectuera aussitôt après la transcription opérée sans inscriptions dudit jugement d'adjudication, ou après les radiations des inscriptions qui seraient survenues.

Il payera l'intérêt de son prix pareillement en numéraire métallique d'or ou d'argent et au taux de cinq pour cent par an, à compter du jour de son entrée en jouissance.

11. Il sera loisible à l'acquéreur de purger si bon lui semble, sa propriété des hypothèques légales, dont elle peut être grevée; mais il s'arrangera à cet égard de manière à ce que cette purge soit opérée dans les trois mois de son adjudication, en sorte que ce délai étant expiré

sans qu'elle ait eu lieu, il ne pourra aucunement s'en prévaloir pour retarder le paiement de son prix.

12. Le vendeur remettra à l'acquéreur, lors du payement de son prix principal, tous les titres de propriété qu'il a en sa possession, et l'adjudicataire se contentera desdits titres qui lui seront remis de bonne foi, sauf à lui à lever à ses frais des expéditions ou grosses de tous autres titres et pièces qui lui sembleraient nécessaires.

13. A défaut de paiement de la totalité ou d'une portion du prix, ou d'exécution de tout ou partie des clauses de la présente enchère; le vendeur pourra faire procéder à la revente de la maison sur la folle-enchère, et aux risques, périls et fortune dudit adjudicataire, et aux mêmes charges, clauses et conditions que dessus, sur une simple sommation, et après une seule apposition de placards indiquant la vente sur la folle-enchère, qui pourra avoir lieu quinzaine après ladite apposition ; cette clause est de rigueur, et ne pourra sous aucun prétexte être réputée comminatoire.

16. En cas de revente sur folle-enchère, si le prix excède celui de la première adjudication, l'excédent appartiendra au vendeur à titre d'indemnité ou de dommages et intérêts, et il aura droit de poursuite contre l'adjudicataire fol-enchérisseur pour ce qui pourrait manquer du prix de la première adjudication.

Election de domicile.

Ledit sieur Bertrand, ès-dite qualité, fait élection de domicile en la demeure de Me D., avoué au Tribunal de première instance du département de la Seine, sise à Paris, rue   où il consent, même requiert expressément que tous actes et exploits de justice relatifs à la présente vente, soient faits et signifiés ;

Et en outre moyennant le prix et somme de vingt-huit mille francs, de première enchère, ci. 28,000 f.

Propriété.

LA maison présentement vendue, appartient audit mineur Mozard, comme se trouvant comprise dans la donation entre vifs qui lui a été faite par le sieur Paulin, par acte devant Me L., qui en a gardé minute, et son confrère, notaires à Paris, le   dûment enregistré ; laquelle donation a été acceptée par le même acte, par le sieur Bertrand, tuteur dudit mineur Mozard, et autorisé à cet effet, par une délibération des parens et amis dudit mineur, reçue par monsieur le juge de paix, du   enregistrée ;

Et ledit sieur Paulin était propriétaire de cette maison, comme l'ayant acquise par contrat passé devant Morin, et son confrère, notaires à Paris, le 22 mai 1776, du sieur Louis-Alexandre Boileau et Geneviève de Passeral, son épouse ; et sur laquelle acquisition il a été obtenu des lettres de ratification, qui ont été scellées le   au bureau des hypothèques de Paris, à la charge de six oppositions qui, depuis, ont été rayées suivant un certificat de   et les sieur et dame Passeral étaient propriétaires desdits biens, ainsi qu'il est expliqué audit contrat de vente.

Et a, ledit Me D., signé.

(*Signature de l'avoué poursuivant.*)

Il faut remarquer que la mise à prix est *inférieure* à l'estimation (Argument de l'art. 964, C. de Pro.)

2   13

Dire du subrogé tuteur.

(Conséquence de l'art. 459, Code Napoléon.)

Et le   au greffe du Tribunal de première
instance du département de la Seine, est comparu Me J.,
avoué en ce Tribunal, et du sieur Jacques, avocat, demeurant à   au nom et comme subrogé tuteur du
sieur Alexandre Mozard, fils mineur de Jérôme Mozard,
et de Louise Bertin, son épouse, tous deux décédés ;
nommé à cette qualité, qu'il a   acceptée, par délibér
tion du conseil de famille, reçue par monsieur le juge
de paix du troisième arrondissement de Paris, le
dûment enregistrée.

Lequel a dit que le sieur Jacques, pour satisfaire à
la sommation qui lui a été faite, à la requête du sieur
Bertrand, tuteur du mineur Mozard, et encore pour
remplir le vœu de l'art. 459 du Code Napoléon, comparait pour être présent à la vente de la maison dont l'enchère précède, et qu'après avoir pris lecture de ladite
enchère, il déclare n'avoir, quant à présent, aucune
observation à faire sur sa rédaction, et a signé.

(Signature.)

S'il y avait des difficultés élevées sur l'enchère, il faudrait
suivre ce que prescrit l'art. 973 du Code de Procédure, c'est-
à-dire, sur un simple acte d'avoué à avoué, venir plaider
sur icelles.

Si le subrogé tuteur constitué avoué, sans faire le dire
qui précède, dans le délai fixé par la sommation, il faut lui
signifier l'enchère, par acte d'avoué à avoué, avec déclaration
que tel jour, cette enchère a été déposée, lue et publiée, et

que l'adjudication préparatoire a été indiquée à tel jour, et lui faire sommation de comparaître pour être présent à ladite adjudication.

Il faut répéter cette sommation pour l'adjudication définitive. (Voir les modèles art. 972), en faisant les changemens convenables.

Si le subrogé tuteur ne constituait pas d'avoué, de simples sommations par actes extra-judiciaires, sans signifier l'enchère, suffiraient. (Voir les modèles, art. 972)

1er *Dire du poursuivant, pour l'adjudication préparatoire.*

(Art. 959 , Code de Procédure.)

Et, le 20 avril mil huit cent huit, au greffe du Tribunal de première instance du département de la Seine, est comparu Me D., avoué audit Tribunal et du sieur Bertrand, tuteur du mineur Alexandre Mozard ;

Lequel a dit que, les dimanches 3, 10 et 17 avril 1808, il a été apposé à chacun des endroits désignés par la loi, des exemplaires d'un placard indicatif des jour, lieu et heure où il serait procédé à l'adjudication préparatoire de la maison dont s'agit, en l'enchère des autres parts.

Lesdites appositions constatées par trois procès-verbaux de B., huissier, en date desdits jours 3, 10 et 17 avril, dûment enregistrés, et à chacun desquels est annexé un exemplaire dudit placard, visé et certifié par les maires ou adjoints des arrondissemens où se sont faites lesdites appositions, et que le même placard a été inséré dans le Journal judiciaire de Paris, ainsi qu'il résulte de la feuille du   signée de   imprimeur, dont la signature est légalisée.

13 *

Requérant en conséquence, ledit Mᵉ D., que l'enchère qui précède, soit lue et publiée à l'audience des criées de ce Tribunal, le   à l'effet de parvenir ledit jour à l'adjudication préparatoire de ladite maison, jardin et dépendances dont s'agit, et a signé.

2ᵉ *Dire du poursuivant, pour l'adjudication définitive.*

Et, le   au greffe du Tribunal de première instance du département de la Seine, est comparu Mᵉ D., avoué audit Tribunal, et du sieur Bertrand, au nom et comme tuteur dudit mineur Mozard;

Lequel a dit que, suivant un procès-verbal de B., huissier en date du   il a été apposé à chacun des endroits désignés par la loi, un exemplaire d'un placard indiquant les jour, lieu et heure de l'adjudication définitive de la maison et dépendances, dont l'enchère est des autres parts; ledit placard, visé et certifié sur un exemplaire d'icelui, joint audit procès-verbal, par chacun des maires ou adjoints des arrondissemens où les appositions ont eu lieu;

Et que le même placard a été inséré au Journal judiciaire de Paris, le   ainsi que le constate la feuille de ce jour, signée de l'imprimeur et sa signature légalisée.

En conséquence, ledit Mᶜ D. a requis que l'enchère soit lue et publiée le   à l'audience des criées, à l'effet de parvenir, ledit jour, à l'adjudication définitive desdites maison et dépendances, aux clauses, charges et conditions énoncées en ladite enchère; et a signé.

(Signature de l'avoué.)

Placard de vente d'immeuble appartenant à un mineur.

(Art. 960, Code Proc. — Art. 65, Tarif. — Coût, voir modèle de
l'art. 682, Code Proc.)

DE par Sa Majesté l'Empereur des Français, Roi
d'Italie et Protecteur de la Confédération du Rhin.

On fait savoir à tous qu'il appartiendra

Que, le mercredi 15 mars 1808, heure de midi, à
l'audience des criées du Tribunal de première instance
du département de la Seine, séant à Paris, au Palais de
Justice, cour du Mai.

Il sera procédé à l'adjudication préparatoire d'une
maison sise à Paris, rue St.-Martin, n° 14 ;

Sur la vente poursuivie par le sieur Louis Bertrand,
architecte, demeurant à Paris, rue S.-Jacques, n° 16,
au nom et comme tuteur du sieur Alexandre Mozard,
étudiant en droit, demeurant avec lui, fils mineur de
Jérôme Mozard et de Marguerite Bertin son épouse,
décédés;

En présence du sieur Jacques, avocat, demeurant à
Paris, rue St.-Louis, au Marais, n° 6, subrogé tuteur
dudit mineur.

DÉSIGNATION SOMMAIRE.

(*Copier la désignation de l'enchère.*)

S'adresser dans la maison pour la voir.

Et pour les renseignemens, à Me D., demeurant
à Paris, rue   avoué,
poursuivant la vente.

Et à Mᵉ J., demeurant à Paris, rue   avoué
du subrogé tuteur.

Ces placards s'affichent par trois dimanches consécutifs avant l'adjudication préparatoire, qui est éloignée de six semaines du jour où l'enchère a été déposée.

Cette apposition se fait ensuite une fois seulement, après l'adjudication préparatoire, pour indiquer l'adjudication définitive.

Copie des placards est insérée dans le Journal judiciaire.

L'apposition de ces placards se constate par des procès-verbaux. (art. 65 du Tarif.)

Procès-verbal d'apposition d'affiche.

(Art. 961, Cod Proc. — Art. 50 et 65, Tarif. — Coût, 4 fr.)

L'AN mil huit cent huit, le dimanche   mars, à la requête du sieur Bertrand, au nom et comme tuteur d'Alexandre Mozard, fils mineur de Jérôme Mozard et de Louise Bertin son épouse, tous deux décédés, lui demeurant à Paris, rue   et nommé à cette qualité par délibération des parens et amis dudit mineur, reçue par le juge de paix du   arrondissement de Paris, le   enregistrée, et pour lequel domicile est élu en la demeure de Mᵉ D. avoué au Tribunal de première instance du département de la Seine, sise à Paris, rue   je (*immatricule de l'huissier*), soussigné, certifié avoir apposé et placardé ce jourd'hui, et dans chacun des endroits désignés par la loi, un exemplaire du placard ci-joint, indiquant au mercredi 15 mai 1808, heure de midi, en l'audience des criées du Tribunal de première instance du département de la Seine, l'adjudication préparatoire d'une maison et dépendances, sises à Paris, rue St.-Martin, n° 14, dont la vente est poursuivie par ledit sieur Bertrand, en sadite qualité, et en présence du sieur Jacques, avocat, demeurant à Paris, rue St.-Louis, au Marais, subrogré tuteur dudit mineur; à ce que du contenu audit placard personne n'ignore, et j'ai rédigé le présent procès - verbal, auquel j'ai annexé un exemplaire dudit placard que j'ai fait viser, par chacun des maires ou adjoints des arrondissemens où les appositions ont eu lieu; le coût du présent procès-verbal est de

------

Les visa des maires se mettent sur l'exemplaire, joint au procès-verbal, à la différence de la poursuite en saisie immobilières où les visa se mettent sur le procès-verbal même.

On met sur cet exemplaire : « annexé au procès-verbal » d'apposition de semblables placards dressé cejourd'hui, » par moi huissier soussigné.

Requête à fin d'être autorisé à vendre au-dessous de l'estimation.

(Art. 964, Code Proc. — Art. 78, Tarif. — Coût, 7 fr. 5o c.)

A Messieurs les Président et Juges composant la première section du Tribunal de première instance du département de la Seine.

LE sieur Bertrand, demeurant à Paris, rue   au nom et comme tuteur d'Alexandre Mozard , fils mineur de Jérôme Mozard et de Louise Bertin son épouse, tous deux décédés , nommé à cette qualité qu'il a acceptée par délibération du conseil de famille , reçue par monsieur le juge de paix du   arrondissement de Paris , le   dûment enregistrée.

Expose que par votre jugement rendu le   dûment enregistré, homologatif d'une délibération du conseil de famille dudit mineur Mozard, vous avez ordonné la vente à l'audience des criées du Tribunal, d'une maison sise à Paris, rue St.-Martin, n° 14, sur l'estimation qui en serait faite par M. Benoist, architecte expert, commis d'office à cet effet.

Que, suivant son procès-verbal de rapport, en date, au commencement du   dûment enregistré, ledit expert a estimé cette maison à la somme de vingt-huit mille sept cents francs, et que l'enchère, pour parvenir à la vente a été en conséquence déposée au greffe dudit Tribunal, lue et publiée après que des affiches indicatives de ladite vente ont été préalablement mises et apposées, et insérées au journaux, mais que cependant, aucun enchérisseur ne s'est présenté pour offrir de la maison dont s'agit le prix de l'estimation d'icelle, ainsi que le constate le certificat du greffier de l'audience des criées, en date du   et ci-joint

Pourquoi, ce considéré, Messieurs, vu la nouvelle délibération des parens et amis dudit mineur Mozard, reçue par M. le juge de paix du troisième arrondissement d canton de Paris, le dûment enregistrée et ci-jointe, par laquelle le requérant, ès-dits, noms a été autorisé à vendre publiquement, même audessous de l'estimation qui en a été faite, la maison et dépendances dont s'agit.

Ordonner que ladite maison sera adjugée au plus offrant et dernier enchérisseur, même au-dessous de l'estimation qui en a été faite, en conséquence fixer le jour auquel il sera procédé à ladite adjudication, et au surplus homologuer la délibération du conseil de famille dudit jour   (*la dernière*) pour être exécutée selon sa forme et teneur, et vous ferez justice.

TITRE VI.

DES PARTAGES ET LICITATIONS.

Demande en licitation.

(Art. 966, Code Proc. — Art. 29, Tarif. — Coût, 2 fr.)

L'AN mil huit cent sept, le à la requête du sieur Jean Philippe Durand , charon, demeurant à Paris rue héritier pour un tiers de défunt Pierre Durand son père lequel constitue pour avoué Me D., demeurant à, etc., j'ai, (*immatricule de l'huissier*), soussigné, donné assignation : 1° à la dame Charlotte Godard, veuve du sieur Pierre Durand, en son nom à cause de la communauté a de biens qui a subsisté entre elle et son défunt mari, demeurant à Paris, rue,

2° Au sieur Alexandre Durand, demeurant ci-devant à Paris, rue   et maintenant n'ayant aucun domicile ni résidence, connus (*faire la mention de la remise d'une copie au Proc. Imp., et de l'affiche d'une autre à la porte du tribunal.*)

3° Et au sieur Bonnet au nom et comme tuteur de Jean-Charles Bonnet, fils mineur de lui et de dame Louise Durand, décédée son épouse, demeurant à

Lesdits sieurs Alexandre Durand et mineur Bonnet, lui par représentation de sa mère, tous deux héritiers, chacun pour un tiers de défunt Pierre Durand, leur père et grand-père.

A comparaître, etc., etc.

Pour, et attendu que nul n'est forcé de demeurer dans l'indivision, et que ledit sieur Philippe Durand est dans l'intention de faire opérer le partage des biens de la succession du défunt Pierre Durand, ainsi que de ceux composant la communauté qui a existé entre lui et ladite dame Godard, aujourd'hui sa veuve.

Voir direct ordonner qu'il sera, à la requête, poursuite et diligence du demandeur, procédé en justice et pardevant celui de messieurs les juges qui sera commis à cet effet, aux compte et liquidation desdites succession et communauté, et au partage des meubles et immeubles qui en dépendent, si toutes fois, à l'égard des immeubles, ils sont reconnus partageables en nature, suivant les droits des parties, et qu'il sera procédé audit partage par dépouillement de l'inventaire fait après le décès du sieur Durand, par   et son confrère, notaires à Paris, suivant procès-verbal en date, au commencement du 16 prairial an 9, dûment enregistré, à l'effet de quoi ledit sieur Philippe Durand sera autorisé à retirer des mains dudit notaire, ou de tous autres dépositaires publics ou particuliers l'expédition dudit inventaire; et les pièces inventoriées des mains de la dame veuve Durand, à qui elles ont été remises lors de la clôture dudit inventaire.

Faisant droit, au surplus, attendu que parmi les biens faisant partie de la communauté qui a existé entre ladite dame veuve Durand et son défunt mari, il se trouve une maison, sise à Paris, rue St-Germain-l'Auxerois, n° 4, tenant à droite au sieur   et à gauche, au sieur   voir dire que, préliminairement aux opérations de compte, liquidation et partage dont s'agit, il sera procédé par les experts que choisiront les parties majeures, et par ceux qui seront nommés d'office par le Tribunal, pour le mineur Bonnet, à la visite de ladite maison, lesquels experts l'estimeront, présenteront les bases de leur estimation, indiqueront si ladite maison peut être commodément partagée; de quelle manière, fixeront enfin, en cas de, division, les parts qu'on peut en former, et leur valeur; de tout quoi ils dresseront procès-verbal, lors de la rédaction duquel les parties pourront faire tels dires, réquisitions et observations qu'elles aviseront, pour icelui fait et rapporté, être par les parties conclu, ainsi qu'elles aviseront, et par le Tribunal ordonné ce qu'il appartiendra;

Comme aussi voir dire et ordonner par le jugement à intervenir, et sans qu'il en soit besoin d'autre, que dans le cas où il serait constaté par le rapport, que l'immeuble dont s'agit est impartageable en nature, il sera pareillement, à la requête, poursuite et diligence dudit sieur Philippe Durand, procédé à la vente par licitation de ladite maison sise à Paris, rue Saint-Germain-l'Auxerois, n° 4, à l'audience des criées du Tribunal de première instance du département de la Seine, séant à Paris, au Palais de Justice, et pardevant celui de MM. les juges tenant ladite audience, au plus offrant et dernier enchérisseur, en la manière accoutumée, et avec les formalités prescrites pour l'aliénation des biens des mineurs, sur le cahier des charges qui sera à cet effet déposé au greffe desdites criées, lu et publié en jugement, à l'audience des criées, tenante, et affiches indicatives de ladite vente, préalablement mises et apposées, pour le prix à provenir de ladite vente, être employé dans la masse des biens de la communauté et partagé entre les parties, suivant leurs droits.

Et à l'égard du sieur Bonnet seulement, attendu qu'il est nécessaire que son fils mineur soit pourvu d'un subrogé tuteur qui, aux termes de la loi, soit présent à la vente de l'immeuble dont la licitation est provoquée, voir dire et ordonner que dans les trois jours de la signification du jugement à intervenir, ledit sieur Bonnet sera tenu de convoquer le conseil de famille dudit mineur, pour faire nommer un subrogé tuteur à ce dernier, et de signifier l'acte de cette nomination audit Philippe Durand, au domicile par lui élu en la demeure sus-désignée

dudit Mᵉ D. , son avoué, si non, et faute de ce faire
dans ledit délai, voir dire et ordonner que ledit sieur
Philippe Durand sera, dès à présent, autorisé à convoquer lui-même ledit conseil de famille, pour la nom-
mination dudit subrogé tuteur.

Et pour en outre répondre et procéder comme de
raison, à fin de dépens, dont le demandeur sera remboursé par privilège et préférence, comme de frais de
poursuite, de compte, liquidation, licitation et partage, et
j'ai aux sus-nommés, en leurs domiciles, et parlant comme
dessus, laissé copie du présent exploit, dont le coût est de

On fait viser cet exploit par le greffier du Tribunal, afin
de s'assurer la préférence, en cas de concurrence.

Si, lors de l'inventaire on a donné la qualité d'héritier à
une personne *absente*, et que l'absence soit déclarée, la
liquidation se poursuit contre les envoyés en possession provisoire, (art. 134 Code Napoléon) si elle n'est pas déclarée,
la demande se poursuit contre l'absent lui-même, *à son
dernier domicile connu*, (argument du même art. 134
Code Napoléon) seulement en exécution de l'art. 113 du
même Code, lors des opérations de *liquidation et partage*;
on fera nommer un notaire pour représenter l'absent.
(*Voir la note et le modèle de l'art.* 113 *Code Napoléon
suite de l'art* 976. C.P.)

Dans le cas où l'on n'a pas, dans l'inventaire, donné la
qualité d'héritier à la personne absente, et que d'ailleurs la
succession s'est ouverte depuis sa disparition ou ses dernières
nouvelles; cette personne doit être considérée, comme si
elle fut décédée avant le défunt, sauf son action en pétition
d'hérédité qu'elle pourra exercer si elle reparaît.

Conclusions motivées à fin d'entérinement de rapport.

(Art. 972, Code Proc. — Art. 75, Tarif. — Coût, 2 fr. par rôle
dont le nombre n'est pas fixé.)

A Messieurs les Président et Juges du Tribunal de
première instance du département de la Seine,
quatrième section , séant au Palais de Justice.

Pour le sieur Jean-Philippe Durand , charron , demeurant à   héritier pour un tiers de défunt Pierre
Durand, son père, demandeur au principal, en exécution
du jugement de la quatrième section du Tribunal de
première instance du département de la Seine, en date
du   dûment enregistré et signifié, et encore
demandeur , ayant pour avoué M^e D.

Contre : 1° la dame Charlotte Godard, veuve du
sieur Pierre Durand , en son nom , à cause de la communauté de biens qui a subsisté entr'elle et son défunt
mari, demeurant à Paris, rue, etc., défenderesse au
principal et à l'exécution du jugement sus-énoncé, et
encore défenderesse, ayant pour avoué Me G. ;

2° Et le sieur Bonnet , au nom , et comme tuteur de
Jean Charles Bonnet , fils mineur de lui et de dame
Louise Durand, décédée son épouse, ledit mineur, héritier
pour un tiers , par représentation de sa mère, du défunt
Pierre Durand, son grand-père; ledit sieur Bonnet père ,
demeurant à   défendeur au principal et à l'exécution
du jugement susdit, et encore défendeur , ayant pour
avoué Me J. ;

Il vous plaira, Messieurs,

1er Cas. — *L'immeuble est impartageable.*

Attendu que, par le jugement sus-énoncé, vous avez ordonné, avant faire droit, que la maison et dépendances, sises à Paris, rue Saint-Germain-l'Auxerois, n° 4, seraient préalablement vues et visitées par MM. A. et B., architectes experts, nommés par les parties majeures, et par le sieur C., expert par vous nommé d'office, pour le mineur Bonnet ; lesquels experts, après avoir prêté serment, constateraient la valeur de ladite maison, et si elle pouvait ou non être commodément partagée en nature, suivant les droits des parties, pour être du tout, par eux dressé procès-verbal ;

Attendu, qu'après avoir prêté serment devant M. juge, commis à cet effet, ainsi qu'il résulte d'un procès-verbal dressé pardevant lui, le   dûment enregistré, messieurs les experts, A., B., C. ont procédé aux opérations qui leur étaient confiées par le jugement sus-énoncé, et en ont dressé un procès-verbal, en date au commencement du   dûment enregistré ; duquel il appert que ladite maison, sise à Paris, rue Saint-Germain-l'Auxerois, n° 4, a été estimée deux mille francs, et qu'elle est impartageable en nature, suivant les droits des parties ;

Attendu que ledit procès-verbal de rapport a été déposé au greffe du Tribunal de première instance du département de la Seine, par acte du

signifié avec l'acte de dépôt, aux avoués des parties, le

Attendu enfin , que ce procès-verbal est d'ailleurs régulier en la forme, et que toutes les formalités voulues par la loi, ont été religieusement observées ;

Entériner ledit procès - verbal de rapport en date au commencement du   fait en exécution du jugement, par vous rendu, le 29 août 1807 , et ordonner que ledit jugement sera exécuté selon sa forme et teneur, notamment en ce qu'il ordonne la vente par licitation , dans la forme voulue par la loi, de la maison sise à Paris, rue St. - Germain-l'Auxerois, n° 4, dans le cas prévu (et arrivé) où ladite maison aurait été constatée impartageable en nature par le rapport des experts, et en cas de contestation, condamner les contestans, aux dépens, qui, en tous cas, seront employés en frais de licitation , et dont distraction sera faite à Me D. , avoué du poursuivant, comme les ayant frayés et déboursés de ses deniers, ainsi qu'il offre de l'affirmer.

2e. Cas. — *L'immeuble partageable lorsque les droits des parties sont déjà liquidés.*

(Art. 975, Code de Procédure.)

ATTENDU que du procès-verbal sus-daté, il appert que ladite maison sise à Paris , rue St.-Germain-l'Auxerois, estimée deux mille francs, peut être divisée en nature, en quatre parties égales ;

Attendu que les lots sont réglés , fixés et arrêtés , et composés audit procès-verbal, et que les droits des parties ayant été précédemment liquidés, il ne s'agit aujourd'hui que du partage de ladite maison ;

Attendu, etc. , etc. (*comme ci-dessus.*)

Entériner ledit procès-verbal de rapport en date au commencement du   fait en exécution du jugement dudit jour 29 août, 1807, et en conséquence, ordonner que les lots, tels qu'ils sont composés audit procès-verbal , seront tirés au sort pardevant M.   juge, commis pour le partage dont s'agit, par le jugement sus-énoncé, lequel, après le tirage , fera la délivrance desdits lots , aux ayant-droits , et en cas de contestation , condamner les contestans , aux dépens qui, en tous cas, seront employés , à l'égard du poursuivant , en frais de partage.

3ᵉ Cas. — *Immeuble partageable lorsque les droits ne sont pas liquidés.*

(Art. 976, Code de Procédure.)

Attendu que du procès-verbal de rapport , il appert que ladite maison et dépendances , situées à   rue peuvent être partagés en nature, et que les lots qui sont au nombre de quatre , sont réglés et composés audit procès-verbal, avec les soultes, servitudes et séparations qui doivent être supportées et faites par chacun des lots.

Entériner le procès-verbal de rapport desdits experts , en date au commencement du   et déposé, ce faisant ordonner qu'il sera procédé au tirage des lots composés dans ledit procès-verbal, et qu'il sera d'ailleurs procédé aux compte, liquidation et partage des biens dépendans de la succession dudit sieur   devant M. juge-commissaire, nommé à cet effet par le jugement du   qui a ordonné lesdites opérations ; et qu'il

2

y sera procédé dans les formes prescrites par les **Codes** Napoléon et de Procédure, et en cas de contestation, condamner les contestans, aux dépens, dont en tous évènemens, le demandeur sera autorisé à employer le montant en frais de poursuite de compte, liquidation et partage.

Enchère ou cahier des charges dans une licitation.

(Art. 972, Code Proc. — Art. 128, Tarif. — Coût, 2 fr. par rôle.)

M^{AITRE} D. , demeurant à Paris , rue
avoué au Tribunal de première instance du département de la Seine , et du sieur Jean-Philippe Durand, charron, demeurant à Paris, rue   héritier pour un tiers de défunt Pierre Durand, son père, et en cette qualité, poursuivant la vente par licitation d'une maison, sise à Paris , rue Saint-Germain-l'Auxerois, n° 4, dépendant de cette succession ;

En conséquence : 1° d'un jugement de la quatrième section du Tribunal de première instance du département de la Seine, en date du 29 août 1807, dûment enregistré et signifié, tant à avoué qu'à parties, rendu sur les conclusions de M. le substitut du Procureur-Impérial ; contradictoirement entre ledit sieur Jean-Philippe Durand, ayant pour avoué Me D. , d'une part ;

Et, 2° dame Denise-Charlotte Godard , veuve du sieur Pierre Durand, demeurant à Paris, rue Saint-Germain-l'Auxerois, n° 4, à cause de la communauté de biens qui a subsisté entre elle et son défunt mari, ayant pour avoué Me G. ;

3° Et le sieur Bonnet, au nom et comme tuteur légal du sieur Bonnet, son fils mineur, et de dame Jeanne Durand, décédée son épouse; lui demeurant à Paris, rue, etc.

Ledit sieur Bonnet fils, héritier, par représentation de sa mère, pour un tiers, de défunt Pierre Durand, son grand-père, et ayant Me J. pour avoué, d'autre part;

Et par défaut contre le sieur Jean-Alexis Durand, demeurant à   héritier pour le dernier tiers, dudit défunt Pierre Durand, son père   encore d'autre part;

Lequel jugement porte, etc., etc. (*copier le dispositif.*)

4° Et d'un autre jugement de la quatrième section du Tribunal de première instance du département de la Seine, en date du   dûment enregistré et signifié, rendu entre les même parties, et sur les conclusions du Procureur-Impérial; lequel jugement porte (*copier le dispositif du jugement qui entérine le rapport.*)

Enchérit et met à prix le fonds, très-fonds, propriété, superficie et jouissance, etc., etc. (*Le reste de l'enchère comme au modèle de l'art. 958 C. P.*)

Signification de l'enchère.

(Art. 972, Code de Proc. — Art. 70, Tarif. — Coût, 1 fr.)

A la requête du sieur Philippe Durand, poursuivant la vente par licitation de la maison ci-après indiquée;

Soit signifié et avec ces présentes, donné copie : 1° à Me G., avoué de la dame Charlotte Godard, veuve Durand,

14 *

2° Et à M^c J. , avoué du sieur Bonnet, tuteur de son fils mineur ;

Du cahier des charges , dûment enregistré , dressé par ledit Philippe Durand , pour parvenir à la vente , à l'audience des criées du Tribunal de première instance du département de la Seine, de la maison sise à Paris , rue Saint-Germain-l'Auxerois , n° 4, dont la licitation est poursuivie entre les parties ; ledit cahier des charges greffe desdites criées , le   jour auquel il a été publié , et l'adjudication préparatoire annoncée au   à ce que du tout les sus-nommés n'ignorent, dont acte.

(Signature de l'avoué.)

———

Cette signification doit être faite dans la huitaine du depôt de l'enchère.

Mais lorsque l'un des co-licitans n'a pas constitué d'avoué, on lui signifie seulement les jours auxquels les adjudications auront lieu. (Voir modèle suivant.)

S'il s'élève des difficultés sur la rédaction de l'enchère (voir modèle de l'art. 975.)

Sommation au co-licitant qui n'a pas constitué avoué sur la demande en licitation, de se trouver aux adjudications préparatoire et définitives.

(Art. 972 , Code Proc. — Art. 29, Tarif par anal. — Coût 2 fr.)

L'an mil huit cent huit , le   à la requête du sieur Philippe Durand , demeurant à   héritier pour un tiers de défunt Pierre Durand, son père, j'ai , (*imma-tricule de l'huissier*) soussigné , signifié et déclaré au

sieur Alexis Durand , héritier pour un tiers de défunt
Pierre Durand , son père , demeurant ci-devant à Paris,
rue   et maintenant n'ayant aucuns domicile ni résidence connus; pourquoi j'ai affiché copie du présent à la
porte de l'audience du Tribunal de 1ʳᵉ instance du département de la Seine , et remis pareille copie à M. le
Procureur-Impérial près le même Tribunal qui a visé le
présent. Que l'enchère dressée pour parvenir à la vente
par licitation de la maison sise à Paris , rue St-Germain-
l'Auxerois , nº 4, dont ledit sieur Durand est propriétaire
pour un tiers, a été déposée, lue et publiée le   à l'audience des criées du Tribunal de première instance du département de la Seine, et que l'adjudication préparatoire
de ladite maison a été indiquée au   heure de midi , à
ce que le sus-nommé n'en ignore; le sommant de comparaître et se trouver ledit jour   heure de midi , en l'audience des criées du Tribunal de première instance du département de la Seine, séant à Paris, au Palais de Justice,
cour dite du Mai, pour être présent, si bon lui semble, à
l'adjudication préparatoire qui aura lieu ce jour, de ladite maison ; à ce que pareillement il n'en ignore ; lui
déclarant que, faute par lui de comparaître, il sera donné
défaut , et que le requérant aura acte des présentes
signification et sommation, et je lui ai , en son domicile,
en parlant comme dessus, laissé copie du présent exploit,
dont le coût est de

––––––––––

Cette sommation a lieu pareillement en exécution de l'art.
459 du Code Napoléon, pour la vente des biens des mineurs,
à l'égard du subrogé tuteur qui n'a pas constitué d'avoué.

Il n'y a de changement pour l'adjudication définitive que dans ces mots : « *l'enchère etc.*, a été lue et publiée de » nouveau sur l'enchère de   prix de l'adjudication prépa- » ratoire et l'adjudication définitive de ladite maison a été » indiquée, au   »

Affiches pour parvenir à la vente d'immeuble licité.

(Art. 972, Code Proc. — Art. 128, Tarif. — Coût. 6 fr.

DE par Sa Majesté l'Empereur des Français, Roi d'Italie, et Protecteur de la Confédération du Rhin,

On fait savoir à tous qu'il appartiendra,

Que, le mercredi 15 juin 1808, heure de midi, à l'audience des criées du Tribunal de première instance du département de la Seine, séant à Paris, au Palais de Justice, cour du Mai ;

Il sera procédé à l'adjudication préparatoire d'une maison, sise à Paris, rue St.-Germain-l'Auxerois, n° 4 ;

Sur la licitation poursuivie par le sieur Jean-Philippe Durand, charron, demeurant à   contre le sieur Alexandre Durand, demeurant à   2° le sieur Bonnet, demeurant à   au nom et comme tuteur légal de Charles Durand, son fils mineur, et de Louise Du- rand, son épouse, décédée ; lesdits sieurs Philippe et Alexandre Durand et le mineur Bonnet, par représenta- tion de sa mère, héritiers chacun pour un tiers de défunt Pierre Durand, leur père et grand-père ;

3° Et la dame Denise-Charlotte Godard, veuve Du- rand, demeurant à   en son nom, à cause de la communauté de biens qui a existé entre elle et son dé- funt mari.

Désignation sommaire.

(*Copier celle de l'enchère.*)

S'adresser dans la maison, pour la voir ;

Et pour les renseignemens, à Me D., demeurant à
poursuivant la vente ;

Et à, 1° Me G., demeurant à ⎫ Avoués co-licitans.
2° Me J., demeurant à ⎭

Voir les notes du modèle 960, pour parvenir à la vente.

Dire sur l'enchère pour contester sa rédaction.

(Art. 973, Code. Proc. — Art. 70 Tarif par anal. — Coût, 1 fr.)

A la requête de la dame Charlotte Godard, veuve
Durand,

Soient sommés : 1° M. D., avoué du sieur Philippe
Durand, poursuivant la vente d'une maison et dépendances, sises à Paris, rue Saint-Germain-l'Auxerois, n° 4 ;

2° Et Me J., avoué du sieur Bonnet, au nom et
comme tuteur légal de son fils mineur, co-licitant ;

De comparaître vendredi prochain, 30 mars, heure
de midi, à l'audience de la quatrième section du Tribunal de première instance du département de la Seine,
séant à Paris, au Palais de Justice ;

Pour, et attendu que dans le cahier des charges déposé
au greffe dudit Tribunal, par ledit sieur Philippe
Durand, à l'effet de parvenir à la vente par licitation, de
la maison dont s'agit, on n'a pas imposé à l'adjudicataire la charge de souffrir, par la cour de sa maison,

l'écoulement des eaux pluviales et ménagères de la maison voisine, numérotée 6, et appartenant au sieur Gaillot ; attendu cependant que cette servitude est imposée à la maison dont ledit sieur Durand poursuit la licitation, et qu'il est indispensable d'en prévenir et d'en charger l'adjudicataire ;

Voir dire et ordonner qu'il sera ajouté audit cahier de charges, la clause suivante :

« L'adjudicataire de la maison dont la vente est pour-
» suivie, jouira des servitudes actives, et sera tenu
» de celles passives, apparentes ou occultes, continues
» ou discontinues, et notamment de celle de souffrir sur
» la cour de la maison à vendre, l'écoulement des eaux
» pluviales et ménagères de la maison voisine, numé-
» rotée 6. »

Et en cas de contestation, condamner ledit sieur Philippe Durand, aux dépens que la dame veuve Durand pourra en tout cas employer en frais de co-licitant ; à ce que lesdits maitres D. et J., n'en ignorent, leur déclarant que, faute par eux de comparaître, la dame veuve Durand, prendra son avantage ; à ce que pareillement ils n'en ignorent, dont acte.

(Signature de l'avoué.)

Opposition du créancier d'un héritier, à un partage.

(Conséquence de l'art. 882, Code Napol. — Art. 29, Tarif par analogie. — Coût, 2 fr.)

L'AN mil huit cent huit, le   mars, à la requête du sieur   Avario, demeurant à Versailles, créancier sérieux et légitime du sieur Philippe Durand, suivant une obligation passée devant   qui en a gardé minute, et son confrère, notaires à Paris, le   dûment enregistrée, dont est avec ces présentes, donné copie par extrait; pour lequel dit sieur Avario, domicile est élu en la demeure de M⁰ D., sise à Paris, rue, etc., j'ai, (*immatricule de l'huissier*) soussigné, signifié et déclaré à (*tous les héritiers, et même à l'héritier débiteur.*)

Que ledit sieur Avario est opposant, comme par ces présentes, il s'oppose formellement à ce qu'il soit procédé autrement qu'en sa présence, ou lui dûment appelé, aux comptes, licitation et partage de la succession du sieur Pierre Durand, et dont ledit sieur Philippe Durand, son débiteur, est héritier pour un tiers; la présente opposition, faite pour sûreté, conservation et avoir paiement de la somme de deux mille francs, due par ledit sieur Philippe Durand au sieur Avario, aux termes de l'obligation sus-énoncée, à ce que les sus-nommés n'en ignorent, leur déclarant que ledit sieur Avario proteste dès à présent de nullité de tout ce qui serait fait au préjudice de la présente opposition, notamment de tous partages, soit provisionnels, soit définitifs, de la succession dont s'agit, auxquels on procéderait sans l'appeler; à ce que les sus-nommés pareillement n'en ignorent, et je leur ai, en leurs domiciles et parlant comme dessus, laissé à chacun séparément, copie par extrait, de l'obligation susdatée, et du présent exploit, dont le coût est de

---

Il est nécessaire de faire une élection de domicile dans l'arrondissement du lieu de l'ouverture de la succession.

Requête au juge-commissaire , pour obtenir jour à l'effet de faire citer les parties devant lui , et convenir du notaire qui dressera l'acte de partage.

(Art. 976, Cod. Proc. — Art. 76, Tarif. — Coût 2 fr.)

A Monsieur   Juge en la quatrième section du Tribunal de première instance du département de la Seine, commis pour procéder aux compte, liquidation et partage dont sera ci-après parlé.

LE sieur Jean-Philippe Durand, demeurant à Paris, rue   héritier pour un tiers de défunt Pierre Durand son père ;

Expose, que par jugement de la quatrième section du Tribunal de première instance du département de la Seine, en date du

dûment enregistré et signifié, il a été ordonné que par-devant vous, Monsieur, il serait procédé aux compte, partage et liquidation des biens composant la succession dudit défunt Durand, ainsi que de la communauté qui a existé entre lui et la dame son épouse, aujourd'hui sa veuve , après que les immeubles, en faisant partie, auraient été vendus ou partagés.

Que ces immeubles ayant été trouvés impartageables, par les experts commis à cet effet, ils ont été vendus publiquement ; mais que le prix qui en provient ne pouvant être distribué entre les parties intéressées, avant que leurs droits ayent été fixés et liquidés, il devient nécessaire de procéder à cette opération.

Pourquoi il vous plaira, Monsieur, indiquer les jours lieu et heure auxquels l'exposant pourra faire citer ses co-héritiers en la succession dont s'agit, et la dame veuve Durand, à comparaître pardevant vous, pour procéder de la manière indiquée en l'article 976 du Code de Procédure civile, à fin de parvenir aux compte, liquidation et partage dont s'agit, et vous ferez justice.

(*Signature de l'avoué.*)

Sommation de comparaître devant le juge-commissaire, pour procéder aux opérations de partage.

(Art. 976, Code Proc. — Art. 29, Tarif. — Coût, 2 fr.)

L'an mil huit cent huit, le   mars, à la requête du sieur Philippe Durand, héritier pour un tiers de défunt Pierre Durand son père, lui demeurant à Paris, rue, etc. pour lequel domicile est élu, etc, j'ai, (*immatricule de l'huissier*), soussigné, signifié, et avec ces présentes donné copie : 1° à la dame Denise-Charlotte Godard, veuve du sieur Pierre Durand, demeurant à Paris, rue, etc., en son nom, à cause de la communauté de biens qui a subsisté entre elle et son défunt mari, en son domicile, en parlant à

2° Au sieur Jean Durand, demeurant ci-devant à Paris, rue   et maintenant n'ayant aucun domicile ni résidence connus; pourquoi, (*faire mention de l'affiche d'une copie, et de la remise d'une autre copie au Procureur Impérial*) ;

3° Et au sieur Bonnet, au nom et comme tuteur de Charles Bonnet son fils, mineur, lui demeurant à   etc.

D'une ordonnance de M.   juge en la quatrième

section du Tribunal de première instance du département de la Seine, et commissaire en cette partie, en date du   dûment enregistrée, étant au bas de la requête à lui présentée le même jour, et de laquelle requête il est aussi avec ces présentes donné copie ; à ce que du contenu en ladite ordonnance les sus-nommés n'ignorent et à pareilles requête, demeure et élection de domicile que dessus, j'ai huissier susdit et soussigné, fait sommation à ladite dame veuve Durand et aux sieurs Jean-Alexandre Durand et au sieur Bonnet ès-dit nom, de comparaître le   1808, heure de midi, pardevant M.   juge au Tribunal de première instance du département de la Seine, commissaire en cette partie et en la chambre du conseil dudit Tribunal, quatrième section, à Paris, au Palais de Justice, pour procéder devant ledit juge-commissaire de la manière indiquée en l'art. 976 du Code de Procédure civile, afin de parvenir aux compte, liquidation et partage de la succession dudit Pierre Durand, qui ont été ordonnées, être faites devant mondit sieur par·jugement de la quatrième section du Tribunal de première instance du département de la Seine, en date du   dûment enregistré et signifié, rendu entre les parties ; à ce que les sus-nommés pareillement n'en ignorent ; leur déclarant que faute par eux de comparaître, le requérant se pourvoira ainsi que de droit ; et ai signifié que ledit Me D., avoué, continuera d'occuper, et j'ai aux sus-nommés, domiciles et parlant comme dessus, laissé à chacun séparément copie, certifiée, etc., des requête et ordonnance sus-énoncées et du présent exploit, dont le coût est de

Bien qu'il y ait des avoués constitués, cette sommation doit être faite aux domiciles des parties. (Argument de l'art. 29 du Tarif.)

Procès-verbal dressé devant le juge-commissaire , pour convenir du notaire qui dressera l'acte de partage.

(Art 976, Code Proc. — Art. 92 , Tarif. — Vacat., 6 fr.)

L'an mil huit cent huit, le   mars, heure de midi, en la chambre du conseil du Tribunal de première instance du département de la Seine, quatrième section , pardevant nous   juge en ladite quatrième section dudit Tribunal, commis pour procéder aux opérations dont sera ci-après parlé, assisté du sieur   greffier, est comparu M⁰ D., avoué près ce Tribunal, et du sieur Philippe Durand, demeurant à Paris, rue   héritier pour un tiers, de défunt Pierre Durand, son père, et en cette qualité, poursuivant les compte, liquidation et partage des biens de ladite succession et de la communauté qui a existé entre lui et son épouse, aujourd'hui sa veuve. Lequel dit M⁰ D. a dit, qu'en vertu de notre ordonnance dûment enregistrée, en date du   étant au bas de la requête à nous présentée le même jour, desquelles requête et ordonnance, il a été donné copie par exploit de B. huissier, en date du   dûment enregistré, ledit sieur Philippe Durand a fait sommer (*rappeler les noms et demeures de la veuve et des héritiers ;)*

De comparaître à ces jour, lieu et heure, pardevant nous, commissaire en cette partie, pour procéder de la manière indiquée en l'art. 976 du Code de Procédure civile, afin de parvenir aux compte, liquidation et partage de la succession dudit Pierre Durand, qui ont été ordonnées être faites devant nous, par jugement de la quatrième section du Tribunal de première instance du département de la Seine, en date du   rendu entre le requérant et les sus-nommés ;

Et ledit Me D. audit nom a requis, attendu qu'aux termes de l'art. 976 du Code de Procédure civile, les opérations de compte, liquidation et partage dont s'agit, doivent être renvoyées devant un notaire, et qu'une des parties intéressées étant mineure, elle ne peut convenir de ce notaire avec les parties majeures, que les parties soient renvoyées à l'audience pour que le Tribunal nomme le notaire, et a signé.

(*Signature de l'avoué.*)

Et à l'instant sont comparus : 1° Me G., avoué en ce Tribunal, et de la dame Charlotte Godard, veuve Durand ; 2° et Me J., avoué du sieur Bonnet, au nom et comme tuteur de son fils mineur;

Lesquels nous ont dit qu'ils comparaissent au désir de la susdite sommation et qu'ils s'en rapportent à la prudence du Tribunal pour le choix du notaire qui doit procéder aux opérations dont s'agit, et ont lesdits Mes G. et J., avoués, signé.   (*Signature des avoués.*)

« Desquels comparutions, dires et réquisitions, nous,
» juge-commissaire, susdit et soussigné, donnons acte
» auxdits Mes G. et D., audit nom, et après avoir
» attendu jusqu'à   heures sonnées, le sr Alexandre
» Durand qui n'est pas comparu, quoique dûment

» appelé, nous avons contre lui donné défaut ; et vu
» l'article 976 du Code de Procédure civile, attendu
» que parmi les parties intéressées, l'une est mineure
» et une autre n'est pas comparue ; qu'ainsi le notaire
» dont s'agit doit être nommé d'office, renvoyons les
» parties à l'effet de la nomination dont il s'agit, à
» l'audience du   auquel jour il sera par
» nous fait rapport des demandes respectives des parties,
» et avons signé avec le greffier. »

(*Signatures du juge et du greffier.*)

Il faut appeller *à l'audience* la partie qui a fait défaut.

*Sommation au créancier opposant, d'être présent aux
opérations de partage.*

(Art. 882, Cod. Napol. — Art. 29, Tarif. — Coût, 2 fr.)

L'AN mil huit cent huit, le   mars, à la requête du
sieur Jean-Philippe Durand, demeurant à   et pour
lequel domicile est élu, etc., etc, j'ai, (*immatricule
de l'huissier*), soussigné, fait sommation au sieur Avario, demeurant à Versailles, se disant créancier dudit
sieur Jean-Philippe Durand, héritier pour un tiers de
défunt Pierre Durand son père, et en cette qualité ledit
sieur Avario opposant aux compte, liquidation et partage de la succession dudit sieur Pierre Durand ; au
domicile par lui élu par son opposition chez M^e   à
Paris, rue   audit domicile élu, en parlant à

De comparaître samedi prochain, 20 mars 1808, neuf
heures du matin en l'étude de Me L. notaire, commis à cet
effet, sise à Paris, rue   pour, si bon lui semble, voir
procéder par ledit Me L., notaire aux comptes que les

co-héritiers et co-partageans du défunt Durand peuvent se devoir, à la formation de la masse générale, à la composition des lots et aux fournissemens à faire à chacun desdits co-partageans, et enfin, à toutes les opérations nécessaires pour parvenir au partage des biens de la succession dont s'agit, lui déclarant que faute par lui de comparaître il sera procédé auxdites opérations, tant en absence que présence; à ce que du tout le sus-nommé n'ignore, et je lui ai, domicile et parlant comme dessus, laissé copie du présent exploit, dont le coût est de

Sommation aux parties, d'être présentes aux opérations de partage faites par le notaire à ce commis.

(Argum. des art. 977, Code Proc. et 828 Code Napol. — Art. 29, Tarif par analogie. — Coût, 2 fr.)

L'an mil huit cent huit, le   avril, à la requête du sieur Jean-Philippe Durand, héritier pour un tiers de défunt Pierre Durand, son père, et en cette qualité poursuivant le partage des biens de sa succession, lui demeurant à   pour lequel domicile est élu, j'ai, (*immatricule de l'huissier*), soussigné, fait sommation (*aux veuve et héritiers.*)

De comparaître, et se trouver mardi prochain, 25 mars 1808, heure de midi, pardevant M⁰ L., notaire impérial, à Paris en son étude, sise à Paris, rue

Pour être présens et assister aux comptes, rapports, formation de masse, prélévemens, composition des lots et fournissemens à faire à chacun des co-héritiers, et à toutes les autres opérations auxquelles procédera ledit

M. L., notaire, nommé à cet effet par jugement du *
rendu sur le rapport de monsieur le juge-commissaire,
commis pour le partage, et duquel jugement est avec ces
présentes donné copie, déclarant aux sus-nommés que,
faute par eux de comparaître, il sera contre eux donné
défaut, et qu'ils seront représentés aux opérations sus-
énoncées par un notaire nommé d'office à cet effet, aux
termes de la loi; à ce que du tout les sus-nommés n'ignorent, et je leur ai, à chacun séparément laissé copié, certifiée, etc., du jugement sus-énoncé et du présent exploit, dont le coût est de

---

Si en effet l'un des co-héritiers appelé vient à faire défaut, on le fait représenter par un notaire, *(Argument de
l'art. 77 Tarif*, voir modèle sur l'art. 113 C. Nap.) Il en est
de même si on a demandé la liquidation contre un absent
dont l'absence n'est pas déclarée; c'est ici que commence la
nécessité de le faire représenter par un notaire. (*Argument
des art*. 113 et 134 Code Napoléon et 77 Tarif.)

*Requête pour faire commettre un notaire à fin de repré-
senter un présumé absent aux compte, partage et
liquidation.*

(Art. 113, Code Napol. — Art. 77, Tarif. — Coût, 3 fr.)

A Monsieur le Président du Tribunal de première
instance du département de la Seine.

Le sieur Philippe Durand, demeurant à

Expose, qu'étant héritier, conjointement avec le mineur Bonnet et le sieur Alexandre Durand, du sieur

Pierre Durand, leur père et grand-père, il a formé contr'eux, et contre la dame Godard, veuve dudit défunt Durand, commune en biens avec lui, une demande à fin de compte, liquidation et partage ;

Que déjà un jugement rendu en la quatrième section de votre Tribunal, sur les conclusions du Procureur-Impérial, le   dûment enregistré, a ordonné qu'il serait procédé devant monsieur   juge, commis à cet effet, aux compte, partage et liquidation de ladite succession ;

Que, par autre jugement de la même section, rendu sur le rapport de monsieur   juge-commissaire, il a été ordonné que Mᵉ L., notaire impérial, à Paris, procéderait aux comptes, rapports, formation de la masse, prélèvemens, composition des lots et fournissemens ;

Mais que, dans tous ces jugemens et les procédures qui les ont précédées et suivies, le sieur Alexandre Durand a fait défaut, et que n'ayant depuis long-temps donné aucunes nouvelles, et n'ayant aucuns domicile et résidence actuellement connus, il doit être présumé absent ;

Pourquoi, attendu que l'on ne peut procéder aux opérations ordonnées par le jugement sus-énoncé, sans que ledit sieur Alexandre Durand soit préalablement représenté par un notaire par vous nommé ;

Il vous plaira, monsieur le Président, nommer un notaire pour représenter, aux termes de la loi, ledit sieur Alexandre Durand, aux opérations sus-énoncées, et vous ferez justice.

(Signature de l'avoué.)

L'ordonnance qui commet le notaire lui est signifiée avec

sommation de comparaître devant le notaire, commis pour
les opérations de partage. (Voir modèle de l'art 931 C. P.
pour cette signification, et modèle précédent pour la sommation.)

*Requête pour faire commettre un notaire, à fin de repré-
senter aux compte, partage et liquidation, celui qui
n'a pas comparu devant le notaire commis, pour ces
opérations.*

(Conséquence de l'art. 977, Code Proc. — Art. 113, Code Napol.
par analogie. — Art 77, Tarif. — Coût, 3 fr.)

A Monsieur le Président du Tribunal de première
instance du départemeut de la Seine, Chevalier
de la Légion d'honneur.

Le sieur Philippe Durand, demeurant à   héritier
pour un tiers du sieur Louis Durand, décédé à Paris,
le

Exposé que le   il est intervenu en la quatrième
section de votre Tribunal, un jugement contradictoire
entre l'exposant et le sieur Alexandre Durand ; le sieur
Bonnet, au nom et comme tuteur de son fils mineur, et
la dame Godard, veuve Durand, qui a ordonné qu'il serait procédé devant M.   juge-commissaire, commis à
cet effet, aux compte, liquidation et partage de la succession dudit sieur Louis Durand ;

Que, par autre jugement du   rendu sur le rapport
de monsieur le juge-commissaire, il a été ordonné que
Mᶜ L., notaire impérial, à Paris, procederait aux

15 *

comptes, rapports, formation de la masse, prélèvemens,
composition des lots et fournissemens, et que le sieur
Alexandre Durand, l'un des héritiers, ayant été sommé
de comparaitre devant ledit notaire, pour assister à ces
opérations, il a fait défaut, ainsi que le constate le procès-verbal dressé devant ledit notaire, le
dûment enregistré ;

Pourquoi, et ce considéré, monsieur le Président, vû
le procès-verbal de défaut ci-joint ; et attendu que ledit
sieur Alexandre Durand doit être considéré comme présumé absent aux opérations dont s'agit, nommer un notaire pour le représenter aux mêmes opérations, aux
termes de la loi, et vous ferez justice.

(*Signature de l'avoué.*)

Sommation d'assister à la clôture d'un partage.

(Art. 980, Cod. Proc. — Art. 29, Tarif. — Coût, 2 fr.)

L'AN mil huit cent huit, le   avril, à la requête
du sieur Jean-Philippe Durand, héritier pour un tiers
de défunt Pierre Durand, son père, et en cette qualité,
poursuivant le partage des biens de sa succession, lui
demeurant à   pour lequel domicile est élu
j'ai, (*immatricule de l'huissier*) soussigné, fait sommation (*à la veuve et autres héritiers, et aux opposans au
partage*) de comparaitre, et se trouver mardi prochain, 25 mars 1808, heure de midi, pardevant Me H.,
notaire, en son étude, sise à Paris, rue

Pour, si bon leur semble, assister à la clôture du
procès-verbal dressé par ledit notaire, en date au commencement du   et contenant toutes les opérations

de comptes, liquidation et partage de la succession du
défunt Pierre Durand, notamment la composition des
lots qui a été faite par le sieur A., expert, nommé à
cet effet, par M.   juge-commissaire en cette partie,
entendre la lecture dudit procès-verbal, et le signer
avec ledit Me L., notaire, déclarant aux sus-nommés,
que faute par eux de comparaire, il sera passé outre à
tout ce que dessus, et que ledit sieur Philippe Durand
poursuivra l'homologation dudit procès-verbal de partage, pardevant le Tribunal de première instance du département de la Seine; à ce que pareillement les sus-
nommés n'en ignorent; et je leur ai en leurs domiciles
et parlant comme dessus, laissé copie du présent exploit,
dont le coût est de

Assignation en homologation d'un acte de partage.

(Art. 981, Code Proc. — Art. 29, Tarif par anal. — Coût, 2 fr.)

L'An mil huit cent huit, le   mars, à la requête
du sieur Philippe Durand, demeurant à   héritier
pour un tiers du sieur Pierre Durand, en cette qualité
poursuivant le partage des biens de sa succession; pour
lequel le sieur Philippe Durand, domicile est élu, etc.,
j'ai, (*immatricule de l'huissier*) soussigné, donné assignation (*aux parties qui ont comparu, et ont refusé de
signer le partage, et aux parties qui ont fait défaut*);

A comparaître à l'audience, etc.,

Pour, attendu que par jugement de la quatrième section du Tribunal de première instance du département
de la Seine, en date du   dûment enregistré et signifié,

il a été ordonné, sur la demande dudit sieur Philippe Durand, qu'à sa requête, poursuite et diligence, il serait procédé aux comptes, liquidation et partage de la succession du sieur Pierre Durand ;

Attendu que, par autre jugement du Tribunal, en date du   et aussi dûment enregistré et signifié, il a été ordonné que, pardevant M⁰ L., notaire, à Paris, commis d'office, il serait procédé aux comptes, rapports, formation de la masse, prélèvemens, composition des lots et fourrissemens nécessaires ;

Attendu qu'il a été procédé auxdites opérations, pardevant M⁰ L., suivant procès-verbal en date au commencement du   dûment enregistré ;

Attendu que les lots desdits biens ont été composés par le sieur A., expert, nommé d'office, par ordonnance de M.   juge-commissaire en cette partie, en date du   dûment enregistrée ;

Attendu que ledit procès-verbal de partage est d'ailleurs régulier, et que toutes les formalités voulues par la loi ont été religieusement observées ;

Voir dire et ordonner que ledit procès-verbal de partage de la succession du sieur Pierre Durand, dressé par ledit M⁰ L., notaire, le   clos le   et dûment enregistré, sera homologué pour être exécuté selon sa forme et teneur, contre les sus-nommés, comme avec les autres co-partageans, présens à sa clôture, et qui ont signé ledit acte ; en conséquence, ordonner que les lots, tels qu'ils sont composés audit procès-verbal, seront tirés au sort, pardevant monsieur   juge-commissaire en cette partie, ou pardevant ledit M⁰ L., notaire ; lequel en fera la délivrance aussitôt après le tirage ;

Et, pour en outre répondre et procéder, comme de raison , à fin de dépens, et ai signifié que Me D., continuera d'occuper pour le demandeur, sur ladite poursuite de liquidation et partage, et j'ai à chacun des susnommés, domiciles et parlant comme dessus, laissé copie du présent exploit ,dont le coût est de

Si toutes les parties ont signé la clôture du procès-verbal de partage , l'homologation s'obtient sur simple requête et sur le rapport du juge-commissaire.

TITRE VII.

DU BÉNÉFICE D'INVENTAIRE.

Requête à fin dé vendre les meubles d'une succession , sans attribution de qualité.

(Art. 986, Code de Proc. — Art. 77 , Tarif — Coût 3 francs.)

A M. le Président du Tribunal de première instance du département de la Seine, séant à Paris , au Palais de Justice, Chevalier de la Légion d'honneur.

Le sieur Fleurant, demeurant à   rue

Vous expose qu'il est présomptif héritier pour moitié du sieur Ménager, décédé à Paris, rue de l'Observance, n° 7, le

Que dans sa succession , il se trouve plusieurs effets mobiliers qu'il est nécessaire de vendre le plutôt possible pour les empêcher de dépérir ;

Mais comme l'exposant est encore dans les délais pour faire inventaire et délibérer, et qu'il ne veut pas faire acte d'héritier ;

Il vous plaira, ce considéré, monsieur le Président, autoriser ledit sieur Fleurant a faire procéder en la manière ordinaire et accoutumée, et sans attribution de qualité, à la vente desdits meubles et effets dépendans de la succession dudit sieur Ménager, et vous ferez justice.

(Signature de l'avoué.)

Lorsqu'on a accepté la succession sous bénéfice d'inventaire, il n'est pas besoin de requête pour vendre les meubles, (argument de l'art. 805 Code Napoléon), à moins que l'on ne se trouve dans l'un des cas spécifiés en la note du modèle de l'art. 946 C. P.

On suit, pour la vente de ce mobilier, les formalités exigées au titre des Saisies-Exécutions.

Requête de l'héritier bénéficiaire pour être autorisé à vendre ses immeubles.

(Art. 987, Code Proc. — Art. 78, Tarif. — Coût, 7 fr. 50 c.)

A Monsieur le Président du Tribunal de première instance, du département de la Seine, Chevalier de la Légion d'honneur.

Le sieur Fleurant, demeurant à   ,, et le sieur Foullon, demeurant à

Vous exposent, qu'après avoir fait procéder aux reconnaissance, levée de scellés et à l'inventaire fidèle et exact des meubles et effets composant la succession du sieur

Ménager, décédé en sa demeure, sise à Paris, rue de l'Observance, n° 7, ils ont, suivant acte du greffe de votre Tribunal, en date du   dûment enregistré, accepté sous bénéfice d'inventaire, ladite succession, et que le prix de la vente desdits meubles et effets, faite par M.   commissaire-priseur, n'ayant pu suffire pour acquitter tous les créanciers, il devient indispensable aujourd'hui de vendre une maison sise à Paris, rue de la Roquete, n° 7, faisant partie de la succession dudit défunt Ménager;

Pourquoi, ce considéré, il vous plaira, monsieur le Président, autoriser les requérans à vendre à l'audience des criées de votre Tribunal, et en la manière ordinaire et accoutumée, ladite maison, sise à Paris, rue de la Roquete, n° 7, visite et estimation d'icelle préalablement faites par experts que vous nommerez d'office à cet effet; et vous ferez justice.

(*Signature de l'avoué.*)

Requête à fin d'entérinement du rapport.

(Art. 988, Code de Proc. — Art. 78. du Tarif. — Coût, 7 fr. 50 c.)

A Monsieur le Président du Tribunal de première instance du département de la Seine, Chevalier de la Légion d'honneur.

Le sieur Fleurant, demeurant à   et le sieur Foullon, demeurant à   tous deux seuls et uniques héritiers, sous bénéfice d'inventaire, du sieur Ménager, décédé en sa demeure, sise à Paris, rue de l'Observance n° 7;

Exposent que, par votre jugement du   dûment

enregistré , rendu sur les conclusions de monsieur le Procureur-Impérial , et sur la requête présentée par les exposans, vous avez ordonné avant de faire droit à la vente demandée , d'une maison , sise à Paris , rue de l'Observance , n° 7, faisant partie de la succession dudit sieur Ménager , que ladite maison serait vue et estimée par M. D., architecte , expert que vous avez nommé d'office à cet effet , et serment par lui préalablement prêté devant vous ;

Que, suivant procès-verbal dressé pardevant vous, monsieur le Président, dûment enregistré , mondit sieur D. , ayant prêté serment de bien et fidèlement procéder aux opérations qui lui étaient confiées , a effectivement procédé aux visite et estimation de ladite maison , et dressé du tout procès-verbal, en date au commencement du   déposé au greffe du Tribunal , par acte du   et que par icelui la maison dont s'agit a été estimée dix-sept mille francs.

Pourquoi, et dans ces circonstances , il vous plaira, monsieur le Président , attendu que ledit procès-verbal de rapport est régulier , et que toutes les formalités voulues par la loi ont été remplies , entériner , pour être exécuté selon sa forme et teneur, ledit procès-verbal, ci-joint ; en conséquence , ordonner qu'à la requête , poursuite et diligence des exposans , il sera procédé dans les formes prescrites pour les partages et licitations, à la vente de la maison sise à Paris, rue de l'Observance, n° 7, à l'audience des criées du Tribunal de 1re instance du département de la Seine , séant à Paris, au Palais de Justice , au plus offrant et dernier enchérisseur, sur le cahier des charges qui sera à cet effet déposé au greffe

desdites criées, lu et publié en jugement, ladite audience tenante ; pour le prix à provenir de ladite vente,
être distribué suivant l'ordre des privilèges et hypothèques des créanciers, et vous ferez justice.

(Signature de l'avoué.)

*Cahier des charges d'un immeuble vendu par des héritiers
bénéficiaires.*

(Art. 988, Code Proc. — Art. 128, Tarif. — Coût, 2 fr. par rôle).

MAITRE D., demeurant à Paris, rue
avoué au Tribunal de première instance du département de la Seine, et 1° du sieur Fleurant, rentier,
demeurant à Paris, rue   2° et du sieur
Foullon, demeurant aussi à Paris, rue   seuls et
uniques héritiers, chacun pour moitié du sieur Ménager, décédé en sa demeure, sise à Paris, rue de l'Observance, n° 7, mais sous bénéfice d'inventaire, suivant acte du greffe du Tribunal de première instance du
département de la Seine, en date du   dûment
enregistré, et en cette qualité, poursuivant la vente à
l'audience des criées dudit Tribunal, de la maison et
dépendances, ci-après désignées :

En conséquence : 1° d'un jugement de la première
section du Tribunal de première instance du département de la Seine, en date du   dûment enregistré,
rendu sur les conclusions de monsieur le Procureur-
Impérial ; et sur la requête présentée par lesdits sieurs
Fleurant et Foullon, ès-dites qualités, lequel jugement,
avant faire droit sur la demande à fin de vente d'une

maison , sise à Paris , rue de l'Observance, n° 7, dépendant de la succession dudit sieur Ménager , a ordonné que ladite maison serait vue , visitée et estimée par M. D. , architecte expert , nommé d'office à cet effet, et serment par lui préalablement prêté ;

2° Et d'un autre jugement pareillement rendu en la première section du Tribunal de première instance du département de la Seine , en date du   dûment enregistré , rendu aussi sur les conclusions du Procureur-Impérial , et sur la requête présentée par lesdits sieurs Fleurant et Foullon ; lequel jugement a entériné , pour être exécuté selon sa forme et teneur , le procès-verbal de rapport , dressé par ledit sieur D. , architecte expert , le   dûment enregistré , et déposé au greffe dudit Tribunal , et en conséquence a ordonné que (*copier le dispositif du jugement qui ordonne la vente*).

Enchérit et met à prix. (*Comme au modèle de l'article 958.*)

Placard pour parvenir à la vente d'un immeuble, faisant partie d'une succession acceptée sous bénéfice d'inventaire.

Art. 988 , Code Proc. — Art. 105 et 128 , Tarif.) — Coût. 6 fr.)

De par Sa Majesté l'Empereur des Français et Roi d'Italie , Protecteur de la Confédération du Rhin ,

On fait savoir à tous qu'il apppartiendra ,

Que , le mercredi 15 mai 1808 , heure de midi , à l'audience des criées du Tribunal de première instance du département de la Seine , séant à Paris , au Palais de Justice , cour du Mai ,

Il sera procédé à l'adjudication préparatoire d'une maison sise à Paris, rue de l'Observance, n° 7,

Sur la vente poursuivie par le sieur Fleurant, rentier, demeurant à Paris, rue   et le sieur Foullon, avocat, demeurant à Paris, rue   tous deux seuls et uniques héritiers, chacun pour moitié, et sous bénéfice d'inventaire du sieur Ménager, décédé en sa demeure, sise à Paris, susdite rue de l'Observance, n° 7.

(*Le reste comme au modèle sur l'art.* 958.

Il est procédé à la vente suivant les formalités prescrites au titre des *Partages et Licitations.*

Sommation à l'héritier bénéficiaire, de donner caution.

(Art. 992, Code Proc. — Art. 807, Cod. Napol. — Art. 29, Tarif. — Coût, 2 fr.)

L'AN mil huit cent huit, le   à la requête du sieur Avario, demeurant à Versailles, créancier sérieux et légitime du sieur défunt Ménager, et pour lequel domicile est élu en la demeure de Me J., avoué, sise à Paris, rue   j'ai (*immatricule de l'huissier*) soussigné, fait sommation : 1° au sieur Fleurant, demeurant à

2° Et au sieur Foullon, demeurant à

Tous deux héritiers, chacun pour moitié, sous bénéfice d'inventaire dudit défunt Ménager ;

De, dans trois jours pour tout délai, présenter au greffe du Tribunal de première instance du département de la Seine, bonne, solvable et suffisante caution de tous les biens, meubles et effets mobiliers, composant la succession dudit défunt Ménager, ainsi que de la portion du prix des immeubles vendus, qui n'a pas été déléguée aux créanciers; et signifier l'acte de présentation de ladite caution, avec l'acte de dépôt audit greffe, des titres constatant la solvabilité de la caution qui sera présentée au sieur Avario, au domicile par lui ci-dessus élu; à ce que du tout les sus-nommés n'ignorent; leur déclarant que, faute par eux de satisfaire à la présente sommation, le sieur Avario, en sadite qualité de créancier de la succession du sieur Ménager, poursuivra, aux termes de l'art. 807 du Code Napoléon, la vente des meubles dépendans de cette succession, et le dépôt du prix de cette vente, ainsi que de la portion non déléguée du prix des immeubles de ladite succession, pour le tout servir à acquitter les charges d'icelle; à ce que pareillement les sus-nommés n'en ignorent, et je leur ai, en leurs domiciles, et parlant comme dessus, laissé à chacun séparément, copie du présent exploit, dont le coût est de

*Requête des héritiers bénéficiaires, pour faire nommer
un curateur au bénéfice d'inventaire.*

(Art. 996, Cod. Proc. — Art. 77, Tarif. — Coût, 3 fr.)

A Messieurs les Président et Juges de la première
section du Tribunal de première instance du
département de la Seine.

LE sieur Fleurant, demeurant à   et le sieur
Foullon, demeurant à

Exposent, qu'après avoir rempli toutes les conditions,
et observé toutes les formalités voulues par la loi, ils ont,
suivant acte du greffe, en date du   dûment enregistré,
accepté, sous bénéfice d'inventaire, la succession du sieur
Ménager, décédé en sa demeure, sise à Paris, rue de
l'Observance, n° 7 ; laquelle succession ils sont appelés
seuls à recueillir chacun pour moitié ;

Que voulant former contre ladite succession bénéficiaire, une demande à fin de délaissement d'une maison
et dépendances, sises à Paris, rue de la Roquete, n° 7,
achetée par défunt Ménager du sieur Corbo, qui la pos-
sédait indûment, l'ayant usurpée sur les requérans, il
devient nécessaire de nommer un curateur, au bénéfice
d'inventaire de ladite succession, pour former contre lui
ladite demande ;

Pourquoi, ce considéré, il vous plaira, Messieurs,
nommer un curateur, au bénéfice d'inventaire de la succession dudit sieur Ménager, contre lequel sera dirigée
la demande dont s'agit, que lesdits sieurs Fleurant et

Foullon se proposent d'intenter contre ladite succession,
et vous ferez justice.

<hr>

TITRE VIII.

DE LA RENONCIATION A LA COMMUNAUTÉ OU A LA SUCCESSION.

Les renonciation se font au greffe sur un registre tenu à
cet effet.

<hr>

TITRE IX.

DU CURATEUR A SUCCESSION VACANTE.

*Requête pour faire nommer un curateur à succession
vacante.*

(Art. 998, Code Proc. — Art 812, Code Napol. — Art. 77, Tarif.
Coût, 3 francs.)

> A Messieurs les Président et Juges de la première
> section du Tribunal de première instance du
> département de la Seine.

Le sieur Avario demeurant à Versailles.

Expose que le sieur Ménager est décédé en sa demeure,
sise à Paris, rue de l'Observance, n° 7, le 2 janvier 1808,
sans qu'il se soit présenté d'autre héritier que le sieur
Fleurant, qui a renoncé à sa succession, suivant acte du
greffe du Tribunal de première instance du département
de la Seine, en date du   dûment enregistré et ci-joint.

Que l'exposant étant créancier sérieux et légitime dudit défunt Ménager, de la somme de mille francs, montant d'un billet par lui souscrit, au profit du requérant, le   dûment enregistré et stipulé payable le   désirerait en poursuivre le paiement ; et qu'il devient en conséquence nécessaire de nommer un curateur à la succession devenue vacante dudit défunt Ménager.

Pourquoi et ce considéré, il vous plaira, Monsieur, vu l'expédition de la renonciation ci-devant énoncée, nommer un curateur à la succession vacante, contre lequel l'exposant pourra diriger les demandes qu'il est dans l'intention de former contre ladite succession, et vous ferez justice.

Cette requête ne peut être présentée qu'après le délai accordé aux héritiers, pour faire inventaire et délibérer, c'est-à-dire, quatre mois et dix jours après l'ouverture de la succession.

Le jugement qui est rendu sur cette requête est levé aux frais du demandeur, signifié au curateur nommé, qui fait ensuite sa déclaration d'acceptation au greffe. (Voir modèle suivant.)

Acceptation du curateur à une succession vacante, de la charge à lui confiée.

(Conséquence des art. 998, Code Proc. et 812, Code Napoléon
— Art. 91, Tarif par anal. — Coût, 3 fr.)

Du   1808.

Aujourd'hui   est comparu pardevant nous, greffier du Tribunal de première instance du

2   16

département de la Seine, et en notre greffe, sis à Paris, au Palais de Justice, le sieur Paul, demeurant à Paris, rue　　assisté de Me P. son avoué.

Lequel nous a dit que, pour satisfaire au jugement de la première section du Tribunal de première instance du département de la Seine, en date du　　dûment enregistré, rendu sur la requête présentée à cet effet par le sieur Avario, créancier de défunt Ménager, par lequel jngement il a été nommé curateur à la succession vacante dudit sieur Ménager, décédé en sa demeure, sise à Paris, rue de l'Observance, n° 7 ;

Il déclarait qu'il acceptait purement et simplement ladite charge de curateur à la succession vacante dudit défunt Ménager, qui lui a été déférée par le jugement sus-énoncé, jurant et promettant d'en remplir bien et fidèlement toutes les fonctions, et de rendre compte de sa gestion à qui de droit ;

Dont, et de tout quoi, le comparant, assisté comme dessus, a requis acte que nous lui avons octroyé, et a signé avec ledit Me P. son avoué, et nous greffier soussigné, les jour, mois et an susdits.

(Signatures.)

LIVRE III.

TITRE UNIQUE

DES ARBITRAGES.

Compromis par acte sous seing-privé.

(Art. 1005, Code Procédure.)

ENTRE le sieur Marie-Nicolas François, demeurant à
à Paris, rue   seul et unique héritier du sieur Louis,
son frère germain, décédé à Paris, d'une part.

Et le sieur Jérôme Bouré, demeurant à Paris, rue de
la Loi, légataire universel dudit défunt Louis, suivant
le testament dont sera ci-après parlé ; d'autre part.

Il a été arrêté et convenu ce que suit, savoir :

Que, voulant éviter les frais coûteux d'un procès qui
pourrait s'élever relativement au testament du sieur
Louis, trouvé dans ses papiers, après son décès, et
voulant d'ailleurs se donner mutuellement des preuves
d'un parfait accord, les sus-nommés consentent s'en
rapporter au jugement et à la décision de Me Jacques
avocat, demeurant à   et de Me André, aussi avocat,
demeurant à   lesquels, en cas d'acceptation des
pouvoirs que les sus-nommés leur confèrent par ces

présentes, décideront sur la difficulté qui divise les parties et qui va être ci-après expliquée.

Après le décès du sieur Louis, il a été trouvé dans ses papiers, un testament en la forme mystique, signé, daté et écrit en entier de la main dudit sieur Louis, et par lequel le sieur Bouré a été institué son légataire universel.

Comme parmi les témoins présens à l'acte de suscription de ce testament, le sieur Williamore, l'un deux, n'avait pas la qualité de Français ; le sieur François a prétendu que ce testament devait être annullé, et en conséquence qu'il avait le droit d'appréhender la succession de s on frère.

Le sieur Bouré a soutenu que ce testament nul il est vrai, comme testament mystique, devait valoir comme olographe, étant signé, daté et écrit en entier de la main du sieur Louis, et la nullité dont on argumentait ne se trouvant que dans l'acte de suscription.

Ainsi la difficulté qui divise les parties, et sur laquelle elles compromettent et s'en rapportent à la décision des arbitres sus-nommés, se réduit à cette question :

De savoir si le testament de monsieur Louis nul, comme testament mystique, peut néanmoins valoir comme olographe.

En conséquence de tout ce que dessus, les parties ont arrêté ce qui suit :

ART. Ier. Les arbitres ci-dessus nommés jugeront sur la difficulté dont s'agit d'après les règles du droit, sans néanmoins suivre la procédure tracée par les Tribunaux, dans l'instruction de la cause ; les parties désirant seulement que le jugement arbitral, ne décide que le point de droit, de savoir si un testament nul comme mystique peut valoir comme olographe, quand d'ailleurs il est revêtu de toutes les formalités exigées, pour ces derniers testamens.

II. Les arbitres rendront leur jugement arbitral dans quatre mois, à compter du jour de l'acceptation des pouvoirs à eux conférés, et ce jugement sera rendu en dernier ressort ; les sus-nommés renonçant par ces présentes, à tout appel quelle que soit d'ailleurs ladite décision arbitrale.

III. En cas de décès, refus, déport ou empéchement de l'un des deux arbitres ci-dessus nommés, celui des arbitres restant pourra à son choix nommer un nouvel arbitre.

IV. S'il y a partage entre les arbitres, ils pourront en tous cas faire choix d'un tiers arbitre, pour les départager ; lequel tiers arbitre, après avoir conféré avec les arbitres divisés, sera tenu d'adopter l'une de leurs opinions, et de prononcer son jugement dans les six semaines qui suivront le jour de l'acceptation des pouvoirs à lui conférés.

V. Les frais du présent compromis et de son enregistrement seront, en tous cas, compensés entre les parties.

Fait double, à Paris, ce

L'acceptation des pouvoirs, par les arbitres, se fait par la décision même, et ils ne peuvent se déporter après avoir commencé les opérations. (Art. 1005 C. P.)

Requête à fin de nomination d'un tiers arbitre.

(Art. 1017, Code Proc. — Art. 77, Tarif. — Coût, 3 fr.)

> **A M. le Président du Tribunal de première
> instance du département de la Seine,
> Chevalier de la Légion d'honneur.**

LE sieur Marie-Nicolas-François, demeurant à
seul et unique héritier du sieur Louis, son frère germain, décédé à Paris,

Expose que le sieur Jérôme Bouré, demeurant à
institué légataire universel du défunt Louis, par son
testament mystique, en date du   dûment enregistré,
ils ont consenti par acte sous-seing-privé, en date du
fait double et dûment enregistré, s'en rapporter sur la
validité dudit testament, au jugement et à l'arbitrage
de Mᶜ Jacques, avocat, demeurant à   et de Mᶜ
Louis, demeurant à   qui tous deux ont accepté,
par l'acte sus-énoncé, les pouvoirs qui leur étaient
conférés ;

Que lesdits arbitres ont été divisés d'opinion, et
qu'ils n'ont pu s'accorder pour la nomination du tiers
arbitre qu'on leur a donné la faculté de choisir eux-
mêmes, ainsi que cela résulte du procès-verbal ci-joint,
en date, au commencement du   Pourquoi, ce
considéré, il vous plaira, monsieur le Président, nommer d'office le tiers arbitre qui départagera lesdits maîtres Jacques et Louis, avocats, premiers arbitres, en
se conformant aux dispositions du compromis et du
Code de Procédure civile, et vous ferez justice.

Sommation aux arbitres de se réunir au tiers arbitre.

(Art. 1018, Code Proc. — Art. 29, Tarif. — Coût, 2 fr.)

L'AN mil huit cent huit , le   avril , à la requête
du sieur Marie François , demeurant à   et pour
lequel domicile est élu en sa demeure , j'ai (*immatricule
de l'huissier*) soussigné , fait sommation à Me Louis ,
avocat , demeurant à Paris , rue

Et à Me Jacques , demeurant à Paris , rue

De comparaître et se trouver samedi prochain, 20 avril
1808, six heures de relevée , dans le cabinet de M• Paul,
avocat , demeurant à Paris , rue   , nommé, par ordonnance de M. le Président du Tribunal de première instance
du département de la Seine , en date du   enregistrée ,
étant au bas de la requête présentée le même jour , et
desquelles requête et ordonnance est, avec ces présentes ,
donné copie , tiers arbitre pour départager lesdits maîtres Louis et Jacques, arbitres, choisis par ledit sieur
François et ledit sieur Bouré , pour décider la difficulté
énoncée au compromis , fait double entre les parties ,
sous signatures privées , le   dûment enregistré ;
et en conséquence conférer avec ledit Me Paul, sur l'objet
du compromis, et les motifs des avis différens qu'ils ont
donnés, leur déclarant que faute par eux de comparaître,
il sera donné défaut par ledit tiers arbitre , qui pronon-
cera seul, aux termes du compromis et du Code de Procédure civile ; à ce que les sus-nommés n'en ignorent, et
je leur ai, en leurs domiciles, et parlant comme dessus ,

laissé à chacun séparément, copie des requête et ordonnance sus-énoncées, et du présent exploit, dont le coût est de

Demande en nullité d'un acte qualifié jugement arbitral.

(Art 1028, Code Proc. — Art. 29, Tar. par analogie—Coût 2 fr.)

L'AN, etc., à la requête du sieur François, demeurant à   lequel constitue pour son avoué au Tribunal de première instance du département de la Seine, Me D., demeurant à Paris, rue, etc., j'ai (*immatricule de l'huissier*) soussigné, donné assignation au sieur Bouré, demeurant à   à comparaitre d'aujourd'hui à la huitaine de la loi, à l'audience de la première section du Tribunal de première instance du département de la Seine, séant à Paris, au Palais de Justice;

Pour (*mettre les motifs*) voir dire et ordonner que ledit s^r François, aura acte de ce qu'il est opposant comme par ces présentes il s'oppose à l'ordonnance d'exécution apposée par monsieur le Président dudit Tribunal de première instance, le   ensuite de l'acte qualifié jugement arbitral, rendu par messieurs Jacques et Louis, avocats, le   d'après le compromis, fait sous seing-privé, le   entre le requérant et ledit sieur Bouré, ce faisant, voir dire et ordonner que ledit acte sera déclaré nul et de nul effet, et que les parties seront remises au même et semblable état où elles étaient avant icelui, et pour en outre, répondre et procéder comme de raison, à fin de dépens, et j'ai au sus-nommé, en son domicile, en parlant comme dessus, laissé copie du présent exploit, dont le coût est de

La loi ne dit pas dans quel délai cette opposition devra être formée, c'est une action qui doit durer trente ans.

C'est devant le Tribunal dont le Président a rendu l'ordonnance d'exécution, que se porte l'opposition à cette ordonnance.

Dispositions générales.

Le Code de Procédure ne présente ici aucun acte à faire : il est seulement utile d'observer sur l'art. 1032, que c'est à la loi du 29 vendémiaire an 5 que les communes doivent se conformer pour intenter une action en justice; et que les maires de communes remplacent ici les agens dont parle cette loi.

u

Di

A.

I.
de
sen
l
ir
ri
r.
E:
l
tra
pr
de
lie
ci-
te
le

E
(or

MODELES

De quelques Actes particuliers dont les formalités
sont tracées par le **Code Napoléon**.

Acte de notoriété pour suppléer à un acte de naissance.

(Art. 70 et 71, Code Napol. — Art. 5, Tarif.)

L'an mil huit cent six, le   cinq heures de relevée,
devant nous,   juge de paix du   arrondissement de Paris, assisté de   notre greffier,

Est comparu le sieur Louis-Jacques Pusch, rentier,
né à Kottowiz, en Bohême, département de Leidmerize, demeurant à Paris, rue Saint-Pierre, n° 8, fils
majeur de défunts Joseph Pusch et de Anne-Marie
Eiman ;

Lequel nous a exposé, qu'étant sur le point de contracter mariage, et se trouvant dans l'impossibilité de se
procurer son acte de naissance, il a, en conséquence
de l'indication par nous verbalement faite, de ces jour,
lieu et heure, amené pardevant nous, les sept témoins
ci-après nommés, pour recevoir leurs déclarations et at-
testations à l'effet de suppléer à son acte de naissance,
le tout conformément à la loi, et a signé.

(*Signature.*)

Et à l'instant sont comparus lesdits témoins, savoir :
(*on désigne les sept témoins par leurs noms, professions*

et demeures) ; lesquels , après leur avoir donné connaissance du motif de leur convocation , et fait lecture des articles 70 et 71 du Code Napoléon , nous ont déclaré , certifié et attesté connaître parfaitement ledit Sr Louis-Jacques Pusch ici présent, ci-devant qualifié et domicilié, et savoir que ledit Pusch est né à Kottowiz, en Bohéme, département de Leidmerize, le 20 août 1779 , et qu'il est fils majeur de défunts Joseph Pusch et de Anne-Marie Eiman , et qu'il est impossible audit Pusch de fournir l'acte de sa naissance , au mariage qu'il est sur le point de contracter , parce que , malgré les différentes demandes qu'il en a faites , il n'a reçu aucune réponse ;

Faisant la présente déclaration pour rendre hommage à la vérité. Desquelles comparution , déclaration et attestation , lesdits comparans nous ont requis acte , que nous leur avons octroyé pour servir et valoir ce que de raison à qui de droit , et avons renvoyé ledit sieur Pusch, à se pourvoir à fin d'homologation , conformément à l'art. 72 du Code Napoléon.

Fait à Paris , en notre demeure, rue   les jour , mois et an ci-dessus , et avons signé avec les comparans, et le greffier, après lecture faite.

(Signatures.)

Les témoins qui paraissent dans cet acte, peuvent être de l'un ou de l'autre sexe , parens ou non parens.

Requête à fin d'homologation de l'acte de notoriété.

(Art. 72, Code Napol. — Art. 78, Tarif.)

A Monsieur le Président du Tribunal de première
instance du département de la Seine, séant à
Paris, au Palais de Justice.

Le sieur Louis-Jacques Pusch, rentier, demeurant à
Paris, rue Saint-Pierre, n° 8, requiert qu'il vous plaise,
Monsieur, homologuer, pour avoir son effet en faveur
du requérant, l'acte de notoriété reçu par monsieur le
juge de paix du   arrondissement de Paris, le
dûment enregistré, conformément aux art. 70, 71 et
72 du Code Napoléon, et vous ferez justice.

Opposition à un mariage.

(Art. 176, Cod. Napol. — Art. 29, Tarif par anal. — Coût, 2 fr.)

L'an mil huit cent huit, le   à la requête du
sieur Paul-Laurent Josse, marchand orfèvre, demeurant
à Paris, rue de la Féronnerie, n° 6, frère du ci-après
nommé, lequel fait élection de domicile en sa demeure,
'ai (*immatricule de l'huissier*) soussigné, signifié et
déclaré à monsieur le maire du septième arrondissement
du canton de Paris, en l'hôtel de la Mairie, sis à Paris,
rue Sainte-Avoie, et en la personne du sieur
chef de l'état civil, en parlant à
Que ledit sieur Paul-Laurent Josse est opposant, comme
par ces présentes il s'oppose formellement à ce qu'il soit

procédé au mariage du sieur Joseph Josse, son frère, ouvrier teinturier, demeurant à Paris, rue des Blancs-Manteaux, n° 4, avec demoiselle Pauline Laurenceau, fille majeure, demeurant à Paris, susdite rue des Blancs-Manteaux, n° 8; et ce, attendu l'état habituel de démence dudit sieur Joseph Josse, qui nécessite son interdiction, pour parvenir à laquelle le requérant a cejour-d'hui présenté requête à monsieur le Président du Tribunal de première instance du département de la Seine, conformément aux articles 493 du Code Napoléon, et 890 du Code de Procédure civile; aux offres que fait ledit requérant de faire statuer sur ladite demande en interdiction, dans le délai qui sera fixé par le Tribunal; à ce que du tout monsieur le Maire n'ignore, lui déclarant en outre que ledit Paul-Laurent Josse proteste de nullité de ce qui serait fait au préjudice de la présente opposition, même de répéter tous dommages et intérêts contre l'officier de l'état civil qui passerait outre, et j'ai, à monsieur le Maire, en parlant comme dessus, laissé copie du présent exploit, qu'il a visé. Le coût est de

Requête pour que la femme mariée qu'on veut assigner, soit autorisée à ester en jugement.

(Art. 215 et 218, Code Napol. — Art. 78, Tarif. — Coût, 7 fr. 50 c.)

A M. le Président du Tribunal de première iustance du département de la Seine, Chevalier de la Légion d'honneur.

Louis James, négociant, demeurant à Paris, rue de Richelieu, n° 113,

Expose qu'il est dans l'intention de former contre la dame Pauline Jacquet, son épouse, une demande en nullité de leur mariage;

Pourquoi, et attendu qu'aux termes de l'art. 215 du Code Napoléon, la femme ne peut ester en jugement, sans l'autorisation de son mari; attendu que dans l'espèce, l'autorisation ne peut être donnée que par la justice; autoriser le dame James à ester en jugement sur ladite demande, qu'entend former contre elle, son mari, et vous ferez bien.

Acte d'appel du jugement qui a déclaré que la loi empêchait le divorce demandé par consentement mutuel.

(Art. 291 et 292, Code Nap. — Art. 29, Tarif par anal. — C., 2 fr.)

L'AN mil huit cent huit, le   à la requéte de la dame Louise-Pauline Jacquesson, majeure, épouse du sieur Jean-Claude Paulainvert, négociant, demeurant à Paris, rue des Fossoyeurs, n° 6; chez la dame veuve Jacquesson, sa mère, où elle s'est retirée, en conséquence des conventions faites entre elle et son mari, aux termes de la loi; laquelle dame Paulinvert fait élection de domicile en sa demeure; j'ai (*immatricule de l'huissier*) soussigné, signifié et déclaré au sieur Jean-Claude Paulainvert, négociant, demeurant à Paris, rue de l'Arbre-Sec, n° 13, en son domicile, en parlant à

Et à M. le Procureur-Impérial près le Tribunal de première instance du département de la Seine, en son parquet, à Paris, au Palais de Justice, en parlant à

Que la requérante est appellante, comme par ces présentes elle interjette formellement appel du jugement rendu en la chambre du conseil dudit **Tribunal** de première instance du département de la Seine, le   dûment enregistré, par lequel le Tribunal a déclaré qu'il n'y avait pas lieu à admettre le divorce par consentement mutuel d'entre les sieur et dame Paulainvert; que son moyen d'appel résulte de ce que le Tribunal n'avait pas à examiner pour admettre ou non le divorce, par consentement mutuel demandé, quelles étaient les conventions que les époux avaient fait entr'eux, relativement aux créances, droits et actions qu'ils ont respectivement à exercer l'un contre l'autre, que le Tribunal devait se borner à l'examen prescrit par l'article 289 du Code Napoléon, le seul que la loi ait ordonné; à ce que du présent acte d'appel, M. le Procureur-Impérial et ledit sieur Paulainvert n'ignorent, et je leur ai, en parlant comme dessus, laissé copie du présent exploit, dont le coût est de

---

L'autre époux fait signifier un pareil acte.

Cet appel doit être interjeté dans les dix jours, au plutôt, et au plus tard, dans les vingt jours de la date du jugement.

Requête du père pour faire détenir son fils.

(Art. 376, Code Napoléon.)

A M. le Président du Tribunal de première instance du département de la Seine, séant à Paris, au Palais de Justice.

Louis Raimond, ouvrier en cheveux, demeurant à Paris, rue du Faubourg-Saint-Denis, n° 56,

Expose qu'il a des sujets de mécontentement très-graves sur la conduite de Joseph-Louis Raimond , son fils , âgé de quatorze ans ;

Pourquoi il vous requiert , M. le Président , de lui délivrer l'ordre nécessaire pour faire arrêter ledit Joseph-Louis Raimond , son fils , et le faire détenir pendant un mois , dans la maison que vous indiquerez , aux offres que fait le requérant de payer tous les frais , et de fournir les alimens convenables , et vous ferez justice.

Requête pour faire désigner trois jurisconsultes dont l'avis est nécessaire pour transiger pour un mineur.

(Art. 467 , Code Napoléon. — Art. 76, Tarif. — Coût, 2 fr.)

A Monsieur le Procureur-Impérial près le Tribunal de première instance du département de la Seine.

S^r. Bertrand, demeurant à Paris , rue　　　au nom et comme tuteur d'Alexandre Mozard, fils mineur de Jérôme Mozard et de Louise Bertin , on épouse, tous deux décédés , nommé à cette qualité, qu'il a acceptée par délibération des parens et amis dudit mineur , reçue par monsieur le juge de paix du　　　arrondissement de Paris , le　　　dûment enregistrée ;

Requiert qu'il vous plaise , Monsieur, vu la délibération ci-jointe, des parens et amis dudit mineur Mozard , reçue par M. le juge de paix du　　　arrondissement de Paris , le　　　dûment enregistrée ; laquelle autorise ledit sieur Bertrand à transiger pour son mineur , aux conditions exprimées en ladite délibération , désigner

tr   urisconsultes, de l'avis desquels la transaction
     s'agit aura lieu, et vous ferez bien.

Requête à fin d'homologation de la transaction.

(Art. 467, Code Napol. — Art. 78, Tarif. — Coût, 7 fr. 5oc.)

**A Monsieur le Président du Tribunal de première
instance du département de la Seine, séant à
Paris, au Palais de Justice.**

Sr. Bertrand, demeurant à Paris, rue   au nom
et comme tuteur d'Alexandre Mozard, fils mineur de
Jérôme Mozard et de Louise Bertin , son épouse, tous
deux décédés, nommé à cette qualité, qu'il a acceptée
par délibération des parens et amis dudit mineur, reçue
par M. le juge de paix du   arrondissement de Paris,
le   dûment enregistrée ;

Requiert qu'il vous plaise homologuer, pour être
exécuté selon sa forme et teneur, l'acte passé devant M^e
G., qui en a gardé minute, et son confrère, notaires à
Paris, le   dûment enregistré, contenant transaction
entre le sieur Bertrand, audit nom de tuteur du mineur
Mozard, et la demoiselle Claudine Latour, fille majeure;
ladite transaction faite de l'avis de MM. A., B., et C.,
tous trois jurisconsultes, désignés à cet effet par M. le
Procureur-Impérial, et vous ferez justice.

———

Signification à l'héritier, du titre exécutoire contre le défunt

(Art. 877, Cod. Napol. — Art. 29, Tarif par anal. — Coût, 2 fr.)

L'AN mil huit cent huit, le   à la requête du sieur Claude-François Saint-Charles, propriétaire, demeurant à Paris, rue Aux-Fers, n° 30 ; lequel élit domicile en sa demeure, j'ai, (*immatricule de l'huissier*) soussigné, signifié, et avec ces présentes donné copie au sieur Paul Samson, négociant, au nom et comme seul et unique héritier de Louis - Alexandre Samson, son père, demeurant à Paris, rue
en son domicile, en parlant à

De la grosse d'un acte passé devant Me G. , et son confrère, notaires à Paris, le   dûment enregistré, contenant obligation de la somme de douze mille six cents francs, au profit dudit sieur Saint-Charles, par le sieur Louis-Alexandre Samson, aujourd'hui décédé ; ladite obligation non productive d'intérêts, et stipulée remboursable dans deux ans de sa date ; à ce que du contenu en icelle le sus-nommé n'ignore, lui déclarant que la présente signification est faite en conformité de l'article 877 du Code Napoléon, et que la huitaine fixée par cet article étant expirée, le sieur St.-Charles poursuivra l'exécution de l'obligation dont s'agit, à ce que pareillement, le sus-nommé n'en ignore ; et je lui ai , en son domicile, et parlant comme dessus , laissé copie de ladite obligation du présent exploit, dont le coût est de

17 *

Requête à fin d'envoi en possession d'un legs universel.

(Art. 1006 et 1008 , Code Napol. — Art. 78 , Tarif. — C. , 7 fr. 5o c.)

A Monsieur le Président du Tribunal de première
instance du département de la Seine, séant à
Paris au Palais de Justice.

Marie-Madeleine Quesnel, fille majeure, demeurant à Paris, rue des Brodeurs, n° 8,

Expose que, par le testament de Louise Pascal,
veuve du sieur Petit, par elle fait olographe à Paris,
le 15 prairial an 13, enregistré le 22 juillet 1806, déposé à Me V. notaire impérial, à Paris, par votre
ordonnance insérée au procès - verbal de description
dudit testamment, en date du 8 juillet, même année,
aussi enregistrée; elle a été instituée légataire univer-
selle de ladite veuve Petit,

Que cette dernière ne laisse aucun héritier dans
les lignes ascendante et descendante, ainsi qu'il est
constaté par un acte de notoriété passé devant ledit
Me V. qui en a gardé minute, et son confrère,
notaires, à Paris, le 26 dudit mois de juillet, dûment
enregistré,

Pourquoi, il vous plaira, monsieur le Président,
envoyer l'exposante en possession du legs universel à
elle fait par la dame veuve Petit, suivant son testament sus-énoncé pour, par elle, en jouir, faire et disposer en toute propriété, et vous ferez justice.

Signification d'un transport.

.(Art. 1690, Code Napoléon. — Art. 29, Tarif par anal. — Coût, 2 fr.)

L'AN mil huit cent huit, le   à la requête de
la dame Victoire-Julie Lachassaigne, veuve du sieur
Laurent Desmazures, rentière, demeurant à Paris, rue
des Saussayes, n° 8, laquelle fait élection de domicile
en ma demeure, j'ai, (*Immatricule de l'huissier*) soussigné, signifié, et avec ces présentes, donné copie au
sieur François Boucher, marchand de vin, demeurant
à Saint-Denis, près Paris, où je me suis exprès transporté en son domicile, en parlant à

D'un acte passé devant M⁰ G., et son confrère,
notaires impériaux, à Paris, le   dûment enregistré, contenant cession et transport, au profit de ladite
veuve Desmazures, par le sieur Blondeau, de la somme
de trois mille cinq cents francs, à lui due par le sieur
Boucher, suivant l'obligation qu'il lui en a souscrite
par acte passé devant M⁰ H., notaire à Saint-Denis,
en présence de témoins, le   aussi enregistré ;
à ce que du contenu audit acte de transport, le sus-
nommé n'ignore, et ait à ne payer à d'autres qu'à la
dame veuve Desmazures, cessionnaire, ladite somme
transportée, à peine de payer deux fois, et de toutes
pertes, dépens, dommages et intérêts ; à ce que pareillement il n'en ignore, et je lui ai, en son domicile,
et parlant comme dessus, laissé copie dudit transport
et du présent exploit, dont le coût est de

Congé.

(Art. 1736, Code Napol. — Art. 29, Tarif par anal. — Coût, à fr.)

L'an mil huit cent huit, le quatorze août, à la requéte du sieur Thomas Laurenceau, propriétaire de
la maison où il demeure, rue Thibautodé, n° 20,
lequel fait élection de domicile en sa demeure, j'ai
(*Immatricule de l'huissier*), soussigné, signifié et déclaré à la dame veuve Rellier, locataire, sans bail, à
raison de deux cents francs par an, de deux chambres et
d'un cabinet au premier étage de ladite maison, rue
Thibautodé, n° 20, où elle demeure, en son domicile,
en parlant à

Que le sr Laurenceau lui donne congé des lieux qu'elle
occupe en ladite maison, sise à Paris, rue Thibautodé,
n° 20, pour les jour et terme du premier octobre mil
huit cent huit, à ce qu'elle n'en ignore, et ait en conséquence à vider les lieux à elle loués, pour ladite
époque, faire place nette, les réparations locatives, remettre les clefs, justifier du paiement de ses impositions et payer les loyers qu'elle pourra lors devoir, et
généralement satisfaire à toutes les obligations des locataires sortans; et j'ai, à la sus-nommée, en son domicile,
et parlant comme dessus, laissé copie du présent exploit, dont le coût est de

Si c'est le locataire qui donne congé au propriétaire, il
n'y a que de légers changemens à faire.

Quand c'est un nouvel acquéreur qui donne congé, il
faut qu'il signifie, en même temps, son contrat d'acquisi-

tion , par extrait , afin de se faire connaitre d'une manière légale.

L'usage des lieux règle les délais des congés. A Paris , on ne peut expulser un locataire de maison entière , boutique ou autre local ayant ouverture sur la rue , qu'avec un délai de six mois. Lorsque c'est un appartement, le prix du loyer règle le délai ; ainsi, quand le loyer n'excède pas 400 francs, on donne congé à six semaines ; quand il passe cette somme, le délai est de trois mois.

Le locataire, à qui on a donné congé , doit sortir , si c'est un congé à trois ou à six mois , le 15, à midi ; et si c'est un congé à six semaines , le 8 , à midi.

S'il ne sort pas , on lui fait la sommation suivante, en l'assignant en référé.

Sommation au locataire , de sortir , et assignation en référé.

(Art. 29, Tarif par anal. — Coût, 2 fr.)

L'an mil huit cent huit , le huit octobre, heure de midi , à la requête du sieur Thomas Laurenceau , propriétaire de la maison où il demeure, rue Thibautodé, n° 20 , lequel fait élection de domicile, etc.; j'ai, (*Immatricule de l'huissier*) soussigné , fait sommation à la dame veuve Rellier , locataire, sans bail, à raison de deux cents francs par an , de deux chambres et d'un cabinet, au premier étage de ladite maison , rue Thibautodé , n° 20 , où elle demeure, en son domicile en parlant à

De sortir à l'instant des chambres et cabinet , dont ledit sieur Laurenceau lui a donné congé pour les jour et terme du premier octobre mil huit cent huit , par exploit de   huissier , en date du quatorze août mil huit cent huit , et de satisfaire en conséquence à toutes les obligations et charges , dont les locataires sont tenus , notamment de me justifier à l'instant de ses quittances d'imposition , du paiement de ses loyers , et faire les réparations locatives si aucunes il y a.

Laquelle dame veuve Rellier , en parlant comme dit est , a été refusante de satisfaire à la présente sommation , pourquoi j'ai , huissier susdit et soussigné, à pareilles requête, demeure et élection de domicile que dessus , donné assignation à la dame veuve Rellier , en parlant comme dit est , à comparaitre demain, neuf octobre mil huit cent huit , onze heures du matin , par-devant Monsieur le Président du Tribunal de première Instance du département de la Seine , tenant l'audience des référés , à Paris , au Palais de Justice, pour voir dire et ordonner que la dame veuve Rellier sera tenue de sortir des chambres et cabinet, dont le congé lui a été donné en temps utile , vider lesdits lieux , faire place nette , remettre les clefs , justifier du paiement de ses loyers et de ses impositions , faire faire de suite les réparations locatives si aucunes sont à faire , sinon et à faute par la dame veuve Rellier de ce faire , que ledit sieur Laurenceau sera et demeurera autorisé à l'expulser , mettre ses meubles et effets sur le carreau et à séquestrer iceux pour sûreté des loyers dus , du paiement des impositions , et des réparations locatives qui seraient à faire , et ai signifié que Me D. , avoué occupera sur la présente assignation ; et j'ai à la sus-nom-

mée, en son domicile, en parlant comme dessus, laissé
copie du présent exploit, dont le coût est de

Procès-verbal d'expulsion du locataire.

(Art. 31, Tarif par anal. — Coût, voir modèle sur l'art. 585, C. Pr.)

L'AN mil huit cent huit, le   en vertu d'une
ordonnance rendue sur référé, par M. le Président du
Tribunal de première instance du département de la
Seine, le   dûment enregistrée et signifiée, et à
la requête du sieur Laurenceau, propriétaire de la maison où il demeure, rue Thibautodé, n° 20 ; lequel fait
élection de domicile en sa demeure ; j'ai, (*immatricule
de l'huissier*) soussigné, fait sommation à la dame veuve
Rellier, locataire de deux chambres et d'un cabinet au
premier étage de ladite maison, rue Thibautodé, n° 20,
où elle demeure, en son domicile, en parlant à

De présentement payer au requérant, ou à moi huissier, la somme de cinquante francs, pour le terme de
loyer échu le premier de ce mois, et de me justifier du
paiement de ses impositions, comme aussi et après
avoir satisfait à la présente sommation, d'évacuer les
lieux à elle loués, mettre ses meubles et effets dehors,
remettre les clefs, et satisfaire aux obligations des locataires sortans, sinon et à faute de ce faire, je lui ai déclaré
qu'en exécution de l'ordonnance sur référé sus-énoncée,
la dame veuve Rellier sera expulsée, et ses meubles et
effets mis sur le carreau, et ensuite sequestrés, pour
sûreté, conservation et avoir paiement de ladite somme
de cinquante francs, et encore pour sûreté de la justifi-

cation du paiement des impositions et des réparations
locatives.

Laquelle dite dame veuve Rellier a été refusante de
satisfaire à tout ce que dessus ; pourquoi je lui ai déclaré
que nous allions procéder auxdites expulsion et séques-
tration , pour à quoi parvenir nous avons , en présence
des témoins ci-après nommés , décrit tout ce qui s'est
trouvé dans les lieux loués à la dame veuve Rellier , et
qui consiste, savoir : dans la première pièce en entrant ,
une armoire , etc. , qui sont tous les meubles et
effets qui se sont trouvés dans les lieux occupés par la
dite veuve Rellier , et ensuite nous avons fait appeler
des hommes de peine, à l'aide desquels lesdits meubles
et effets ont été descendus dans la cour de la maison , en
présence de nosdits témoins et de la veuve Rellier , et
nous avons pareillement expulsé ladite dame des lieux
dont s'agit, dans lesquels nous avons constaté qu'il y avait
trois carreaux de vitre cassés , un chambranle de marbre cassé en deux parties , et ensuite tous lesdits meubles
et effets sont restés comme sequestrés , pour sûreté des
créances et répétitions ci-devant énoncées, dans une pièce
au rez-de-chaussée de ladite maison , à la garde du sieur
Paulinet , portier de ladite maison , qui s'est chargé
d'iceux pour en faire la représentation quand et ainsi
qu'il appartiendra , et la dame veuve Rellier nous a remis
les clefs , au nombre de cinq , des lieux qu'elle occupait ; et il a été vaqué à tout ce que dessus , depuis
l'heure de   jusqu'à celle de   en présence
et assisté de   tous deux témoins , qui ont signé
avec le sieur Paulinet , gardien , tant le présent procès-

verbal, que les copies d'icelui, remises à l'instant, l'une à la dame veuve Rellier, et l'autre au sieur Paulinet, gardien. Le coût dudit procès-verbal est de

*Sommation au locataire qui a disparu, pour constater
sa disparition.*

(Art. 29, Tarif par analogie. — Coût, 2 fr.)

L'AN mil huit cent huit, le   à la requête du sieur Paul Bailli, demeurant à Paris, rue Saint-Germain-l'Auxerois, n° 9, principal locataire de la maison où il demeure, lequel fait élection de domicile en ma demeure; j'ai, (*immatricule de l'huissier*) soussigné, fait sommation au sieur Barbet, marchand de vin, demeurant à Paris, rue Saint-Germain-l'Auxerois, n° 9, audit domicile où il m'a été déclaré par les sieurs Jean et Paul, locataires en ladite maison, que ledit sieur Barbet en était disparu depuis environ quinze jours, en laissant la clef sous la porte de sa boutique, ce que m'ont confirmé et attesté le sieur Paulinet, chapelier, et Servais, cordonnier, rue Saint - Germain - l'Auxerois, n° 11, attenant la maison où demeurait ledit sieur Barbet, pourquoi et attendu que ledit Barbet n'a plus de domicile ni de résidence connus, j'ai affiché copie du présent, à la porte de l'audience du Tribunal de première instance du département de la Seine, et remis pareille copie à M. le Procureur-Impérial près ledit Tribunal, en son parquet, à Paris, au Palais de Justice;

De, présentement et sans délai, payer au requérant, la somme de six cents francs pour six mois échus le premier juillet 1808, du loyer d'une boutique et de deux chambres qu'occupait ledit sieur Barbet en ladite maison, rue Saint-Germain-l'Auxerois, n° 9, sans préjudice du terme courant à son échéance, et de tous autres dus, droits, actions, intérêts et frais;

Lequel sus-nommé, en parlant comme dessus, a refusé de payer; pourquoi je lui ai déclaré qu'il y sera contraint par les voies de droit; et j'ai laissé, comme il est ci-dessus dit, copies du présent exploit, dont le coût est de

———

La disparition du locataire est constatée par cette simple sommation; cependant quelques personnes font dresser un procès-verbal, comme dans le modèle suivant.

Procès-verbal constatant la disparition d'un locataire.

L'AN   le   onze heures du matin est comparu pardevant nous   juge de paix (*ou commissaire de police*), en notre demeure, sise à Paris, rue
n°

Le sieur Louis Parent, demeurant à Paris, rue Coquillière, n° 19, propriétaire de la maison où il demeure;

Lequel nous a dit et déclaré qu'il a loué au sieur Luysard, marchand épicier, une boutique et deux chambres dépendant de ladite maison. Que ce dernier lui doit trois cents francs pour le terme échus le premier octobre dernier, et qu'il vient d'apprendre que ledit Luysard est déménagé furtivement, emportant avec lui la plus grande partie de ses meubles et de ses marchandises, pourquoi il requiert qu'en la présence de deux voisins, nous nous transportions à l'instant en ladite maison, pour faire faire l'ouverture des portes des lieux, et constater s'il y a encore des meubles en ladite maison, et a signé.

(Signature du requérant.)

. Obtempérant auquel réquisitoire dont nous avons donné acte audit sieur Parent, nous juge de paix (*ou commissaire de police.*); nous sommes de notre demeure transportés susdite rue Coquillière, n° 19, où étant, et après avoir fait appeler le sieur Jacques Pinçon, marchand charcutier; et Paul Goussaut, journalier, demeurant tous deux dans la maison où nous sommes, et encore en la présence du sieur Roy, serrurier, demeurant à Paris, rue Croix-des-Petits-Champs, n°. 49, requis pour faire les ouvertures des portes qui seraient nécessaires, nous avons fait faire, en notre présence, ouverture de la porte de la boutique, et étant entrés dans ladite boutique, nous avons trouvé les effets dont la description suit, savoir :

Deux grands rayons, etc., etc.

De tous lesquels effets nous avons chargé le sieur Parent qui le reconnaît, et s'en charge pour les représenter, quand et à qui il appartiendra; et nous avons dressé le présent procès-verbal qui a été signé par tous les susnommés, après lecture faite les jour, mois et an susdits.

(Signatures.)

Assignation en référé, pour être autorisé à louer les lieux abandonnés par le locataire.

(Art. 29, Tarif par analogie. — Coût, 2 fr.)

L'AN mil huit cent huit, le   à la requête du sieur Paul Bailly, demeurant à Paris, rue Saint-Germain-l'Auxerrois, n⁰ 9, principal locataire de la maison où il demeure, lequel fait élection de domicile chez de M⁰ D., avoué au Tribunal de première Instance du département de la Seine, demeurant à Paris, rue   j'ai, (*Immatricule de l'huissier.*) soussigné, donné assignation au sieur Barbet, marchand de vin, demeurant à Paris, susdite rue Saint-Germain-l'Auxerois, n⁰ 9, ci-devant, et actuellement n'ayant ni domicile ni résidence connus, pourquoi j'ai affiché copie du présent à la porte de l'audience du Tribunal de première instance du département de la Seine, et remis pareille copie à M. le Procureur-Impérial, près ledit Tribunal, en son parquet à Paris, au Palais de Justice.

A comparaître le   mil huit cent huit, onze heures du matin, pardevant M. le Président du Tribunal de première instance du département de la Seine, tenant l'audience des référés dudit Tribunal, à Paris, au Palais de Justice.

Pour, et attendu qu'il est constaté par la sommation faite à la requête du sieur Bailly, au sieur Barbet, par exploit de   huissier, en date du   dûment enregistré, que ledit sieur Barbet est déménagé furtivement de la maison, rue Saint-Germain-l'Auxerois, n° 9, où il occupait une boutique et deux chambres, attendu qu'il est instant pour le sieur Bailly de relouer les lieux qu'occupait ledit sieur Barbet, et de faire constater ce qu'il a pu laisser dans iceux, ainsi que les réparations locatives qui sont à faire, voir dire et ordonner qu'au principal les parties seront renvoyées à se pourvoir; et que cependant dès à présent ledit sieur Bailly sera et demeurera autorisé à louer aux risques, périls et fortune dudit sieur Barbet, la boutique et autres lieux qu'il occupait dans ladite maison, rue Saint-Germain-l'Auxerois, n° 9, et au prix le plus avantageux que le demandeur en pourra trouver, comme aussi qu'il sera par le commissaire de police du quartier, ou autre requis à son défaut, procédé, en présence de deux voisins, à l'ouverture des portes des lieux, dont ledit Barbet était locataire; lequel commissaire de police constatera quels sont les meubles et effets qui peuvent se trouver dans lesdits lieux, et les réparations locatives qui sont à faire, pour le tout, fait, être le demandeur autorisé à faire les réparations locatives qui pourraient exister, aux frais dudit sieur Barbet, contre lequel le demandeur fait toutes réserves de droit, et ai signifié que ledit Me D., avoué, occupera, pour le demandeur, sur la présente assignation; et j'ai au susnommé laissé, comme dessus, copies du présent exploit, dont le coût est de

Signification de l'ordonnance au locataire, avec som-
mation d'être présent à l'ouverture des portes.

(Art. 29, Tarif par analogie. — Coût, 2 fr.)

L'AN mil huit cent huit, le   à la requête du sieur
Jacques Parent, demeurant à Paris, rue Coquillière,
nº 19; lequel fait élection de domicile en la demeure
de Mᵉ D., avoué au Tribunal de première instance du
département de la Seine, sise à Paris, rue   j'ai,
(*immatricule de l'huissier*), soussigné, signifié, et avec
ces présentes donné copie au sieur Luysard, marchand
épicier, demeurant à Paris, susdite rue Coquillière,
nº 19 ci-devant, et maintenant n'ayant aucun domicile
ni résidence connus; pourquoi j'ai affiché copie du présent à la porte de l'audience du Tribunal de première
instance du département de la Seine et ai remis pareille
copie à M. le Procureur-Impérial près ledit Tribunal,
en son parquet, à Paris, au Palais de Justice.

D'une ordonnance rendue sur référé, au profit du
sieur Parent, et par défaut contre ledit sieur Luysard,
le   par M. le président du Tribunal de première instance du département de la Seine, dûment signée, enregistrée, collationnée et scellée; à ce que du contenu en
icelle le sus-nommé n'ignore, et à pareilles requête
demeure et élection de domicile que dessus, j'ai
huissier, susdit et soussigné, fait sommation audit sieur
Luysard de comparaitre et se trouver le   trois heures
de relevée, en la maison rue Coquillière, nº 19, pour
être présent, si bon lui semble, à l'ouverture que fera

faire M. le commissaire de police, des portes des lieux
loués audit Luysard, et au procès-verbal qui sera dressé
pour constater quels sont les objets mobiliers étant dans
lesdits lieux et les réparations locatives à faire, à ce que
pareillement le sus-nommé n'en ignore, lui déclarant
qu'il sera procédé à tout ce que dessus, tant en absence
que présence et que ledit sieur Parent exécutera l'ordonnance sus-énoncée, en ce qu'elle peut le concerner, et,
j'ai, au sus-nommé, laissé comme dessus, copie de l'ordonnance sur référé, dont s'agit et du présent exploit,
dont le coût est de

Procès-verbal du commissaire de police constatant l'ou-
verture des portes.

L'AN mil huit cent huit, le   pardevant nous
commissaire de police de la commune de Paris, pour la
division de la Halle-au-Blé ,   en notre demeure, sise à
Paris, rue Croix des Petits-Champs.

Est comparu le sieur Jacques Parent, demeurant à
Paris, rue Coquillière, n° 19, propriétaire de la maison
où il demeure ; lequel nous a présenté expédition d'une
ordonnance de M. le Président du Tribunal de première
instance du département de la Seine, en date du
rendue sur référé au profit du comparant, et par défaut
contre le sieur Luysard y dénommé ; ladite ordonnance
signifiée à ce dernier par exploit de   huissier, en date
du   dûment enregistré, et nous a requis en vertu de
ladite ordonnance de nous transporter au domicile aban-
donné par ledit Luysard, sis à Paris, rue Coquillière ,
n° 19, à l'effet d'y procéder à l'ouverture des portes de

tous les lieux, loués audit Luysard, de dresser procès-verbal de l'état desdits lieux, de constater s'il existe des réparations à la charge dudit sieur Luysard, et si ce dernier y a laissé quelques meubles et effets, le tout à la conservation des droits de qui il appartiendra, et a signé.

(Signature.)

Desquels comparution, dire, déclaration et réquisition, nous avons donné acte audit sieur Parent; et déférant à son réquisitoire, disons, que nous allons nous transporter à l'instant en la demeure dudit sieur Luysard, à l'effet d'y procéder aux opérations requises et ordonnées, le tout à la conservation des droits de qui il appartiendra et avons signé.

(Signature du commissaire de police.)

Et de suite, nous, commissaire de police, susdit et soussigné, en conséquence du réquisitoire et de notre ordonnance ci-dessus, nous sommes transporté rue Coquillière, n° 19, où, étant au devant de la porte de la boutique ci-devant occupée par le sieur Luysard, nous avons fait ouverture du cadenas apposé à ladite porte avec la clef qui était demeurée en nos mains, et ce, en présence dudit sieur Parent et des sieurs Denis et Saint-Eugène, demeurant dans la maison, tous deux voisins par nous requis conformément à l'ordonnance sus-énoncée, à l'effet d'être présens à nos opérations.

Et accompagné des sus-nommés nous sommes entrés dans les lieux abandonnés par le sieur Luysard, où étant nous avons reconnu et constaté qu'il se trouvait dans la boutique *un mauvais comptoir de sapin*, etc., etc.

Nous avons également reconnu et constaté qu'aux différentes croisées existantes dans le local sus-désigné, il se trouve *huit carreaux cassés*, etc., etc.

Et n'y ayant plus rien à décrire ni constater, nous avons, de tous les objets décrits, chargé et rendu gardien ledit sieur Parent, qui le reconnaît et s'en charge pour en faire la représentation, quand et à qui il appartiendra.

Et de tout ce que dessus nous avons fait et rédigé le présent procès-verbal en présence des sus-nommés, qui, après qu'il leur en a été fait lecture, l'ont signé avec nous les jour, mois et an que dessus.

(*Signatures.*)

Sommation au locataire de garnir les lieux à lui loués.

(Art. 1752, Cod Napol. — Art. 29, Tarif par anal. — Coût, 2 fr.)

L'an mil huit cent huit, le   à la requête du sieur Paul-Alexandre Durand, demeurant à Paris, rue Saint-Spire, n° 12, propriétaire d'une maison sise à Paris, rue des Saussayes, n° 20 ; lequel fait élection de domicile en la demeure de Me D., avoué au Tribunal de première instance du département de la Seine, sise à Paris, rue   j'ai (*immatricule de l'huissier*) soussigné, fait sommation au sieur Chenevière, marchand de vin, demeurant à Paris, susdite rue des Saussayes n° 20, en son domicile, en parlant à

De, dans trois jours, pour tout délai, garnir de meubles et effets les lieux loués audit Chenevière, par le sieur Durand, en ladite maison, rue des Saussayes, n° 20, et ce pour sûreté et garantie du paiement des loyers ; à ce qu'il n'en ignore, lui déclarant que faute par lui de satisfaire à la présente sommation, le sieur Durand se pourvoira contre lui de la manière et ainsi qu'il avisera, et j'ai, au sus-nommé, en son domicile, et parlant comme dessus, laissé copie du présent exploit, dont le coût est de   .

*Assignation en référé, pour obtenir l'expulsion du loca-
taire qui ne garnit pas les lieux.*

(Art. 1752, Code Napol. — Art. 29, Tarif par anal. — Coût, 2 fr.)

L'AN mil huit cent huit, le   à la requête du sieur Paul-Alexandre Durand, demeurant à Paris, rue Saint-Spire, n° 12 ; lequel fait élection de domicile en la demeure de Me D., avoué au Tribunal de première instance du département de la Seine, sise à Paris, rue   j'ai (*immatricule de l'huissier*) soussigné, donné assignation au sieur Chenevière, marchand de vin, demeurant à Paris, rue des Saussayes, n° 20, en son domicile, en parlant à

A comparaître le   1808, onze heures du matin, pardevant M. le Président du Tribunal de première instance du département de la Seine, tenant l'audience des référés dudit Tribunal, à Paris, au Palais de Justice. Pour, faute par ledit sieur Chenevière d'avoir satisfait à la sommation à lui faite à la requête du sieur Durand, par exploit de   huissier, en date du   dûment enregistré, et attendu qu'aux termes de l'article 1752 du Code Napoléon, le locataire qui ne garnit pas les lieux loués, de meubles suffisans, peut être expulsé, à moins qu'il ne donne des sûretés capables de répondre du loyer ; attendu aussi que le sieur Chenevière n'a mis aucuns meubles et effets dans les lieux où il demeure, dépendans de la maison rue des Saussayes, n° 20, dont le demandeur est propriétaire, et qu'il n'offre et ne présente aucunes sûretés ; voir dire et ordonner, qu'au principal, les parties seront renvoyées à se pourvoir, et que cependant dès à présent, le sieur Chenevière sera tenu, dans le jour de la signification du jugement à intervenir, de sortir des lieux à lui loués, et dépendans de la maison du sieur Durand, rue des Saussayes, n° 20 ; vider entièrement lesdits lieux, faire place nette, remettre les clefs, et faire toutes justifications de droit, sinon que le sieur Durand sera et demeurera autorisé par la même ordonnance à intervenir, et sans qu'il en soit besoin d'autre, à expulser le sus-nommé, et à cet effet à requérir, si besoin est, l'assistance du commissaire de police du quartier, ou autre requis, et de la force armée, en nombre suffisant pour que force demeure à justice ; se réservant, ledit sieur Durand, de répéter contre ledit Chenevière, tous loyers des lieux dont s'agit, et même tous dépens, dommages et intérêts, et ai signifié que ledit Me D., avoué, occupera pour le demandeur, et j'ai, au sus-nommé, en son domicile, et parlant comme dessus, laissé copie du présent exploit, dont le coût est de

Procès-verbal du commissaire de police constatant quels sont les meubles du locataire, qui garnissent les lieux.

L'an mil huit cent huit, le   nous commissaire de police de la commune de Paris, pour la division de

En exécution d'une ordonnance de référé de monsieur
le Président du Tribunal de première instance du département de la Seine, en date du   dûment signée,
enregistrée et signifiée, rendue entre le sieur Paul-
Alexandre Durand, demeurant à Paris, rue Saint-Spire
n° 12, propriétaire d'une maison, sise à Paris, rue des
Saussayes, n° 20, demandeur, d'une part; et le
sieur Chenevière, marchand de vin, demeurant à Paris,
susdite rue des Saussayes, n° 20, défendeur d'autre
part; laquelle ordonnance porte qu'il sera par nous
dressé procès-verbal constatant quels sont les meubles,
effets et marchandises qui garnissent les lieux loués au
sieur Chenevière, pour savoir s'ils sont suffisans pour
la garantie du loyer.

Nous nous sommes transportés susdite rue des Saussayes, n° 20, maison du sieur Durand, à l'effet et sur
la représentation qui nous en serait faite par ledit Chenevière, de constater les meubles, effets et marchandises, garnissant les lieux loués et occupés par lui, où
étant et sur la sommation par nous faite audit Chenevière présent, de nous faire ladite représentation,
ledit sieur Chenevière nous a introduit dans une ar-
rière-salle, donnant dans sa boutique, laquelle est
éclairée par une imposte et porte sur la cour, dans
laquelle salle nous avons trouvé *une couchette à deux*
dossiers, peinte couleur bronze et jaune, marbré, rou-
lettes ordinaires, sur laquelle couchette, trois ma-
telas de laine couverts de toiles à carreaux bleus et
blancs; un lit de plumes et un traversin, aussi rempli
de plumes; ledit lit sans drap, ni couverture; plus,

un petit secrétaire en tombeau , en bois de placage ; plus , une commode en même bois , garnie en partie en cuivre, à dessus de marbre ordinaire.

Interpellé le sieur Chenevière de nous déclarer si les tables , blancs et ustensiles , à l'usage de marchand de vin , ainsi que la batterie de cuisine , et vaisselle de faïence et terre , lui appartiennent !

A répondu que tous ces objets appartiennent au sieur Durand , qui les lui a prêtés pour l'exploitation de son état de marchand de vin ; et a ajouté que les meubles que nous avons désignés ci-dessus sont les seuls qu'il peut nous représenter , et qu'il n'a aucune marchandise à nous représenter.

De tout quoi , nous avons fait et rédigé le présent procès-verbal , en présence dudit sieur Chenevière avons signé avec lui le jour , mois et an susdits.

(Signatures.)

On signifie ce procès-verbal au locataire, avec assignation en référé , pour voir adjuger les conclusions précédemment prises.

Avis des parens et amis de la femme , pour la réduction de son hypothèque légale.

(Art. 2144 , Code Napoléon.)

L'AN   pardevant nous   juge de paix du   arrondissement de Paris, assisté de   notre greffier , est comparue dame Marie Massé , épouse du sieur Louis-Abraham Desaint-Pierre, demeurant à Paris, rue du

Faubourg-du-Temple, n° 55, au nom et comme fondée
de la procuration générale et spéciale, à l'effet des présentes, dudit sieur Desaint-Pierre, son mari, passée
devant L. et son confrère, notaires à Paris, le
dont une expédition délivrée par ledit M⁰ L., et faisant
mention de l'enregistrement de la minute, représentée
par la comparante, lui a été à l'instant rendue;

Laquelle audit nom nous a dit que, conformément à
l'indication que nous lui avons donné verbalement à
ces jour, lieu et heure, elle a convoqué et amené pardevant nous, quatre parens pour former, sous notre
présidence, aux termes de l'article 2144 du Code Napoléon, un conseil de famille, à l'effet de délibérer et
donner leur avis sur la demande en restriction d'hypothèque légale, qu'elle se propose de faire, tant au nom
du sieur, son mari, qu'au sien propre, et dont elle
va développer les motifs dans l'exposé ci-après; nous
affirmant, la comparante, qu'il n'existe d'autres parens
d'elle, qu'un frère germain, et qu'à défaut d'autres
parens dans la distance légale, elle y a suppléé par des
amis connus pour avoir avec elle des relations habituelles d'amitié, et a signé.

(Signature.)

Sont à l'instant comparus lesdits parens et amis (*mettre
les noms, professions et demeures des quatre parens ou
amis*;)

Lesquels se sont à l'instant constitués en conseil de
famille, et ont prêté en nos mains le serment de donner
leur avis en leur ame et conscience, sur l'exposé que se

propose de faire madame Desaint-Pierre, audit nom, et ont signé. (*Signatures.*)

Et par ladite dame Desaint-Pierre, audit nom, a été exposé audit conseil de famille, que pour sûreté et conservation de son hypothèque légale sur une maison, sise à Paris, rue Marceau, n° 10, qui appartient audit sieur Desaint-Pierre, son mari, et qui était le seul immeuble dont il fût propriétaire, lors de son mariage, elle a requis au bureau des hypothèques de Paris une inscription sur lui, dont les causes s'élèvent à la somme de onze mille francs, et résultent de leur contrat de mariage, passé devant L., qui en a gardé minute, et son confrère, notaires à Paris, le   enregistré; que cette inscription a été portée sur le registre de la conservation des hypothèques de Paris, à la date du 4 prairial an 13, vol. 75, n° 79;

Que depuis, la succession du sieur Desaint-Pierre, père de son mari, s'est ouverte, et que par acte passé devant F., qui en a la minute, et son confrère, notaires à Paris, le   dûment enregistré, elle, comparante, comme fondée de la procuration spéciale, à cet effet, de son mari, a cédé les droits successifs immobiliers qui revenaient à ce dernier, comme héritier pour un tiers de son père, moyennant le prix et somme de trois mille cinq cents francs, qui ont été stipulés payables dans les deux mois de la date de l'acte, en supposant que la transcription que ferait faire l'acquéreur de son transport, ne serait grevée d'aucune inscription requise contre le cédant;

Que l'existence de l'inscription de la comparante, et dont il vient d'être parlé; arrête conséquemment le paiement de ladite somme de trois mille cinq cents fr. , parce qu'elle conserve une hypothèque légale , qui grève tous les biens présens et à venir de son mari ;

Qu'il lui importe cependant à elle comparante , autant qu'à son mari, que le paiement puisse s'effectuer, qu'en effet il est dû par la communauté d'entre elle et son mari , savoir : 1° à   (*faire le tableau de ce que les époux doivent.*)

Que par ces diverses considérations, la dame Desaint-Pierre demande à être autorisée à consentir la main-levée de son inscription du 4 prairial an 13, en ce qu'elle frappe seulement sur les biens échus à son mari , de la succession de son père, leur effet réservé sur la maison rue Marceau , n° 10, appartenant à son mari , pour la conservation de sa dot., montant à onze mille francs , à la charge de l'emploi de la somme de trois mille cinq cents francs provenans du prix du transport, à acquitter les différentes créances ci-devant énoncées , de l'acquit desquelles elle est tenue , tant comme commune , que comme personnellement obligée.

Pourquoi ladite dame Desaint-Pierre , audit nom , prie le conseil de famille de délibérer et donner son avis sur le présent exposé ; et a signé.   (*Signature.*)

Sur quoi le conseil de famille , après avoir mûrement délibéré sur l'exposé de la dame Desaint-Pierre , audit nom , vu l'état de toutes les inscriptions hypothécaires prises au bureau des hypothèques de Paris , contre la personne et sur les biens de Louis-Abraham Desaint-Pierre , délivré par le conservateur des hypothèques , le

Vu aussi l'expédition du contrat de mariage du sieur Desaint-Pierre, et l'état des dettes passives ;

Considérant que la dame Desaint Pierre, tant comme commune que comme personnellement obligée, est tenue de l'acquit de toutes les dettes précédemment énoncées, bien que la maison, rue Marceau, n° 10, ne soit pas suffisante pour répondre de la somme de onze mille fr., montant de sa dot, qu'elle peut être personnellement poursuivie et qu'il importe de lui assurer sa tranquillité, en acquittant les dettes auxquelles elle a participé ;

A été unanimement d'avis que l'hypothèque, résultant dudit contrat de mariage et frappant sur la portion des droits immobiliers du sieur Desaint Pierre, dans la succession de son père, soit restreinte seulement sur ladite maison, rue Marceau, et que la portion desdits droits successifs immobiliers en soit quitte et affranchie ; qu'en conséquence tous conservateurs des hypothèques soient tenus d'effectuer la radiation de l'inscription du 4 prairial an 13, vol. 75, n° 779, prise au profit de ladite dame Desaint Pierre contre son dit mari, en en réservant l'effet sur ladite maison, rue Marceau, n° 10, quoi faisant bien et valablement déchargé ; et à cet effet autorise les sieur et dame Desaint Pierre à se présenter partout où besoin sera, signer tous émargemens, élire domicile et généralement faire au sujet de tout ce que dessus, ce que les circonstances exigeront, et ont les sus-nommés formant ledit conseil de famille, signé avec nous.

(*Signatures.*)

En conséquence de laquelle délibération et aux termes de sa procuration la dame Desaint Pierre a déclaré en son nom personnel consentir comme de fait , elle consent à la main levée de l'inscription sus-énoncée et à en réserver l'effet sur la maison , rue Marçeau, nº 10, appartenant à son mari , et a signé.   (*Signature.*)

Desquels comparution , dire , réquisition , délibération , avis, autorisations et consentement de restriction d'inscription hypothécaire, nous, juge de paix susdit et soussigné , avons donné acte aux parties et de tous ce que dessus avons fait et dressé le présent procès-verbal dont nous leur avons donné lecture, et attendu qu'aux termes de l'article 2145 du Code Napoléon , la présente délibération est succeptible d'homologation , avons renvoyé les parties pardevant le Tribunal qui doit en connaître.

A Paris, en notre demeure, les jour, mois et an susdits, et avons signé avec le greffier.

Requête pour demander l'homologation de la délibération qui précède.

A Monsieur le Président et Messieurs les Juges du Tribunal de première instance du département de la Seine.

(Art. 2145 , Code Napol. — Art. 78 , Tarif par anal. — C, 7 fr. 50 c.)

Sieur Louis-Abraham Desaint-Pierre , demeurant à Paris , rue du Faubourg du Temple, nº 55 ;

Il plaira au Tribunal, attendu le consentement de la dame Marie Massé , épouse dudit sieur Desaint-Pierre et l'avis des quatre plus proches parens et amis de ladite dame, le tout exprimé en la délibération reçue par le juge

de paix, du   arrondissement de Paris, le   dûment
enregistrée, homologuer ladite délibération pour être
exécutée selon sa forme et teneur; en conséquence ordonner que l'hypothèque légale pour la dot, les reprises
et conventions matrimoniales qu'elle a conservées par inscription prise, au bureau des hypothèques de Paris, le 4
prairial an 13, sous le n° 779 du vol. 75, sera restreinte
à la maison, sise à Paris, rue Marceau, n° 10, dont le
requérant est propriétaire et que la portion des droits immobiliers du sieur Desaint Pierre dans la succession de
son père en sera affranchie; en conséquence ordonner
que l'inscription prise par l'épouse du requérant, ledit
jour 4 prairial an 13, au bureau des hypothèques de
Paris, sera rayée en tant qu'elle frappe sur les droits
immobiliers dudit sieur Desaint Pierre dans la succession de son père, son effet réservé comme il est ci-dessus
dit sur ladite maison, rue Marceau, n° 10, qu'à faire ladite radiation en vertu du jugement à intervenir, sera le
conservateur des hypothèques contraint, quoi faisant bien
et valablement quitte et déchargé, et vous ferez justice.

(Signature de l'avoué.)

*Bordereau d'inscription pour une hypothèque
conventionnelle.*

(Art. 2148, Code Napoléon.)

Au profit du sieur Antoine-Philippe Saint-Chamont,
négociant, demeurant à Rouen, département de la
Seine-Inférieure, qui fait élection de domicile en la
demeure de Me D., avoué au Tribunal de première
instance du département de la Seine, sise à Paris,
rue

Contre la succession, héritiers et représentans Paul-Alexandre Pureaux, employé, demeurant en son vivant à Paris rue de la Michaudière, n° 18:

Résultant d'une obligation de la somme de vingt mille cinq cents fr., souscrite par ledit sieur Pureaux, au profit du sieur St.-Chamont, le   par acte passé devant M⁹ J., et son confrère, notaires à Paris, dûment enregistré, stipulée remboursable dans trois ans de sa date, sans aucuns intérêts, et à la sûreté du paiement de laquelle obligation ledit sieur Pureaux a affecté deux maisons à lui appartenantes, et sises à Paris : l'une, rue des Nonaindières, n° 12 ; et l'autre, rue du Chemin-Vert, n° 8.

Principal . . . . 20,500 fr.

Duquel Bordereau ledit sieur Saint-Chamont requiert l'inscription au bureau des hypothèques de Paris, département de la Seine, sur : 1° la maison rue des Nonaindières, n° 12 ; 2° et la maison rue du Chemin-Vert, n° 8, affectées spécialement par ledit sieur Pureaux.

Bordereau d'inscription pour une hypothèque légale résultant d'un contrat de mariage.

(Art. 2148, Code Napoléon.)

Au profit de la dame Marie-Geneviève Martinet, épouse du sieur Jean-François Durand, ébeniste, deumeurant à Paris, rue Saint-Thomas-du-Louvre, n° 8, laquelle fait élection de domicile en la demeure du sieur Jacquelin, employé, demeurant à Sceaux, près Paris, département de la Seine.

Contre ledit sieur Jean-François Durand, ébéniste, demeurant à Paris, susdite rue Saint-Thomas-du-Louvre, n° 8.

Pour sûreté, conservation et paiement : 1° de la dot que par le contrat de mariage desdits sieur et dame Durand, passé devant Me G., qui en a la minute, et son confrère, notaires à Paris, le   dûment enregistré, ladite dame Durand s'est constituée et consistant en tous ses droits immobiliers dans la succession de Jacques Martinet, son père, lesquels droits, encore indivis, doivent être fixés par la liquidation à faire de la succession dudit Jacques Martinet, ci . . . . *Indéterminé.*

2° Du douaire préfix à une fois payer, fixé à douze cents francs, ci . . 1,200 f.

3° Du préciput en faveur du survivant des époux fixé à mille francs, ci. 1,000

4° Du remploi des propres aliénés, de la donation en usufruit portée audit contrat, et pour toutes les indemnités auxquelles la dame Durand peut avoir droit contre sondit mari, ci . . . . *Indéterminé.*

Duquel bordereau la dame Durand requiert l'inscription au bureau des hypothèques de Sceaux, près Paris, département de la Seine, sur tous les biens dudit sieur Durand.

Bordereau d'inscription pour une hypothèque judiciaire.

(Art. 2148, Code Napoléon.)

Au profit du sieur Louis Douay, rentier, demeurant à Paris, rue Saint-Denis, n° 69, qui fait élection de domicile en sa demeure ;

Contre le sieur Balthazar-Paul Lacour, marchand de vin, demeurant à Paris, rue des Tournelles, n° 2.

Résultant d'un jugement de la Chambre des vacations du Tribunal de première instance du département de la Seine, le   dûment enregistré et signifié, rendu contradictoirement entre les parties, et portant condamnation au profit du sieur Douay, contre ledit Lacour, d'une somme de neuf cent vingt francs, pour les causes exprimées audit jugement ; ensemble des intérêts et dépens : le tout actuellement exigible.

Principal de la créance	920 fr.
Intérêts échus jusqu'à ce jour.	10
Dépens taxés, et frais et mises d'exécution.	55 fr. 65 c.
Total	985 fr. 65 c.

Duquel bordereau le sieur Douay requiert l'inscription au bureau des hypothèques de Paris, département de la Seine, sur tous les biens dudit sieur Lacour.

Bordereau d'inscription d'une hypothèque convention-
nelle, contenant réquisition de mention de subroga-
tion.

Au profit de Claude Saint-Preux, employé, demeurant à Paris, rue Saint-Honoré, n° 8, qui fait élection de domicile en sa demeure ;

Contre la dame Julie de Saint-Charles, veuve de
Maximilien de Béthune, demeurant à la Chapelle-
Saint-Brice, département de l'Ardèche ;

Résultant d'une obligation passée devant M° G.,
qui en a gardé minute, et son confrère notaires à
Paris, le   dûment enregistrée, par laquelle
ladite dame veuve de Béthune a reconnu devoir audit
sieur Saint-Preux, la somme de cinq mille francs pour
prêt de pareille somme, fait par ledit Saint-Preux à
ladite dame veuve de Béthune, qui s'est obligée de la
lui rembourser en un seul paiement dans cinq années
de ladite obligation, et jusqu'à cette époque de lui en
payer l'intérêt sur le pied de cinq pour cent et de six
en six mois.

A la sûreté et garantie du paiement de laquelle somme,
ladite dame veuve de Béthune a affecté et hypothéqué
spécialement une grande maison sise à Paris, rue du
faubourg Poissonnière n° 4, appartenant à ladite dame
veuve de Béthune.

Et, attendu que desdits cinq mille francs, trois mille
francs ont été employés à rembourser pareille somme
due par ladite dame veuve de Béthune, au sieur Louis-
Jean Durandeau, demeurant à la Chapelle-Saint-Denis,

près Paris , aux termes d'une obligation passée devant
ledit Mᵉ G. , et son confrère , notaires à Paris , le
dûment enregistrée; ledit sieur Durandeau , présent audit
acte et intervenant a , du consentement et à la réquisition de la dame veuve de Béthune , mis et subrogé
ledit sieur Saint-Preux dans tous ses droits , actions et
hypothèques , contre ladite dame veuve de Béthune ,
résultans de ladite obligation , et notamment dans l'effet
de l'inscription prise à son profit , au bureau des hypothèques de Paris , le   nº   vol.   et a consenti que ,
sur cette inscription ou en marge de tous registres ,
il fût fait mention de ladite subrogation , ainsi que de
tous changemens de domicile.

      Principal de la créance . . . . 5,000 fr.

Duquel bordereau , ledit sieur Saint-Preux requiert
l'inscription au bureau des hypothèques de Paris , département de la Seine , sur la maison rue du faubourg
Poissonnière , nº 4, spécialement affectée; comme aussi
requiert pareillement la mention de sa subrogation con-
sentie par ledit sieur Durandeau , au profit dudit sieur
Saint - Preux , dans l'effet de son hypothèque , contre
la dame veuve de Béthune , conservée par l'inscription
prise au bureau des hypothèques de Paris , le nº vol.

Acte de délaissement d'un immeuble par un tiers-
détenteur.

(Art. 2168 et 2174 , Code Napoléon.)

Du

Aujourd'hui est comparu au greffe du Tribunal de première instance du département de la Seine , le sʳ Louis

Carré, demeurant à Paris, rue des Filles du Calvaire, n° 3, lequel, assisté de Mᵉ P., avoué en ce Tribunal, a déclaré que pour faire cesser les poursuites exercées, contre lui, par le sieur Quesnard, créancier inscrit sur la maison ci-après désignée ; et celles qui pourraient être exercées par d'autres créanciers, d'après l'option donnée à tout détenteur, par l'article 2168 *du Code Napoléon*, il délaisse en justice une maison située à Paris, rue de Turenne, n° 9, par lui acquise du sieur Paul Cordier, demeurant en ladite maison, par contrat passé devant M• V., et son confrère, notaires à Paris, le   dûment enregistré ; se réservant ledit sieur Carré, tous ses droits et actions contre son vendeur, pour raison de l'éviction de ladite maison, et en outre de répéter la plus value, résultant de toutes impenses et améliorations.

De tout quoi, ledit sieur Carré a requis acte à lui octroyé, et a signé avec ledit M• P.. son avoué, et nous greffier, les jour, mois et an susdits.

(*Signatures.*)

Signification au créancier inscrit qui poursuit, et au vendeur de l'acte de délaissement.

(Art. 29, Tarif par anal. — Coût 2 fr.)

L'an mil huit cent huit, le   à la requête du sieur Louis Carré, demeurant à Paris, rue des Filles du Calvaire, n° 3, lequel fait élection de domicile en la demeure de M• P., avoué au Tribunal de première instance du département de la Seine, sise à Paris, rue   j'ai, (*immatricule de l'huissier*), soussigné, signifié, dénoncé et avec ces présentes donné copie au sieur Quesnard, demeurant à Paris, vieille rue du Temple, n° 47, en son domicile élu par l'inscription, en parlant à

Et au sieur Paul Cordier, demeurant à Paris, rue de Turenne, n° 9, en son domicile, en parlant à

D'un acte du greffe du Tribunal de première instance du département de la Seine, en date du   dûment enregistré; contenant délaissement en justice de la part dudit sieur Carré, d'une maison sise à Paris, rue de Turenne, n° 9, par lui acquise dudit sieur Cordier, par acte passé devant Me V., qui en a gardé minute et son confrère, notaire à Paris, le   dûment enregistré; à ce que les sus-nommés n'en ignorent et ait, le sieur Quesnard, créancier inscrit sur ladite maison, à cesser les poursuites par lui encommencées contre ledit Carré, comme détenteur de la maison dont s'agit; faisant toutes réserves ce dernier de se pourvoir contre le sieur Cordier son vendeur, afin de restitution des sommes qu'il lui a payées, à valoir sur le prix de là vente de ladite maison, et pour raison des frais et loyaux coûts de son acquisition et encore des dépenses et améliorations faites à ladite maison, à ce que pareillement les sus-nommés n'en ignorent, et je leur ai, en leurs domiciles, et parlant comme dessus, laissé, à chacun séparement, copies certifiées etc., dudit acte de délaissement et du présent exploit, dont le coût est de

Demande pour avoir acte du délaissement.

(Art. 2174, Code Napoléon.)

L'an mil huit cent huit, le   à la requéte du sieur
Louis Carré, demeurant à Paris rue des Filles du Calvaire, n° 3; lequel fait élection de domicile, en la demeure de M° P., avoué au Tribunal de première instance du département de la Seine, sise à Paris, rue
j'ai, (*immatricule de l'huissier*), soussigné, donné assignation au sieur Quesnard, demeurant à Paris, vieille
rue du Temple, n° 47, en son domicile élu par son inscription, en parlant à

Et au sieur Paul Cordier, demeurant à Paris, rue de
Turenne, n° 9, en son domicile, en parlant à

A comparaître à la huitaine de la loi, à l'audience de
la première chambre du Tribunal de première instance
du département de la Seine, sise à Paris, au Palais de
Justice.

Pour, et attendu la faculté accordée par l'article 2168
du Code Napoléon, à tout tiers détenteur d'immeuble
qui se trouve poursuivi en cette qualité, voir dire qu'il
sera donné acte au sieur Carré du délaissement par lui
fait en justice, au greffe du Tribunal de première instance du département de la Seine, par acte du   dûment
enregistré et précédemment signifié, d'une maison sise à
Paris, rue de Turenne, n° 9, que ledit sieur Carré a
requise du sieur Cordier, par contrat passé devant M° V.,
qui en a gardé minute et son confrère notaires à Paris,
le   dûment enregistré, ledit délaissement fait par la

sieur Carré pour faire cesser les poursuites contre lui
exercées, en sa qualité de détenteur de ladite maison,
par le sieur Quesnard, créancier inscrit sur icelle et celles
qui auraient pu être exercées par d'autres créanciers ; en
conséquence condamner le sieur Cordier, vendeur, à payer
et rembourser audit sieur Carré la somme de neuf cent
vingt-cinq francs quarante centimes, dont huit cents fr.
payés à compte sur le prix de ladite vente et le surplus
pour frais et loyaux coûts avec les intérêts de ladite somme,
tels que de droit ; et pour, en outre, répondre et procéder
comme de raison à fin de dépens ; et lui signifié que ledit
Me P., avoué, occupera pour le demandeur sur la présente assignation, et j'ai au sus-nommé, domicile et
parlant comme dessus, laissé à chacun séparément, copie
du présent exploit, dont le coût est de

Cette demande est soumise préalablement à l'épreuve de
la conciliation.

Pétition pour faire commettre un curateur au
délaissement.

(Art. 2174, Code Napol. — Art. 77, Tarif par anal. — Coût, 3 fr.)

A Monsieur le Président du Tribunal de première instance du département de la Seine,
séant à Paris, au Palais de Justice.

Le sieur Jean Quesnard, demeurant à Paris, vieille
rue du Temple, n° 47.

Expose qu'en sa qualité de créancier inscrit sur une
maison, sise à Paris, rue de Turenne, n° 9, vendue par le

sieur Paul Cordier au sieur Louis Carré, par contrat passé
devant M· V., qui en a gardé minute, et son confrère,
notaires, à Paris, le   dûment enregistré, il a exercé
des poursuites contre ledit Carré comme tiers détenteur
de la maison, à fin de paiement de ses créances inscrites.

Mais, que ponr faire cesser lesdites poursuites, le
sieur Carré a, par acte du greffe de votre Tribunal , en
date du   dûment enregistré et signifié à l'exposant ,
par exploit de   huissier, en date du   déclaré qu'il
délaissait en justice ladite maison par lui acquise;

Pourquoi, et vu la copie dudit acte de délaissement et
les dispositions précises de l'art. 2174 du Code Napoléon,
il vous plaira, Monsieur, donner au réquérant, acte du
délaissement sus-énoncé et créer à l'immeuble ainsi dé-
laissé un curateur sur lequel la vente en sera poursuivie
dans les formes prescrites par la loi, et vous ferez justice.

Requête pour demander le changement de son nom.

(Loi du 11 germinal an 11 , art. 2 et 3. — Art. 78, Tarif par anal.
— Coût, 7 fr. 50 c.)

A Monsieur le Président du Tribunal de première
instance du département de la Seine, séant à
Paris, au Palais de Justice.

Sieur Paul-Charles Engelard , demeurant à Paris ,
rue des Saussayes, n° 2, au nom et comme père de
Liberté Engelard, sa fille mineure;

Expose que le prénom de sa fille n'étant pas du
nombre de ceux que la loi du 11 germinal an 11 permet

de choisir, et attendu que l'art. 2 de cette loi, accorde
la faculté de changer ce prénom;

Il vous plaira, monsieur le Président, vu l'acte de
naissance de la fille de l'exposant, inscrit aux registres
de la municipalité de Paris, à la date du 2 thermidor
an 2, ordonner, que réformation sera faite dudit acte et
qu'au nom *Liberté*, qui s'y trouve donné pour prénom à
la fille de l'exposant, on substituera ceux, de *Louise-Angélique*, qu'il entend lui faire porter, et ordonner, en
conséquence, que le jugement à intervenir sera inscrit
sur tous registres de l'État Civil, conformément à la loi;
que mention en sera faite en marge dudit acte réformé;
et que toutes expéditions ou extraits ne pourront en être
délivrés qu'avec les réformations ordonnées, à peine de
tous dépens, dommages et intérêts, contre l'officier qui
les délivrerait, et vous ferez justice.

(Signature de l'avoué)

Requête pour obtenir l'arrestation d'un étranger débiteur
d'un Français.

(Décret du 10 Septembre 1807, Art. 2 — Art. 78, Tarif par anal.)

> A Monsieur le Président du Tribunal de première
> instance du département de la Seine, séant à
> Paris, au Palais de Justice.

Sieur Paul-Louis-Alexandre Desaint Julien, négociant, demeurant à Paris, rue des Bourdonnais, n° 8.

Expose qu'il est porteur d'un billlet à ordre de la
somme de deux mille francs, souscrit à son profit par
le sieur James Boller, anglais, de présent à Paris, logé

hôtel de Courlande, rue de la Concorde, le   stipulé
payable le jour d'hier, et causé, valeur reçue comptant.

Que le sus-nommé à qui il a été fait sommation par
exploit de B. huissier, de payer ledit billet, s'y refuse
purement et simplement, et que comme il est étranger
et qu'il ne possède aucuns biens en France, il se trouve
dans le cas de l'application du *décret impérial du* 10
septembre 1807.

Pourquoi, il vous plaira, monsieur le Président, vu le
billet ci-joint, dûment enregistré, et la sommation sus-
énoncée, permettre à l'exposant de faire arrêter et écrouer
en la maison d'arrêt de Sainte Pélagie, sise à Paris, rue
de la Clef, ledit sieur James Boller, faute de paiement de
ladite somme de deux mille fr. montant du billet sus-
daté, et vous ferez justice.

(*Signature de l'avoué.*)

*Requête pour obtenir le paiement des frais privilégiés
dûs par une succession vacante, quand les deniers
provenans d'icelle ont été déposés.*

(Art. 78, Tarif par analog. — Coût 7 fr. 5o c.)

A Monsieur le Président du Tribunal de première
instance du département de la Seine, séant à
Paris au Palais de Justice.

Sieur Jean-René Lachaise, employé, demeurant à
Paris, rue de Heaumerie, n° 6, au nom et comme curateur à la succession vacante du sieur Jean-Antoine
Laindet, nommé à cette qualité, suivant un jugement
de votre Tribunal, en date du   dûment enregistré,

et laquelle charge il a acceptée par acte du greffe du même Tribunal, en date du   aussi enregistré;

Requiert qu'il vous plaise, vu l'expédition du procès-verbal, en date du   de la vente faite par Me M., commissaire-priseur à Paris, des meubles et effets dépendans de la succession vacante du sieur Laindet, et ce, en exécution du jugement susdaté; vu aussi les pièces justificatives des opérations de scellés, inventaire et vente; ordonner que la recette sera et demeurera fixée à la somme de cinq cent vingt-deux francs vingt centimes, ci. . . . . 522 f. 20 c.

La dépense à la somme de trois cent trente-sept francs vingt-un centimes, ci. 337   21

Et le reliquat, à la somme de cent quatre-vingt-quatre francs quatre-vingt-dix-neuf centimes, ci. 184   99

Et que, sur ladite somme de trois cent trente-sept francs vingt-un centimes, il sera payé, savoir : à Me D., avoué de l'exposant, pour les frais de la nomination de ce dernier, comme curateur, vacation, etc., la somme de quatre-vingt-cinq francs dix cent., ci. 85 f. 10 c.

A Me   greffier de la justice de paix du   arrondissement de Paris, pour l'apposition des scellés et levée, compris les vacations de M. le juge de paix, la somme de cinquante-six francs vingt centimes, ci. 56   20

A Me notaire, pour l'inventaire, la

somme de soixante-trois francs quatre-
vingt-dix-huit centimes, ci.   63   98

   Et à M^e   commissaire-priseur,
pour les frais des droits de la vente, la
somme de cent trente-un francs quatre-
vingt-trois centimes , ci.   131   83

   Somme égale , trois cent trente sept
francs vingt-un centimes , ci   337   21

En conséquence , ordonner pareillement , qu'à payer et vider ses mains en celles des ayant-droits sus-nommés, jusqu'à concurrence de ce qui leur est respectivement dû , le sieur   receveur des domaines à Paris, dépositaire des deniers provenant de la vente du mobilier dont s'agit , sera contraint , quoi faisant , il en sera et demeurera bien et valablement quitte, libéré et déchargé; comme aussi, ordonner que , sur le reliquat ci-dessus fixé , l'exposant sera payé du coût du jugement à intervenir , de l'enregistrement de la signification d'icelui à qui de droit , et vous ferez justice.

(Signature de l'avoué.)

On joint à cette requête les états des frais de dépens réclamés.

Requête d'une veuve, pour obtenir permission de suivre
une saisie immobilière commencée par son mari.

(Art. 78, Tarif par anal. — Coût, 7 fr. 50 c.)

A Monsieur le Président du Tribunal de première
instance du département de la Seine, séant à
Paris, au Palais de Justice.

DAME Marie-Margueritte Laurenceau, veuve du sieur
Paul-Louis Clemendeau, demeurant à Paris, rue Saint-
Joseph, n° 6;

Expose que son mari, ayant dirigé contre le sieur
Jacques-Gabriel Vasseur et sa femme, une poursuite
de saisie immobilière de la maison où ils demeurent,
sise à Paris, rue Verderet, n° 12, par procès-verbal de
B.., huissier à Paris, en date du   dûment enregistré,
laquelle a été réunie de droit à une saisie plus ample,
faite par une autre créancier des sieur et dame Vasseur,
il ne restait plus qu'à déposer, au greffe de votre Tribunal,
l'enchère pour parvenir à la vente des immeubles saisis;

Que le sieur Clemendeau est décédé ces jours derniers,
laissant entre autres héritiers des mineurs et des absens,
et que s'il fallait attendre, pour suivre les saisies immobilières dont s'agit, que les formalités exigées à
l'égard de ces mineurs et absens fussent remplies, ce
retard occasionnerait indubitablement la nullité de sa
poursuite, ce que l'exposante voudrait éviter, pourquoi,
il vous plaira, M. le Président, autoriser l'exposante à
poursuivre, en sadite qualité, la saisie immobilière en-
commencée par son mari sur les sieur et dame Vasseur,

en conséquence à déposer l'enchère et à faire toutes les procédures et formalités nécessaires pour y parvenir, et vous ferez justice.

(Signature de l'avoué.)

Sur cette requête, on rend un jugement.

Requête pour avoir la permission de compulser le registre d'immatricule de la trésorerie.

(Art. 78, Tarif par anal. — Coût, 7 fr. 5o c.)

A Monsieur le President du Tribunal de première instance du département de la Seine, séant à Paris, an Palais de Justice.

HENRI Claudin, propriétaire, demeurant à la Chapelle-Saint-Denis, près Paris ;

Expose, que par exploit du   Louis Claudin, son frère, a demandé contre lui à être autorisé à faire procéder aux compte, liquidation et partage des biens de la succession de Henri-Jacques Claudin, leur père ;

Qu'à cette demande, l'exposant a opposé qu'il y avait eu partage, fait entre les parties, du tiers de la succession de leur père, et que par suite de ce partage, différentes parties de rentes sur l'Etat, dépendant de la succession, avaient été reparties entre les co-partageans ;

Mais, comme l'exposant a intérêt de prouver au Tribunal le partage des différentes rentes sur l'Etat dont il s'agit, qu'il ne le peut faire qu'en rapportant des certificats de la trésorerie constatant le partage de ces rentes,

et qu'on ne peut délivrer ces certificats sans l'autorisation de la justice ;

Il vous plaira, ce considéré, M. le Président, autoriser l'exposant à faire compulser les registres de la trésorerie et les pièces déposées aux archives pour justification des immatricules, à l'effet de faire constater, par
un certificat authentique, les différentes parties de rentes
sur l'Etat qui ont appartenu audit défunt Claudin, et
la division et le partage qui en ont été faits, depuis son
décès, entre ces co-héritiers ; le tout en la présence des
parties intéressées, icelles dûment appelées, et vous
ferez justice.

(Signature de l'avoué.)

*Requête d'un héritier bénéficiaire pour être autorisé à
faire le transfert d'une rente sur l'État, au créancier
de la succession.*

(Art. 78, Tarif par anal. — Coût, 7 fr. 5o c.)

A Messieurs les Président du Tribunal de première instance du département de la Seine,
séant à Paris, au Palais de Justice.

MARIE-ANNE-SUZANNE ROUELLE, veuve du sieur Pierre
Jacquet, demeurant à Rouen, département de la Seine-
Inférieure, au nom et comme seule unique héritière
du sieur Louis Rouelle, son cousin-germain, au moyen
de la renonciation faite à sa succession, par Louise-
Thérèse Montbard, par acte fait au greffe de votre
Tribunal, le   dûment enregistré ; laquelle dite

demoiselle Montbard était habile à se porter héritière pour moitié, quant à la branche maternelle dudit sieur Rouelle ; et ladite dame veuve Jacquet étant présomptive héritière pour l'autre moitié, quant à la branche paternelle, dudit sieur Rouelle, ainsi qu'il est établi par l'intitulé de l'inventaire, fait après le décès dudit sieur Rouelle, par Mᵉ G., et son confrère, notaires impériaux, à Paris, le   laquelle qualité de seule et unique héritière du sieur Rouelle, ladite dame a acceptée sous bénéfice d'inventaire, suivant la déclaration qu'elle en a faite au greffe de votre Tribunal, le   par acte dûment enregistré.

Expose qu'elle est dans l'intention de transférer au sieur Louis Paulinet, créancier de la succession dudit sieur Louis Rouelle de la somme de quarante mille francs, dont ledit Rouelle a fait donation pour être payée, sur les plus clairs et apparens de ses biens, après son décès audit Paulinet, suivant son contrat de mariage avec demoiselle Chauvin, passé devant Mᵉ H., qui en a gardé minute, et son confrère, notaires à Paris, le   dûment enregistré, et pour le remplir d'autant du montant de ses créances, une inscription de dix-neuf cent cinquante-trois francs, cinq pour cent consolidé, portés au grand-livre de la dette publique, vol. 3o, n° 17869, au nom de l'exposante, laquelle inscription faisait partie de la succession dudit sieur Rouelle, et que, pour opérer ledit transfert, l'exposante a donné sa procuration spéciale au sieur demeurant à   par acte passé devant Mᵉ J., et son confrère, notaires à Rouen, le   dont le brevet original dûment enregistré et légalisé , a été déposé pour minute à Mᵉ G. , notaire à Paris, par acte du   aussi dûment enregistré.

Mais que s'étant présentée pour faire opérer le transfer, son Excellence le Ministre du trésor public l'a renvoyée à se pourvoir devant les Tribunaux pour obtenir un jugement qui l'autorise, en sa qualité d'héritière bénéficiaire à transférer, et qui valide la procuration donnée à cet effet. .

Pourquoi, l'exposante conclut à ce qu'il plaise au Tribunal l'autoriser en sa qualité de seule et unique héritière , mais sous bénéfice d'inventaire, de Louis Rouelle, à transférer au sieur Louis Paulinet, créancier de la succession dudit sieur Rouelle, et pour le remplir d'autant du montant de ses créances, l'inscription au grand-livre de la dette publique, ci-devant énoncée, et dont s'agit , comme aussi valider la procuration spéciale à l'effet dudit transfert que l'exposante a donnée au sieur   et aussi ci-devant datée et énoncée, et vous ferez justice.

(*Signature de l'avoué.*)

Requête pour obtenir d'être déchargé de la curatelle d'un condamné.

A Monsieur le Président du Tribunal de première instance du département de la Seine, sééant à Paris, au Palais de Justice.

Lᴇ sieur Etienne - Joseph Ladoucette , négociant, demeurant àParis , rue Saint-Martin , nᵒ 26 ,

Expose que, suivant un acte reçu par Me V., qui en a gardé minute, et son confrère, notaires à Paris, le dûment enregistré, il a déclaré qu'il se demettait purement et simplement de la charge de curateur à l'interdiction légale du sieur Louis Sauvage, condamné aux fers, à laquelle il avait été nommé par délibération des parens et amis dudit Sauvage, reçue le   par M. G., l'un des juges de votre Tribunal, homologuée par jugement du même Tribunal, en date du   et laquelle qualité de curateur ledit Ladoucette avait acceptée par autre jugement du   aussi dûment enregistré;

Qu'au moyen de la démission donnée par l'exposant, il convient de nommer un nouveau curateur audit Sauvage;

Pourquoi, il vous plaira, M. le Président, vu l'acte dudit jour   commettre l'un de Messieurs de votre Tribunal, devant lequel les parens et amis dudit Sauvage, seront convoqués à la requête, poursuite et diligence de l'exposant, pour par eux donner leur avis sur la démission de ce dernier, et au cas où ils l'accepteraient, ou si elle était jugée valable, procéder à la nomination d'un autre curateur audit Sauvage, en remplacement dudit Ladoucette, et vous ferez justice.

(*Signature de l'avoué.*)

Requête à Monsieur le juge-commissaire pour demander
permission d'assigner la famille.

> A Monsieur B. , juge au Tribunal de première
> instance du département de la Seine , com-
> missaire en cette partie.

LE sieur Etienne-Joseph Ladoucette, négociant ,
demeurant à Paris , rue Saint-Martin, n° 26 ,

Expose que, par ordonnance de M. le Président du
Tribunal, en date du   dûment enregistrée, étant
au bas de la requête à lui présentée le même jour , vous
avez été commis pour recevoir l'avis du conseil de famille
dont sera ci-après parlé ;

Pourquoi, il vous plaira, Monsieur, indiquer les jour,
lieu et heure auxquels l'exposant fera citer à comparaître
devant vous, les parens et amis , et à défaut , les voisins
de Louis Sauvage , condamné aux fers , pour, en exécution de l'ordonnance sus-énoncée , délibérer et donner
leur avis sur la démission que ledit sieur Ladoucette à
donnée par acte reçu devant V. , et son confrère, notaires
à Paris , le   dûment enregistré, de la charge de
curateur, à l'interdiction légale du sieur Louis Sauvage , condamné aux fers , à laquelle il a été nommé
par délibération des parens et amis dudit Sauvage, reçue
le   par M. G., l'un des juges de votre Tribunal ,
homologuée par jugement du même Tribunal, en date
du   laquelle qualité de curateur , ledit Ladoucette avait acceptée par autre jugement du   aussi
dûment enregistré, et comme aussi procéder, si le cas

y échoit, à la nomination d'un autre curateur audit
Sauvage, le tout de la manière et ainsi qu'il appartiendra, et vous ferez justice.

*Procès-verbal d'avis du conseil de famille, dressé devant
le juge-commissaire.*

L'an mil huit cent huit, le   onze heures du
matin, en la chambre du conseil, et pardevant nous
        l'un des juges du Tribunal de première instance
du département de la Seine, et commissaire en cette
partie, assisté du sieur   greffier; est comparu le
sieur Étienne-Joseph Ladoucette, négociant, demeurant à Paris, rue Saint-Martin, n° 26, assisté de Me D.,
son avoué ;

Lequel nous a dit que, par jugement rendu par le
Tribunal criminel du département de la Seine, le
le sieur Sauvage, son beau-frère, a été condamné pour
les causes portées au jugement, à la peine de quatorze
années de fers, et que cette condamnation ayant mis le
sieur Sauvage dans les liens d'une interdiction légale le
comparant, a été nommé curateur à ladite interdiction,
par délibération des parens et amis du sieur Sauvage,
reçue par M.   l'un des juges du Tribunal de première instance du département de la Seine, le
dûment enregistrée, et homologuée par jugement rendu
en la première section du Tribunal, le   aussi enregistré; laquelle qualité de curateur le sieur Ladoucette
a acceptée et a prêté le serment audit cas requis, par
autre jugement de la première section dudit Tribunal,
en date du   aussi enregistré;

Que cette charge de curateur qu'avait acceptée le sieur Ladoucette , n'ayant pas jusqu'alors exigé de sa part beaucoup de soins , il a pu , malgré ses occupations habituelles , la remplir , mais qu'aujourd'hui la mère dudit Sauvage étant décédée , et le sieur Ladoucette se trouvant , à cause de sa femme , appelé à recueillir cette succession concurremment avec le sieur Sauvage , et étant d'ailleurs impossible au comparant , à raison de son état , de ses affaires et de l'éloignement où il est de la ville d'Evreux , où la succession dont s'agit , est ouverte , de vaquer aux soins de sa curatelle ; tous ces motifs l'ont porté à se démettre de ladite charge de curateur , par acte passé devant V. , qui en a gardé minute , et son collègue , notaires à Paris , le   dûment enregistré ;

Que le comparant a ensuite présenté requête au Tribunal , par laquelle il a demandé que l'on commît l'un des juges dudit Tribunal , devant lequel les parens et les amis du sieur Sauvage seraient convoqués , à la requête , poursuite et diligence du comparant , pour par eux donner leur avis sur la démission de ce dernier , et dans le cas où ils l'accepteraient , ou si elle était jugée valable , procéder à la nomination d'un autre curateur audit Sauvage , en remplacement du sieur Ladoucette ;

Que sur cette requête , est intervenue l'ordonnance de M. le Président du Tribunal , en date du 3o janvier 1807 , dûment enregistrée ; laquelle porte que les parens et amis , et à défaut , les voisins de Louis Sauvage , seront assemblés pardevant nous , pour délibérer et donner leur avis sur les demandes énoncées en la requête ;

Qu'en exécution de cette ordonnance, le comparant
a pris la nôtre, que nous lui avons délivrée, le
et qu'en vertu d'icelle, dûment enregistrée, il a convoqué, cejourd'hui, pardevant nous, lieu et heure par nous
indiqués, les parens et amis dudit sieur Sauvage, pour
délibérer et donner leur avis sur la démission du comparant, et au cas où ils l'accepteraient, ou si elle était
jugée valable, procéder à la nomination d'un autre curateur audit Sauvage, en remplacement du comparant,
nous requérant, ce dernier, attendu la présence desdits
parens et amis, de recevoir leurs serment, déclaration
et avis, dont et de tout quoi il nous a requis acte, et a
signé avec ledit Me D., son avoué.

(Signatures.)

Sont ensuite comparus volontairement les ci-après
nommés, savoir : (on désigne les parens, amis ou
voisins ;)

Lesquels, après serment par eux fait en la manière
accoutumée, qu'il leur a été donné lecture des jugement,
requêtes et ordonnances susdatés, et en avoir mûrement
délibéré, nous ont dit et déclaré qu'ils sont unanimement d'avis, attendu la démission du sieur Etienne-
Joseph Ladoucette, de la qualité de curateur à l'interdiction légale du sieur Louis Sauvage, que le sieur
Jacques, demeurant à   soit nommé curateur à
l'interdiction légale du sieur Sauvage, au lieu et place
du sieur Ladoucette, démissionnaire, et qu'en cette
qualité il soit conféré audit Jacques les mêmes autorisations que celles précédemment données audit Ladoucette, par le jugement dudit jour   et qu'il soit en

outre autorisé à accepter pour l'interdit, sous bénéfice d'inventaire, la succession de la dame **veuve Sauvage**, sa mère, ou y renoncer purement et simplement, dans le cas où elle lui serait plus onéreuse que profitable; en cas d'acceptation, procéder en justice à tous compte, partage et liquidation de cette succession, et à toutes autres opérations y relatives, payer les sommes qui seraient reconnues être légitimement dues par l'interdit, défendre à toutes demandes qui seraient formées contre lui ou former celles qu'il appartiendra pour ses intérêts; obtenir tous jugemens, les mettre à exécution, former toutes oppositions, prendre toutes inscriptions hypothécaires, en donner main-levée, en consentir la radiation; recevoir le compte du précédent curateur, le débattre, clore et arrêter, en payer ou toucher le reliquat, donner ou retirer toutes quittances et décharges; passer et signer tous actes, et généralement faire tout ce qu'il croira convenable aux intérêts dudit interdit; dont et de tout quoi les comparans ont requis acte et l'homologation des présentes, et ont signé.

(Signatures.)

Desquels comparutions, dires, prestation de serment et avis, nous juge-commissaire avons donné acte aux comparans, en conséquence disons que le présent procès-verbal, ensemble les pièces y jointes et mentionnées, seront communiquées au Procureur-Impérial, pour être par lui requis, et par le Tribunal ordonné ce qu'il appartiendra, et avons signé avec le greffier.

(Signatures du juge-commissaire et du greffier.)

DÉLIBÉRATION DE FAMILLE.

Autorisations données à un tuteur pour accepter pour son mineur, une succession sous bénéfice d'inventaire.

L'an mil huit cent huit, le   en notre hôtel, et pardevant nous   juge de paix du   arrondissement de Paris, assisté de   notre greffier ;

Sont comparus les parens et amis de Louis Collette, enfant mineur de défunt Jean-Louis Collette et de Marie-Julie Girandeau, restée veuve, actuellement épouse du sieur Jacques Girard, demeurant tous deux à Paris, rue   ladite dame Girard, tutrice, et son mari, co-tuteur, avec elle, dudit mineur ;

Lesquels parens et amis sont : (*on les désigne par leurs noms, prénoms, professions et domiciles ;*)

Auxquels parens et amis composant le conseil de famille sous notre présidence, lesdits sieur et dame Girard ont exposé que la dame Elisabeth Peters, est décédée veuve de Pierre Collette, aïeule paternelle dudit mineur, dont il est habile à se dire et porter héritier pour un quart, par représentation de son père ; qu'il est nécessaire que lesdits sieur et dame Girard soient autorisés à accepter pour ledit mineur, cette succession sous bénéfice d'inventaire, et obtiennent toutes autres autorisations que le conseil de famille jugera nécessaire de leur conférer, pour recueillir et liquider cette succession, et ont signé.   (*Signatures.*)

Sur quoi lesdits parens et amis, après avoir prêté serment en nos mains, de donner leur avis en leur ame et conscience, et après avoit mûrement délibéré avec nous, avons été unanimement d'avis d'autoriser, comme par ces présentes nous autorisons lesdits sieur et dame Girard, en leurs qualités de tutrice et co-tuteur, à accepter pour ledit mineur Collette, sous bénéfice d'inventaire, tant la succession dudit feu sieur Collette, son père, que celle de la dame veuve Collette, son aïeule paternelle, et dont ledit mineur est habile à se porter héritier pour un quart, par représentation de son père; à cet effet faire toutes déclarations aux greffes des Tribunaux compétens; faire procéder, si besoin est, aux compte, liquidation et partage de la succession de la dame veuve Collette, et arrêter le compte du commissaire-priseur qui a fait la vente du mobilier, et placer toutes les sommes qui reviendront au mineur, pourvu cependant qu'elles s'élèvent au moins à mille fr;

Et, lesdits sieur et dame Girard ayant déclaré accepter lesdites autorisations, avons pris et reçu d'eux le serment en pareil cas requis.

Dont, et de tout ce que dessus, avons fait le présent acte, pour servir et valoir ce que de raison, et ont tous les comparans signé avec nous, et le greffier après lecture faite. (*Signatures.*)

Autorisations données à un tuteur, pour renoncer à une succession échue à un mineur.

L'an mil huit cent huit, le   en notre hôtel, et pardevant nous   juge de paix du   arrondissement du canton de Paris, assisté de   notre greffier;

Sont comparus les parens et amis de Stanislas Caurot,

fils mineur de défunts Claude Caurot et de dame Louise-Angélique Roussel, sa femme, savoir : (*dénommer les parens et amis.*)

Auquel conseil de famille, le sieur Hubert, tuteur dudit mineur Caurot, a exposé que ledit Caurot et demoiselle Roussel, sa première femme, se sont mariés à Paris, le 20 juillet 1774, et que le contrat contenant les conditions civiles de leur mariage a été passé devant Me D., qui en a gardé minute, et son confrère, notaires à Paris, le

Que la demoiselle Roussel est décédée à Paris, le laissant pour ses seuls héritiers, trois enfans, du nombre desquels est ledit mineur Caurot ;

Que l'inventaire des biens de sa succession et de la communauté d'entre elle et son mari, a été fait par Me L. et son confrère, notaires à Paris, le   par le dépouillement duquel inventaire, rédigé d'après le contrat de mariage d'entre lesdits sieur Caurot et dame Roussel, par Me L., notaire, les droits desdits trois enfans Caurot ont été fixés, déduction faite des dettes, et indépendamment de leurs portions dans les biens par eux repris en nature, et en outre dans six cents livres de rente perpétuelle sur l'État, laissées en commun par ledit dépouillement, à la somme de sept mille quatre-vingt-seize livres onze sols six deniers, dont le tiers pour chaque enfant était de deux mille trois cent soixante-cinq livres dix sols six deniers, représentés aujourd'hui par deux mille trois cent trente-six francs trente-cinq centimes ;

Que le sieur Caurot, père, a contracté un second

mariage avec demoiselle Geret , qui , ayant été dissous par le divorce , a été suivi d'un troisième mariage contracté le   avec demoiselle Mauret , actuellement sa veuve , et dont les conditions civiles , ont été réglées par contrat passé devant L. , notaire à Paris , le   dûment enregistré ;

Que ledit sieur Caurot est décédé à Paris , le laissant pour seuls héritiers , chacun pour un tiers , les trois enfans de son premier mariage ; que l'inventaire des biens de sa succession a été fait par ledit Mᵉ L. , notaire à Paris , le   et jours suivans , et qu'il fut procédé à la vente de tout le mobilier , ensemble des marchandises , composant le fonds de commerce de marchand bonnetier qu'exerçait le défunt sieur Caurot , par le ministère de Mᵉ J. , commissaire-priseur au département de la Seine , suivant son procès-verbal en date au commencement du

Que du dépouillement fait dudit inventaire , il résulte que la succession du sieur Caurot se compose : 1º du reliquat, après paiement des dettes et charges privilégées, du produit de la vente du mobilier et des marchandises, montant à six mille sept cent soixante-dix francs vingt-huit centimes, ci. . . . .   6,770 f. 28 c.

2º De quarante-trois francs quarante-trois centimes , montant des arrérages échus au décès du sieur Caurot, de diverses parties de rentes viagères propres à la dame veuve Caurot, troisième femme, et qu'elle reprend en nature, ci.   43   43

3° De deux mille deux cent cinquante francs, valeur au cours actuel
de la place, de cent cinquante francs,
formant moitié d'une inscription perpétuelle sur l'Etat de trois cents fr.,
appartenant en commun audit sieur
Caurot et à ses enfans, ci. . . . 2,250

4° De quatorze francs seize cent.,
montant des arrérages échus au décès
du sieur Caurot, de ladite moitié
d'inscription, ci. 14 16

5° Et de trois cent douze francs
trente-cinq centimes, montant des
deniers comptans, trouvés lors du
décès dudit Caurot, et de divers recouvremens faits depuis, ci. . . . 312 35

Total de la masse active, neuf
mille trois cent quatre-vingt-dix
francs vingt-deux centimes, ci . . 9,390 22

Mais que cette même succession se trouve chargée :
1° de quatre mille trois cent seize francs, montant
des remises en deniers à faire par la veuve Caurot, et
indépendamment de celle qu'elle fera en nature ; le tout
au moyen de la renonciation par elle faite à la communauté de biens d'entre elle et son mari, inscrite au registre du greffe du Tribunal de première instance du
département de la Seine, à la date du   et encore
de la rénonciation qu'elle entend faire à la donation

portée en sa faveur en son contrat de mariage avec ledit Caurot, ci . . . .   4,316 f. »» c.

2º Deux mille trois cent trente-six fr. trente-cinq cent., montant des droits fixés, comme il est ci-devant dit, du mineur Caurot, dans la succession de demoiselle Roussel, sa mère; les deux autres enfans se trouvant remplis de ces mêmes droits, ci . .   2,336   35

3º De dix-huit cent vingt-neuf francs treize centimes, dûs par la succession dudit sieur Caurot, à diverses personnes, soit pour affaires de commerce, soit pour dépenses de la maison, ci   1,829   13

4º De douze cents francs, montant des huit années courues du premier vendémiaire an six, au premier vendémiaire an quatorze, des arrérages des cent cinquante fr. de rente sur l'Etat, formant la moitié appartenant aux enfans Caurot, dans l'inscription de trois cents fr., commune et indivise entre eux et leur père, mais dont ce dernier a touché les arrérages en totalité, ci   1,200   »»

5º De la somme de cent soixante-quinze francs vingt centimes, pour les frais funéraires dudit Caurot, payés avec des deniers empruntés, ci.   175   20

6° Et de la somme de mille francs
à laquelle on évalue les frais de liquidation des droits et reprises de la
veuve et des héritiers, et de la contri-
bution à faire entre les créanciers,
ensemble les frais de tutelle, homologation, renonciation, et autres
frais accessoires, ci . . . . 1,000 »»

TOTAL des dettes et charges de la
succession du sieur Caurot, dix mille
huit cent cinquante-six fr. soixante-
huit centimes, ci. 10,856 68

En sorte que comme l'actif ne s'élève qu'à neuf mille
trois cent quatre-vingt-dix francs vingt-deux centimes, ci. 9,390 22

Et que le passif est de dix mille
huit cent cinquante-six fr. soixante-
huit centimes, ci. 10,856 68

Le résultat définitif est, qu'il y a
déficit dans la succession Caurot, de
la somme de quatre cent soixante-
six francs quarante-six centimes, ci. 466 46

Que conséquemment, cette succession est mauvaise
et nulle pour les héritiers, et qu'il est de l'avantage
réel du mineur Caurot d'y renoncer, pour s'en tenir à
ses droits et créances, en qualité d'héritier de demoiselle
Roussel, sa mère, contre la succession de son père ;

Pourquoi, ledit sieur Hubert, audit nom de tuteur du mineur Caurot, invite le conseil de famille à délibérer sur le présent exposé, pour ensuite lui conférer toutes autorisations spéciales et nécessaires, à l'effet de répudier pour ledit mineur Caurot, la succession de son père, à laquelle il est appelé pour un tiers, comme aussi à l'effet de liquider les droits, créances et reprises dudit mineur contre cette succession, toucher et recevoir toutes sommes revenantes audit mineur, en donner quittances, et généralement stipuler les intérêts dudit mineur, dans toutes opérations à ce relatives, et a signé.

(Signature.)

Sur quoi lesdits parens et amis, aprés avoir prêté serment entre nos mains, de donner leur avis en leur ame et conscience, et après avoir mûrement délibéré avec nous, avons été unanimement d'avis d'autoriser, comme de fait par ces présentes, nous autorisons ledit sieur Hubert, en sadite qualité de tuteur du mineur Caurot, à répudier pour ledit mineur la succession de Claude Caurot, son père, à laquelle il est appelé pour un tiers, pour s'en tenir à ses droits, créances et reprises contre cette succession, en qualité d'héritier pour un tiers de demoiselle Roussel, sa mère, décédée première femme dudit Caurot, faire et signer toutes déclarations qu'il appartiendra, et en requérir acte, comme aussi procéder soit à l'amiable, attendu la nature de ces droits et créances, qui sont tous mobiliers, et pardevant Me L., notaire à Paris, soit en justice, pardevant celui de MM. les juges qui serait commis, aux fixation et liquidation desdits droits et créances, et à toutes contributions avec les autres créanciers de la succession dudit sieur Caurot père, et à l'apurement et à l'arrêté définitif du compte du commissaire-priseur qui a fait la vente du mobilier composant ladite succession, et de tous autres comptes à apurer avec tous débiteurs ou créanciers de cette même succession, toucher et recevoir toutes sommes revenantes audit mineur, en donner quittances; passer et signer tous actes, et généralement stipuler les intérêts dudit mineur, dans toutes opérations accessoires et relatives ;

A l'effet de ce que dessus, et s'il y avait lieu, former toutes demandes, obtenir tous jugemens, en suivre l'exécution ou en interjeter appel ; présenter toutes requêtes ; former toutes oppositions, en donner main-levée ; passer et signer tous actes, élire domicile.

Dont et de tout ce que dessus avons fait le présent acte, pour servir et valoir ce que de raison, et ont tous les comparans signé avec nous, et le greffier après lecture faite.

(Signatures.)

Répudiation de tutelle et nomination de tuteur, et d'un subrogé tuteur.

L'an mil huit cent huit, le   en notre hôtel, et pardevant nous   juge de paix du   arrondissement du canton de Paris, assisté de   greffier de notre Tribunal ;

Sont comparus les parens et amis de Louise Maurage et d'Angélique Maurage, enfans mineurs de défunt

Claude-Alexandre Maurage et de Pauline Meunier, sa femme, restée sa veuve;

Desquels parens et amis les noms suivent : (*les désigner par leurs noms, prénoms, professions et demeures*);

Auxquels parens et amis composant le conseil de famille sous notre présidence, la dame veuve Maurage a dit et exposé, qu'attendu son âge, ses infirmités et son peu d'expérience en affaires, elle se trouvait dans l'impossibilité d'accepter la tutelle légale de ses enfans mineurs, qu'elle déclarait au contraire y renoncer, et qu'elle invitait le conseil de famille à nommer un tuteur et un subrogé tuteur auxdits mineurs, et à leur donner les autorisations convenables, et a ladite veuve Maurage signé.

(Signature.)

Sur quoi lesdits parens et amis, après avoir prêté serment en nos mains, de donner leur avis en leur ame et conscience, et après avoir mûrement délibéré avec nous, hors la présence de la dame veuve Maurage, considérant que d'après les motifs allégués par ladite dame elle-même, il lui est impossible d'accepter la tutelle légale de ses enfans, avons été unanimement d'avis d'accepter, comme de fait nous acceptons par ces présentes, sa démission et sa répudiation de ladite charge de tutrice; et de nommer, comme de fait nous nommons en son lieu et place, pour tuteur auxdits mineurs Maurage, la personne du sieur Jean-Alexandre Maurage, leur oncle paternel, l'un de nous, ici présent, pour par lui, en cette qualité, régir, gouverner et administrer leurs personnes et leurs biens , et généralement faire ce qu'il jugera convenable à leurs intérêts : l'autorisant à accepter pour eux, la succession de leur père, sous bénéfice d'inventaire ;

Et à l'instant , ledit sieur Jean - Alexandre Maurage, ayant déclaré accepter ladite charge de tuteur , a prêté , en nos mains , le serment de bien et fidèlement s'acquitter des devoirs et obligations qu'elle lui impose , et s'est retiré après avoir signé.

(Signature.)

Et le conseil , délibérant ensuite hors la présence du tuteur qui vient d'être nommé, sur la nomination du subrogé tuteur, nous avons été d'avis de nommer, comme de fait nous nommons par ces présentes, pour subrogé tuteur auxdits mineurs Maurage, la personne du sieur Philippe-Claude Meunier, leur oncle maternel, ici présent, pour par lui agir, en cette qualité, pour lesdits mineurs, dans tous les cas où ils auraient des intérêts opposés à ceux de leur tuteur, et dans tous les autres cas prévus par la loi.

Et à l'instant, ledit sieur Meunier ayant déclaré accepter ladite charge de subrogé tuteur, a prêté en nos mains le serment de bien et fidèlement s'acquitter des devoirs et obligations qu'elle lui impose.

Dont, et de tout ce que dessus avons fait et dressé le présent procès-verbal, duquel nous avons donné lecture à toutes les parties, et avons signé avec elles et notre greffier, les jour, mois et an susdits.

(Signatures.)

Autorisation de vendre les immeubles d'un mineur.

L'an mil huit cent huit , le   en notre hôtel , et pardevant nous   juge de paix du   arrondissement du canton de Paris , assisté de   greffier de notre Tribunal ;

Sont comparus les parens et amis de Julien Letour-belle , Louis Letourbelle et Paul Letourbelle , enfans mineurs de Julien-Claude-Louis Letourbelle décédé et de Marie-Catherine Dusaux , son épouse , restée sa veuve ;

Lesquels parens et amis sont : (*les désigner par leurs noms , prénoms , professions et demeures*)

Auxquels parens et amis , composant le conseil de fa-mille sous notre présidence , ladite dame veuve Letour-belle a exposé que depuis qu'elle est chargée de la tutelle de ses enfans, elle a déjà été autorisée par une précédente délibération reçue devant nous , le   1° à toucher et recevoir deux cent cinquante francs, revenant à ses enfans, dans le prix de quelques bâtimens situés à Toury, département d'Eure et Loire, appartenant à leur père; et vendus par lui ; 2° et à emprunter la somme de six cents francs sur le restant des biens dépendans de la suc-cession de leur père, le tout pour aider la comparante , et lui servir à subvenir aux frais et dépenses de nourri-ture et entretien de ses enfans, et à payer le prix de l'apprentissage des deux aînés, ayant placé l'un chez un menuisier, et l'autre chez un serrurier, moyennant trois cents francs pour chacun d'eux ; qu'il lui reste encore le troisième en âge d'être mis aussi en apprentissage , et qu'elle a , dans cette vue , placé depuis trois mois chez un orfèvre , à Paris ; que cependant elle se trouve sans aucuns moyens ni ressources , lesdits mineurs , ses enfans , n'ayant recueilli de la succession de leur père , que les terres dont sera ci-après parlé ; que dans cette position elle ne voit pas d'autre parti que celui de demander à pouvoir vendre lesdites terres qui consistent en 67 ares 59 centiares de terres labourables , situées à Thoury , qui peuvent être d'une valeur de douze cents francs , et qui se trouvent déjà engagées et grevées de la somme de six cents francs , montant de l'emprunt qu'elle a fait en conséquence de la précédente délibération ci - dessus énoncée ; c'est pourquoi elle a convoqué ledit conseil de famille , et l'invite à délibérer sur sa demande , et a signé.

(Signature.)

Sur quoi , après que chacun des sus-nommés , a eu fait et prêté en nos mains le serment d'usage , et délibéré avec nous , ledit conseil de famille , pénétré de la justice de la demande qui lui est présentement faite , considérant aussi qu'il est indispensable de donner à la dame veuve Letourbelle , les moyens de procurer un état à son troisième enfant ; que les six cents francs qu'elle espère retirer librement du prix de la vente des terres dont s'agit , seront à peine suffisans pour qu'elle puisse payer le prix de l'apprentissage de son troisième enfant , et subvenir aux dépenses d'entretien de ses trois mineurs , déclare en conséquence qu'il est d'avis unanime , d'autoriser , comme par ces présentes il autorise ladite dame veuve Letourbelle à faire procéder en présence du

21 *

subrogé tuteur des mineurs, et d'après les formalités
prescrites par les Codes Napoléon et de Procédure civile,
à la vente publique des pièces de terres appartenant auxdits mineurs et dont il s'agit, toucher et recevoir le prix
en principal et intérêts de ladite vente, pour le tout être
employé par la dame veuve Letourbelle, à payer les six
cents francs empruntés, et le surplus s'en aider et s'en
servir à payer le prix de l'apprentissage de son troisième
enfant (Paul Letourbelle), et subvenir aux dépenses
d'entretien desdits trois mineurs, et à l'effet de tout ce
que dessus, passer et signer tous actes que besoin sera.

Dont, et de tout quoi nous avons fait et dressé le
présent procès-verbal, duquel nous avons donné lecture
à toutes les parties, et avons signé avec elles et notre
greffier, les jour, mois et an susdits.

(*Signatures.*)

Autorisations diverses, données au tuteur d'un interdit.

L'an mil huit cent huit, le   onze heures du
matin, pardevant nous   juge de paix du
arrondissement de Paris, assisté de   notre greffier,
et en notre demeure, sise à Paris, rue

Est comparu le sieur André-Georges de Saint-Mesme,
demeurant à Paris, rue   au nom et comme tuteur
de demoiselle Anne-Françoise Thuret, fille majeure
interdite, nommé et élu à cette qualité, qu'il a acceptée
par procès-verbal d'avis des parens et amis de ladite
Thuret, constitués en conseil de famille, sous notre
présidence ; ledit procès-verbal reçu par nous, le

enregistré ; lequel audit nom nous a dit , que par exploit de **B** , huissier-audiencier de notre Tribunal , en date du   dont l'original , enregistré , représenté par le comparant , est à sa réquisition, demeuré ci-joint , après que dessus il a été fait mention de son annexe par nous juge de paix susdit et soussigné , il a été, à sa requête , fait sommation à (*il faut indiquer les noms , prénoms , professions et demeures des personnes citées*) de comparaître et se trouver cejourd'hui , lieu et heure , pour , avec les autres parens et amis de la demoiselle Thuret , interdite , former un conseil de famille , à l'effet de délibérer et donner leur avis sur différentes autorisations à conférer à lui tuteur de ladite demoiselle Thuret , et dont il a besoin pour les gestion et administration des biens et affaires de cette demoiselle , nous requérant de donner défaut contre les sus-nommés , dans le cas où ils ne comparaitraient pas , ni personne pour eux , et de passer outre à la tenue dudit conseil de famille , en faisant remplacer par des amis , ceux desdits cités qui ne se présenteraient pas , et a , ledit sieur de Saint-Mesme , signé.

(Signature.)

Sont à l'instant comparus lesdits parens et amis de la demoiselle Thuret , interdite , savoir : pour *le côté paternel :*

S^r. Jean Dubois , demeurant à Paris rue   au nom et comme fondé de la procuration spéciale , à l'effet des présentes, du sieur Jacques-Louis Mouchet, propriétaire, demeurant à Dourdan ; ladite procuration , passée devant **L.** et son confrère, notaires audit Dourdan , le

dont le brevet original , enregistré et légalisé , certifié
véritable , et signé , est demeuré annexé à la minute
du procès-verbal de nomination de tuteur et de subrogé
tuteur à la demoiselle Thuret , reçu par nous , le
ledit sieur Mouchet , cousin issu de germain ;

Et pour le côté maternel :

Jean-Baptiste Cauvin , demeurant à Paris , rue
cousin germain ;

Antoine Laurent , demeurant à Paris , rue
cousin germain , à cause de demoiselle de Saint-Alban ,
son épouse ;

Et Pierre-Jean-Baptiste Doutrapont , demeurant à
Paris , rue   ami, au nom et comme subrogé tuteur
de ladite demoiselle Thuret , nommé et élu à ladite
qualité qu'il a acceptée par le procès-verbal de nomination de tuteur , ci-devant énoncé.

Lesquels ont dit qu'ils comparaissent au désir des
invitation et citation du sieur de Saint-Mesme , tuteur
de la demoiselle interdite , et qu'ils sont prêts et offrent
de se constituer en conseil de famille , lorsque M. Courant, mandataire de M. Mouchet jeune , cousin issu de
germain du côté paternel ; M. Dubois de Saint-Maxence ,
parent aussi du côté paternel , cité , auront comparu , et
se seront réunis à eux pour completter la formation
dudit conseil de famille , et ont signé.

(Signatures.)

Sur quoi, nous juge de paix susdit et soussigné ,
avons donné acte aux parties de leur comparution , dires
et offres , et attendu qu'il est deux heures sonnées de

relevée, et que ledit sieur Dubois de Saint-Maxence,
n'est pas comparu, ni personne pour lui, quoique dûment
cité, avons contre lui donné défaut, et attendu encore
que le mandataire du sieur Mouchet jeune n'est point
comparu, quoiqu'il en ait été prévenu par le tuteur de
la demoiselle Thuret, disons qu'il sera supercédé à la
délibération dudit conseil de famille; en conséquence
remettons et indiquons la prochaine séance au   deux
heures de relevée, auxquels jour, lieu et heure, lesdites
parties ont promis de se rendre sans sommation, et d'y
faire trouver le mandataire dudit sieur Mouchet jeune,
et ont signé avec nous.

(Signatures des parties, du juge de paix et du greffier.)

Et, le   deux heures de relevée, en conséquence
de la remise à ces jour, lieu et heure, amiablement
faite par la clôture du précédent procès-verbal, et pardevant nous juge de paix du   arrondissement du canton
de Paris, assisté de   greffier de ladite justice de
paix, et en notre demeure susdite, sont comparus les
parens et amis de la demoiselle Thuret, interdite;

Savoir : *pour le côté paternel* :

Jean Dubois, ci-devant qualifié et domicilié, au nom
et comme mandataire dudit sieur Jacques-Louis Mouchet, cousin issu de germain ;

Louis Raymond, propriétaire, demeurant à Paris,
rue   au nom et comme fondé du pouvoir spécial, à
l'effet des présentes du sieur Mouchet jeune, demeurant
à Saint-Dizier, cousin issu de germain; ledit pouvoir sous
signature-privée, en date à Saint-Dizier, du

dont l'original, dûment enregistré et légalisé le même jour, représenté par ledit sieur Raymond, est à sa réquisition, demeuré ci-joint, après avoir été de lui certifié véritable et signé, en notre présence ;

Et Paul-Clair Sauvinet, demeurant à Paris, rue   aussi cousin issu de germain ;

Et pour le côté maternel :

Jean-Baptiste Cauvin, ci-devant nommé, qualifié et domicilié, cousin germain ;

Antoine Laurent, aussi ci-devant nommé, qualifié et domicilié, cousin germain, à cause de demoiselle de Saint-Alban, son épouse ;

Et Pierre-Jean-Baptiste Doutrepont, aussi ci-devant nommé, qualifié et domicilié, subrogé tuteur de la demoiselle Thuret ;

Lesquel se sont à l'instant constitués en conseil de famille, sous notre présidence, et ont prêté en nos mains le serment de donner leur avis en leur ame et conscience, sur les autorisations à conférer au tuteur de la demoiselle Thuret, et ont signé.   (*Signatures.*)

Est aussi comparu le sieur Georges-André de Saint-Mesme, ci-devant dénommé, qualifié et domicilié, au nom et comme tuteur de demoiselle Thuret, fille majeure interdite ;

Lequel audit nom, a exposé audit conseil de famille, que la demoiselle Thuret, réside actuellement chez le sieur Pierret, à Paris, rue   lequel, d'après arrangemens faits avec défunt sieur Thuret, frère de ladite demoiselle, s'était chargé de pourvoir à sa nourriture et à son entretien ; qu'il s'agit actuellement de transférer la demoiselle Thuret de chez M. Pierret, dans la maison de santé, tenue à Picpus, par madame M., ladite maison connue sous les meilleurs rapports, ou dans tout autre établissement de ce genre ;

Comme aussi ledit sieur de Saint-Mesme demande à être autorisé à accepter sous bénéfice d'inventaire, pour et au nom de ladite demoiselle interdite, la succession de feu Jean Thuret, son frère et son ci-devant curateur ;

Comme aussi, attendu que ledit feu Thuret, en sadite qualité de curateur, a contracté, au nom de sa pupille, nombre de dettes qui s'élèvent à environ huit mille francs, qu'il s'agit d'éteindre, si elles sont légitimes, ledit sieur de Saint-Mesme demande en conséquence à distraire d'une somme de quinze cent quarante francs de rente perpétuelle, inscrite au grand-livre de la dette publique, celle de deux cent quarante francs, pour avec le produit de ladite vente, acquitter les sommes réclamées par les divers créanciers de la demoiselle Thuret ; que le revenu de cette dernière, par l'effet de cette vente, serait réduit à treize cents francs, et aux loyers d'une maison à Saint-Maur, près Paris, dont elle est propriétaire ;

Comme aussi, attendu que ledit feu sieur Thuret, en sadite qualité de curateur, a contracté la majeure partie des dettes dont il s'agit, sans aucune autorisation légale, et qu'il a donné son consentement à des actes dont la teneur est tout-à-fait contraire aux intérêts de la demoiselle Thuret, ledit sieur de Saint-Mesme, demande à être autorisé à en requérir la nullité pardevant

les Tribunaux, et généralement à faire dans la circonstance tout ce qui sera nécessaire pour l'intérêt de la pupille, requérant en conséquence ledit sieur de Saint-
Mesme, que le conseil de famille veuille bien prendre
en considération les motifs de ses demandes, et donner
ses avis sur les autorisations ci-dessus énoncées, et a
signé.

(Signature.)

Sur quoi ledit conseil de famille, après avoir mûrement délibéré avec nous sur l'exposé du sieur de Saint-
Mesme, tuteur de la demoiselle Thuret, interdite;

Considérant qu'il est urgent de transférer ladite demoiselle interdite de chez M. Pierret, où elle est actuellement, dans une maison de santé où elle serait placée
de la manière la plus avantageuse et la plus proportion-
née à son revenu;

Considérant que la maison de santé tenue par madame
M., à Picpus, dans laquelle ledit sieur de Saint-Mesme
se propose de mettre la demoiselle interdite, est connue
dans Paris sous les meilleurs rapports, et que conséquemment il n'y a aucun inconvénient à l'y placer, d'après
les arrangemens que le tuteur croira les plus convenables
au bien de sa pupille;

A été unanimement d'avis d'autoriser, comme de fait il
autorise par ces présentes, ledit sieur de Saint-Mesme,
tuteur, à retirer de chez le sieur Pierret, ladite demoiselle Thuret, interdite, pour la transférer dans la maison de santé ci-dessus désignée, ou toutes autres, si ledit
tuteur le juge à propos, de la manière et suivant les

arrangemens les plus avantageux au bien-être de ladite demoiselle interdite ;

En ce qui touche l'acceptation sous bénéfice d'inventaire de la succession dudit Jean Thuret, frère de ladite demoiselle interdite, et dont elle est présomptive héritière ;

Le conseil de famille, considérant que ladite acceptation ne peut être faite autrement, d'après les dispositions du Code Napoléon ;

A été unanimement d'avis d'autoriser, comme de fait il autorise par ces présentes, ledit sieur de Saint-Mesme, tuteur, à accepter pour, et au nom de sa pupille, la succession dudit défunt Thuret, son frère, sous bénéfice d'inventaire, en conséquence à faire au greffe du Tribunal de première instance du département de la Seine, dans le ressort duquel la succession dont s'agit est ouverte, toutes déclarations à ce nécessaire, les signer sur tous registres.

En ce qui touche les dettes personnelles de ladite demoiselle interdite, contractée sous son nom par ledit feu sieur Thuret, alors son curateur ;

Considérant qu'elles se montent à une somme d'environ huit mille francs ; laquelle pourra être réduite à une somme moindre, par l'effet de la discussion en justice qui aura lieu ultérieurement ; qu'en supposant que les sommes réclamées par les divers créanciers fussent réduites de moitié, ladite demoiselle interdite n'en resterait pas moins débitrice d'une portion desdites dettes ;

Considérant que dans toute hypothèse ; il est de l'intérêt de ladite demoiselle interdite d'éteindre toute espèce de dettes, pour empêcher que ses revenus ne soient arrêtés par aucune opposition ni saisie ;

Considérant en outre, que le revenu de ladite demoiselle interdite se compose de la somme de quinze cent quarante francs, montant d'une inscription de rente perpétuelle sur le grand-livre de ladette publique, et des loyers de la maison sise à Saint-Maur, près Paris, évalués à la somme de six cents francs nets, et qu'en distrayant de ladite rente perpétuelle, la somme de deux cent quarante francs, cela reduirait ladite rente à treize cents francs, d'où il résulte qu'en ajoutant à cette dernière somme celle de six cents francs de loyers de la maison de Saint-Maur, le revenu total de la demoiselle interdite serait porté à celle de dix-neuf cents francs.

Ledit conseil de famille a été unanimement d'avis d'autoriser, comme de fait il autorise ledit sieur tuteur à distraire de ladite rente perpétuelle de quinze cent quarante francs, celle de deux cent quarante francs, à la charge par lui de payer avec le produit de cette dernière somme, toutes celles des dettes qui seraient reconnues légitimes ; en conséquence, à se servir du ministère d'un agent de change pour faire opérer la divison sus-énoncée de ladite rente perpétuelle, ainsi que le transfert, et ce au cours de la place ; signer tous émargemens, donner toutes quittances et décharges.

En ce qui concerne l'examen des dettes personnelles de ladite demoiselle interdite ;

Considérant qu'il est de l'intérêt de cette dernière, que lesdites dettes soient vérifiées et discutées pour en connaître la légitimité ;

Considérant en outre qu'il paraît que ledit feu sieur Thuret en a contracté une partie sans autorisation du conseil de famille, et qu'il aurait par ces faits, compromis les intérêts de sa sœur, dont il était curateur, a été unanimement d'avis d'autoriser, comme de fait il autorise par ces présentes, ledit sieur tuteur, à l'égard des dettes contractées sans autorisation légale, à en provoquer en justice la nullité ; en conséquence former toutes demandes devant tous Tribunaux compétens, défendre à celles qui seraient intentées, plaider, opposer, constituer tous avoués et avocats, obtenir tous jugemens, suivre jusqu'à jugement définitif ; interjeter appel, former toutes oppositions et établir toutes saisies ; prendre toutes inscriptions hypothécaires, donner toutes mainlevées, et consentir toutes radiations, passer et signer tels actes que besoin sera, élire domicile et généralement faire ce qui sera nécessaire pour l'intérêt de ladite demoiselle Thuret ;

Desquels comparutions, dires, exposé, prestation de serment, et délibération, nous juge de paix susdit et soussigné, avons donné acte aux parties, et de tout ce que dessus avons fait et dressé le présent procès-verbal, dont nous leur avons donné lecture, et avons signé.

(Signatures.)

FIN DU SECOND ET DERNIER VOLUME.

TABLE

DE TOUS LES MODÈLES

CONTENUS DANS L'OUVRAGE.

PREMIÈRE PARTIE.

LIVRE PREMIER.

De la Justice de Paix.

TITRE Ier.

Des citations.

TITRE II.

*Des audiences du juge de paix, et de la comparution
des parties.*

TITRE III.

Des jugemens par défaut , et des oppositions ces jugemens.

TITRE IV.

Des jugemens sur actions possessoires.

TITRE V.

Des jugemens qui ne sont pas définitifs et de leur exécution.

TITRE VI.

De la mise en cause des garans.

TITRE VII.

Des enquêtes.

TITRE VIII.

Des visites des lieux et des appréciations.

TITRE IX.

De la récusation des juges de paix.

LIVRE II.

Des Tribunaux inférieurs.

TITRE Ier.

De la conciliation.

TITRE II.

Des ajournemens.

TITRE III.

Constitution d'avoués et défenses.

TITRE VI.

Des délibérés et instructions par écrit.

2   22

Titre. VII.

Des jugemens.

Titre VIII.

Des jugemens par défaut et oppositions.

Titre IX.

Des exceptions.

§. Ier.

De la caution à fournir par les étrangers.

§. II.

Des renvois.

§. III.

Des nullités.

22*

§. IV.

Des exceptions dilatoires.

§. V.

De la communication des pièces.

TITRE X.

De la vérification des écritures.

Titre XI.

Du faux-incident civil.

Titre XII.

Des enquêtes.

Titre XIII.

Des descentes sur les lieux.

Titre XIV.

Des rapports d'experts.

Titre XV.

De l'interrogatoire sur faits et articles.

Titre XVI.

Des incidens.

§. Ier.

Des demandes incidentes.

§. II.

De l'intervention.

Titre XVII.

Des reprises d'instance, et constitution de nouvel avoué.

Titre XVIII.

Du désaveu.

Titre XXII.

De la péremption.

Titre XXIII.

Du désistement.

Titre XXIV.

Des matières sommaires.

Titre XXV.

Procédure devant les Tribunaux de Commerce.

LIVRE III.

Des Tribunaux d'appel.

TITRE UNIQUE.

De l'appel et de l'instruction sur l'appel.

LIVRE IV.

Des voies extraordinaires pour attaquer les jugemens.

TITRE Ier.

De la tierce-opposition.

Titre II.

De la requête civile.

Titre III.

De la prise à partie.

LIVRE V.

De l'exécution des jugemens.

Titre Ier.

Des réceptions de caution.

Titre II.

De la liquidation des dommages et intérêts.

Titre III.

De la liquidation des fruits. 232

Titre IV.

Des redditions de compte.

Titre V.

De la liquidation des frais et dépens.

Titre VI.

Règles générales sur l'exécution forcée des jugemens et actes.

Titre VII.

Des saisies - arrêts ou oppositions.

Titre VIII.

Des saisies-exécutions.

TITRE IX.

De la saisie des fruits pendans par racine, ou de la saisie - brandon.

TITRE X.

De la saisie des rentes constituées sur particuliers.

Titre XI.

De la distribution par contribution.

Titre XII.

De la saisie immobilière.

TITRE XIII.

Des incidens sur la poursuite de saisie immobilière.

TITRE XIV.

De l'ordre.

TITRE XV.

De l'emprisonnement.

TITRE XVI.

Des référés.

Fin de la Table du premier Volume.

DEUXIÈME PARTIE.

PROCÉDURES DIVERSES.

LIVRE PREMIER.

TITRE Ier.

Des offres de paiement, et de la consignation.

Titre II.

Du droit des propriétaires sur les meubles, effets et produits de leurs locataires et fermiers, ou de la saisie - gagerie et de la saisie - arrêt sur débiteurs forains.

Titre III.

De la saisie-revendication.

Titre IV.

De la surenchère sur aliénation volontaire.

TITRE V.

Des voies à prendre pour avoir expédition ou copie d'un acte, ou pour le faire réformer.

Titre VI.

*De quelques dispositions relatives à l'envoi en possession
des biens d'un absent.*

TITRE VII.

Autorisation de la femme mariée.

TITRE VIII.

Des séparations de biens.

Titre IX.

De la séparation de corps, et du divorce.

De la séparation de corps.

Du divorce.

Titre X.

Des avis de parens.

TITRE XI.

De l'interdiction.

TITRE XII.

Du bénéfice de cession.

LIVRE II.

Procédures relatives à l'ouverture d'une succession.

Titre Ier.

De l'apposition des scellés après décès.

Titre II.

Des oppositions aux scellés.

Titre III.

De la levée du scellé.

Titre IV.

De l'inventaire.

Titre V.

De la vente du mobilier.

Titre VI.

De la vente des biens-immeubles.

Titre VII.

Des partages et licitations.

Titre VIII.

Du bénéfice d'inventaire.

24 *

TITRE IX.

De la renonciation à la communauté ou à la succession.

TITRE X.

Du curateur à succession vacante.

LIVRE III.

TITRE UNIQUE.

Des arbitrages.

Modèles de quelques actes particuliers dont les formalités sont tracées par le Code Napoléon.

Délibérations de familles.

Fin de la Table du second et dernier Volume.